山西省高校"1311"项目资助

# 武术传统师徒关系研究

宿凤玲◎著

光明日报出版社

**图书在版编目（CIP）数据**

武术传统师徒关系研究 ／ 宿凤玲著 . -- 北京：光
明日报出版社，2024. 7. -- ISBN 978－7－5194－8124－7

Ⅰ. G852

中国国家版本馆 CIP 数据核字第 20242F55N0 号

**武术传统师徒关系研究**

WUSHU CHUANTONG SHITU GUANXI YANJIU

| | |
|---|---|
| 著　　者：宿凤玲 | |
| 责任编辑：杜春荣 | 责任校对：房　蓉　贾　丹 |
| 封面设计：中联华文 | 责任印制：曹　净 |

出版发行：光明日报出版社

地　　址：北京市西城区永安路 106 号，100050

电　　话：010-63169890（咨询），010-63131930（邮购）

传　　真：010-63131930

网　　址：http：// book. gmw. cn

E － mail：gmrbcbs@ gmw. cn

法律顾问：北京市兰台律师事务所龚柳方律师

印　　刷：三河市华东印刷有限公司

装　　订：三河市华东印刷有限公司

本书如有破损、缺页、装订错误，请与本社联系调换，电话：010-63131930

| | |
|---|---|
| 开　　本：170mm×240mm | |
| 字　　数：201 千字 | 印　　张：14. 5 |
| 版　　次：2024 年 7 月第 1 版 | 印　　次：2024 年 7 月第 1 次印刷 |
| 书　　号：ISBN 978－7－5194－8124－7 | |

定　　价：89. 00 元

# 目　录
## CONTENTS

# 绪　论

## 一、武术传统师徒关系研究缘起

几乎一切以技艺为内容的文化传承无不有赖于建立师徒关系而达成，古今中外，概莫能外。所谓师徒关系，泛指一种存在于技艺传授者与技艺学习者之间的人际关系现象。武术作为中国传统体育的文化现象绵延数千年，经过无数先人的实践、体悟、总结，创造出了琳琅满目、丰富多彩的武术拳种、功法套路、神招秘诀，成就了一代代武术才俊名师。在这一武术技艺文化的历史发展过程中，有一个非常显著的武术传统师徒关系的文化事象伴随其中。"苦练三年，不如名师一点"，学有所成，有赖师教。武术传统师徒关系是一个既具有历史性、遗传性，又具有现实性、变异性的文化事象。长期以来，师徒双方以武术文化为载体，在相互交往活动中进行武术传统师徒关系的建立与维系，这对武术文化的传承与发展起着至关重要的作用。随着近几年收徒拜师习武人群的扩大，这一问题的研究受到越来越多学者的关注。相关研究者就这一问题产生较大分歧，以致在现实当中造成一些混乱的局面。这些由武术传统师徒关系引发的乱象对师徒双方自身的发展以及武术传统师徒关系的和谐发展，都产生了较大的负面影响。

在我国《关于实施中华优秀传统文化传承发展工程的意见》的导引下，结合《中华人民共和国非物质文化遗产法》中"提供必要的经费资助其开展授徒、传艺"的鼓励态度，武术师徒双方作为两项政策的践行者，其作为主体所建立的武术传统师徒关系直接关系着中华优秀武术文化的传承效果。如果由武术传统师徒关系引发的乱象得不到解决，师徒双方的武艺传承将难以顺利进行，国家所鼓励的"授徒、传艺"与弘扬优秀武术文化的传承与发展将流于形式。因此，关于武术传统师徒关系的研究无论是对传承与发展中华优秀武术文化，还是对武术传统师徒关系和谐发展，都具有十分重要的现实意义。

首先，武术传统师徒关系研究是传承与发展中华优秀武术文化的客观需求。武术作为民族传统体育的主要项目之一，其历史悠久，内容精深，有着深厚的传统文化积淀。2017年中共中央办公厅、国务院办公厅印发了《关于实施中华优秀传统文化传承发展工程的意见》，其中明确指出："实施中华优秀传统文化传承发展工程，是建设社会主义文化强国的重大战略任务。"① 并特别提出"推动民族传统体育项目的整理研究和保护传承"。传统武术文化是中国传统文化的重要组成部分，传承与发展中华优秀武术文化是中华优秀传统文化传承发展工程中的主要内容。灿烂辉煌的中国传统文化是靠教育一代一代传递下来的，早期传统武术文化的教育方式主要包括家庭传承与师徒传承两种。其中，"师徒传承是中国农耕社会中武术发展的最基本传承方式"②。武术传统师徒关系的建立与维系关乎传承与否、传承内容多少以及传承效果如何等问题，进而对中华优秀武术文化的传承与发展起着不可忽视的作用。

面对这一从历史中走来又兼具现实性特征的武术传统师徒关系，其既有符合弘扬中华民族优秀文化的内容，如"师道尊严"中对师父的价值肯定与对徒弟尊师的道德规范。同时也存在着封建残留的糟粕，并由此引发门户之见，严重制约着传统武术文化的传承与发展。因此，武术传统师徒关系，作为一个从历史中走来、糟粕与精华兼具的传统文化事象，我们只有对其进行研究并加以甄别，才能完善"中华优秀传统文化传承发展工程"中的具体内容，传承与发展中华优秀武术文化。

其次，武术传统师徒关系研究是构建和谐人际关系的必然需求。和谐

① 中办国办印发《意见》 实施中华优秀传统文化传承发展工程［N］.人民日报，2017-01-26（1）.
② 周伟良.中华民族传统体育概论高级教程［M］.北京：高等教育出版社，2003：99.

的人际关系既有利于技艺授受双方身心的健康发展，又有助于社会主义和谐社会的建设。世界著名的成人教育家、人际关系专家戴尔·卡耐基曾说出了让数万人顿悟的一句话："一个人的成功，只有15%归结于他的专业知识，约有85%是由于人类工程，即人格和领导他人的能力。"① 也就是所谓的人际关系和处事能力。以上研究表明，人际关系问题不仅与健康问题具有同等地位的价值，而且人际关系同样是影响一个人事业成功与否的标志。武术传统师徒关系作为传统师徒关系的典型代表，并作为武术传承重要方式延续至今，其中必然包含着可供其他人际关系借鉴之处。通过对武术传统师徒关系进行研究可以对其传承下来的一些优秀的文化传统加以继承，如"师徒如父子"的深厚情感、"严师出高徒"的武艺传授经验、"一日为师终身为父"的感恩之心等，从而对当前一些不和谐的人际关系起到一定的借鉴作用。

最后，武术传统师徒关系研究是武术传统师徒关系发展的内在需求。从今天各门派、拳种掀起的隆重的拜师典礼中不难看出武术传统师徒关系的建立与维系仍然受到民间武术界的认可与追捧。但不可否认的是，伴随着越发隆重的拜师典礼的出现，部分拳种、门派建立师徒关系的目的性和功利性越来越强。比如，一些拳种中存在"拜师不学艺"与"收徒不授徒"的现象。再如，师父对于"压帖钱"的收取，有一些师父明确提出以高达几万元的拜师费作为建立师徒关系的前提，导致一些希望拜师却又囊中羞涩的习武者望而却步。更有一些虚假师父，通过弄虚作假的手段哄骗一些涉世未深的徒弟建立师徒关系，损害了徒弟的身体健康，并在社会上造成了恶劣的影响。武术传统师徒关系存活于传统社会之中，并随着社会的发展延传于今天的民间武术中。《手臂录》中记载"谈玄授道，贵乎择人"，《国技概论·国术理论概要》中记载"凡百学艺，莫不有师"②。这两句话分别从师父与徒弟两个角度揭示出建立师徒关系对于技艺传承的重要性，即建立武术传统师徒关系的主要目的是武技的传承与发展。反之，

---

① 卡耐基．人性的弱点［M］．北京：中国发展出版社，2013：1.
② 卞人杰．国技概论·国术理论概要［M］．太原：山西科学技术出版社，2011：163.

没有建立师徒关系的习武者犹如无源之水、无本之木，终究难以习得武术的精髓。

对此，中国武术协会发布《关于加强行业自律弘扬武术文化的倡议书》，其中提到："不得以'拜师收徒''贺寿庆典'等为名敛财，不得利用虚假宣传、炒作等手段骗取钱财，不得借武术之名从事违背社会公序良俗及违法违规活动。"[①] 这是针对当前武术传统师徒关系建立与维系过程中存在的不良现象所做出的规范与要求。这些不良现象与当前社会主流价值观相违背，严重阻碍了武术传统师徒关系的和谐发展，必须对其存在的不足进行探究，并结合现代社会发展需求对其进行创造性转化与创新性发展。

基于此，武术传统师徒关系成为必须研究的课题。本研究旨在明确武术传统师徒关系之真义，分析武术传统师徒关系之价值与缺陷，提出武术传统师徒关系创造性转化策略与创新性发展策略，从而为武术传统师徒关系的发展提供理论指导，为构建和谐人际关系、弘扬中华优秀武术文化作出具有现实意义的贡献。

本研究的理论意义在于：（1）有助于明确武术传统师徒关系之真义，完善武术传统师徒关系的理论体系。"师徒如父子"是当前人们对武术师徒关系的认知。然而，"如"的说法并不能精准地表达出武术传统师徒关系中哪些属于父子关系的范畴，哪些不属于父子关系的范畴。因此，在此基础上，正确把握武术传统师徒关系之真义是理论研究的重要一环。科学是学问的分科，具体的学科发展出现了越分越细、越分越多的趋势。只要具有了明确的研究对象，人们就会逐渐将其发展为一门学科。武术传统师徒关系既是人际关系学科的分支，也是武术文化理论的重要组成部分。要想解决武术文化的传承与发展问题就必须对武术传统师徒关系进行研究。本研究旨在完善武术传统师徒关系的理论体系，进而丰富整个武术文化理论体系。

---

① 武术运动管理中心. 中国武术协会关于加强行业自律弘扬武术文化的倡议书［EB/OL］. 国家体育总局网站，2020-07-09.

（2）有助于基本把握习武者在拜师收徒过程中对武术传统师徒关系的认知特点与问题。科学研究需要具有问题意识，需要与实践紧密结合。可以说，没有问题的研究就是没有意义的研究。对武术传统师徒关系问题的认识，离不开对习武者以及武术相关从业人员的考察，否则我们的研究便没有对现状的基本认识与准确把握。

（3）有助于预测武术传统师徒关系传承与发展方向。科学研究包括描述性研究、阐释性研究以及预测性研究。对武术传统师徒关系的描述性研究、阐释性研究，最终目的是对其未来发展进行预测性研究。本研究尝试构建武术传统师徒关系的理论体系，从而明确武术传统师徒关系之应然状态，进而从理论层面明确未来武术传统师徒关系的传承与发展方向。

本研究的实践意义在于：（1）有助于为评价武术传统师徒关系提供依据。如何评价武术传统师徒关系是武术传统师徒关系理论体系的重要内容。由于当前缺乏评价标准，部分拜师收徒的习武者在武术传统师徒关系的建立与维系过程中遇到了"虚假"师父与"不尊师"的徒弟，导致徒弟学无所获甚至练残、练废，或对师父恶语相向甚至大打出手。基于此，本研究力图挖掘武术传统师徒关系中师徒双方之道德规范，为武术爱好者、武术从业者鉴别"虚假师父"，为徒弟尊师重道提供理论依据，实现师徒双方武艺传承的交往目的，进而促进武术传统师徒关系和谐发展。

（2）有助于为教育从业者提供构建和谐人际关系的理论借鉴。现如今高校中部分导师与研究生关系异化，以及竞技体育领域中部分教练员与运动员关系异化成为许多教育从业者难解的问题之一。这类现象的频发阻碍了和谐人际关系的发展。武术传统师徒关系从历史中走来延续至今，其中存在着大量维系和谐人际关系的宝贵经验。本研究揭示出武术传统师徒关系的价值所在，并提出实践方法层面的建议，从而为教育领域的从业者提供理论借鉴。

（3）有助于中华优秀武术文化的传承与发展。现阶段传承和发展优秀武术文化既是弘扬中国传统文化的时代需求，又是传统武术自身发展的必然要求。这一宏伟目标的实现需要靠武术文化传承的内部要素共同努力，而武术传统师徒关系是内部要素的重要组成部分。通过进一步分析武术传统师徒关系的价值、缺陷与当代困境，从而明确哪一部分属于需要继承的中华优秀武术文化，哪一部分需要进行创造性转化与创新性发展，进而在中华优秀武术文化的传承与发展过程中更具有针对性，为弘扬中华优秀武术文化贡献自己的一份力量。

## 二、武术传统师徒关系研究现状

### 1. 国内研究现状

随着一些师徒反目事件的曝光，部分高校导师与研究生关系异化的事件也频繁出现，国内不少学者将研究视角落在师徒关系的问题上，师徒关系也在近几年成为管理学、社会学、法学等相关学科领域内的热议问题之一。目前，国内关于师徒关系的基础研究主要集中于对师徒关系的概念、分类、历史脉络梳理，对于师徒关系的成因以及价值判断方面的理论研究较少。在相关领域内的师徒关系研究中，主要集中于职业教育领域内。这类研究虽进行了相应的阐释性研究与预测性研究，但是仍以国外研究理论为基础，主要借助国外师徒关系理论模型与量表对国内师徒关系进行分析，缺乏与中国人际关系理论的结合。

武术传统师徒关系的研究随着近年来民间武术拜师热潮的兴起，得到一定程度的关注，研究内容主要集中于武术传统师徒关系的概念、成因研究，但是，对于传统社会中师徒关系的现代性转化问题研究仍较为薄弱。研究方法主要以质性研究为主。研究过程缺乏相关的理论指导，没有很好地借助人际关系学、师徒关系等相对成熟的理论。总之，武术传统师徒关系现有研究还未形成完整的理论体系，缺乏相应的实践检验。

第一，关于人际关系的研究。人际关系作为本研究对象武术传统师徒关系的上位概念，对其概念进行梳理与界定于本研究而言是十分必要的。关于人际关系的研究起源于西方，主要以美国社会为背景，是社会心理学的重要组成部分。人际关系在英文中指"interpersonal relationship"。在西方语境下，人际关系被定义为："人们在一定的社会生活实践活动过程中形成的彼此之间的心理关系，属于整个社会关系的一个层次。"① 在这个概念中，人与人之间的心理关系成为人际关系的实质，由此区别于社会关系系统中的生产关系系统与社会意识形态关系系统。然而，建立在西方语境下的人际关系并不能完整准确地诠释中国的人际关系。今天有不少来自香港与台湾的学者认为："它里面有不少东西同中国人生活脱节，解释起来如隔靴搔痒。"② 基于此，我们需要对中国本土化语境下的人际关系进行进一步梳理。

尽管人际关系在严格意义上讲是一个外来词语，但在中国本土化语境下，每一位生活在本土的中国人都有一套自身对人际关系的认知体系。"关系"一词最早出现于清末小说《官场现形记》中，但这时尚未成为生活中的常用词汇，其真正深入中国人日常生活是在 20 世纪六七十年代，因为，这一时期各个阶层都需要填写人事档案，"标准档案格式都有'主要社会关系'一栏，要求填写近亲和密友"③。所谓"主要社会关系"即指来往密切、相互照应、互帮互助的人。自此，"关系"一词成为中国人生活中的常用词语。学者翟学伟曾提问："从中国的立场看，人际关系是不是中国人说的'关系'？"④ 无独有偶，学者于阳也曾对美国一位华裔教授进行过类似的提问，他提道："'关系'二字可否译成'Relation'？"⑤ 华裔教授给出的回答是："relation 只是代表关系的字面含义，更传神的译法是 connection。"⑥ 还有部分学者将关系直译为"guanxi"。不论哪种译法，均明确表明一个观点：中国本土化语境下的人际关系与西方语境下的人际关系在概念上并不等同。在中国本土化语境下，许多学者对中国的人际关系进行了描述，具有代表性的观点是学者费孝通的差序格局，主要是对中国乡土社会人际关系的结构原理的解读；冯友兰在《新世训》中提及的

① 陈纪方. 社会心理学 [M]. 郑州：河南人民出版社，1986：376.
② 翟学伟. 关系与中国社会 [M]. 北京：中国社会科学出版社，2012：118.
③ 于阳. 江湖中国 [M]. 北京：当代中国出版社，2016：76.
④ 翟学伟. 关系与中国社会 [M]. 北京：中国社会科学出版社，2012：118.
⑤ 于阳. 江湖中国 [M]. 北京：当代中国出版社，2016：74.
⑥ 于阳. 江湖中国 [M]. 北京：当代中国出版社，2016：74.

"待人接物"，对理解人际关系具有启发性的意义；学者于阳认为，"关系就是可以办事的熟人"①；易中天用"人缘"表示人际关系；等等。

第二，关于师徒关系的研究。首先，关于师徒关系概念的研究。目前很少有学者对师徒关系的定义进行研究，在为数不多的研究中，具有代表性的是韩翼等人将师徒关系定义为："一个年龄更大的、经验更丰富的、知识更渊博的员工（师傅）与一个经验欠缺的员工（徒弟）之间进行的一种人际交换关系。"② 单雪莲对传统师徒关系定义为："以技能传授为核心，以家庭宗法、地缘性为特征，并且隐性情感权责高于显性权责的不平等技能教授关系。"③ 其次，关于师徒关系分类的研究。单雪莲将师徒关系分为"古代师徒关系、近代师徒关系以及现代师徒关系"④。再次，关于师徒关系影响因素、效应的研究。国内学者主要以韩翼为代表，韩翼将师徒关系的影响因素归结为"个体因素、关系因素"⑤。关于师徒关系的效应研究，师徒关系的效应主要针对徒弟效益与组织效益两个层次进行研究。如徒弟的工作满意度、工作敬业度以及组织绩效等。最后，关于师徒关系历史的研究。刘晓东对明代私塾中的"师徒"关系进行研究，明代私塾中遵循"师严然后道尊"的传统教育理念，确立了"师严子敬"⑥ 的典范式的师徒关系。师徒之间拟血缘化关系的强化，使明代私塾中的师徒关系不仅相对稳定，而且具有较强的社会延续性。明代中叶之后，这种师徒关系呈现相对淡化的趋势，表面看来似乎具有一定的破除"拟血缘化"社会关系的理性倾向，但事实上乃是在社会功利思潮泛生的影响下，士林风尚的一种异化。张禹桐认为原始社会出现师徒关系的雏形，奴隶社会师徒

---

① 于阳．江湖中国 [M]．北京：当代中国出版社，2016：71．
② 韩翼．师徒关系结构维度、决定机制及多层次效应机制研究 [M]．武汉：武汉大学出版社，2016：24．
③ 单雪莲．我国学徒制师徒关系研究 [D]．沈阳：沈阳师范大学，2019．
④ 单雪莲．我国学徒制师徒关系研究 [D]．沈阳：沈阳师范大学，2019．
⑤ 韩翼，周洁，孙习习，等．师徒关系结构、作用机制及其效应 [J]．管理评论，2013，25（7）：54．
⑥ 刘晓东．明代私塾中的"师徒"关系刍议 [J]．东北师范大学学报，2012（6）：69．

之间由"父子相承"转变为"养父子关系",直至封建社会逐渐形成了一种与契约、血缘、地域等密切相关的传统师徒关系,这种师徒关系以拟制血缘关系为纽带。1840 年鸦片战争爆发,这一时期的师徒关系呈现出由身份到契约的转变,师徒关系开始受到成文法的规制,出现身份型师徒关系与契约型师徒关系并存的状态。进入现代契约社会,师徒关系已经由传统师徒关系转变为纯粹的契约型师徒关系。① 施刚钢和柳靖认为师徒关系是随着历史发展的脉络在不同形式的学徒制下演变至今②,主要经历了"前学徒制"中单纯、亲密的父子、养父子关系,封建社会各种"关系"影响下的师徒关系,近代学徒制契约与劳工制度影响下的师徒关系,现代社会迈向理想制度下的师徒关系。

关于师徒关系的应用研究。首先,职业教育领域内师徒关系的研究。职业教育领域内师徒关系的研究数量与其他领域内师徒关系的研究相比是相对较多的。丁桂莲通过"投师如投胎""教会徒弟饿死师父""一日为师终身为父"三句民谚对中国古代职业教育中的师徒关系进行研究。③ 张修哲通过对现代职业院校参加校企合作的学徒进行调研,对现代职业教育校企合作中的师徒关系类型进行梳理,探究了影响我国现代职业教育校企合作中师徒关系的因素,并从观念、企业师傅和学徒等角度分析师徒关系中应关注的问题。④ 其次,佛教领域内师徒关系的研究。台湾学者杨嘉铭对藏传佛教中历辈章嘉呼图克图与达赖喇嘛的师徒关系进行个案研究。⑤ 再次,高校领域内师徒关系的研究。主要是关于导师与研究生师徒关系的研究。刘锐剑通过量化研究方法对高校教师师徒关系及其对青年教师职业

---

① 张禹桐. 从身份到契约:我国学徒制中师徒关系变迁研究 [D]. 济南:山东大学,2018.

② 施刚钢,柳靖. 试析中国学徒制中师徒关系的变化 [J]. 职教通讯,2013 (25):54.

③ 丁桂莲. 从民谚看中国古代职业教育中的师徒关系 [J]. 教育学术月刊,2012 (6):91-93.

④ 张修哲. 现代职业教育校企合作中师徒关系类型研究 [J]. 辽宁高职学报,2016,18 (4):9-12.

⑤ 杨嘉铭. 历辈章嘉呼图克图与达赖喇嘛的师徒关系 [J]. 青海民族研究,2013,24 (4):107.

成功影响问题进行研究。① 最后，竞技体育领域内师徒关系的研究。解欣借助中国传统文化中的"报"文化对竞技体育"师徒关系"交换行为中"报"循环的主要因素及基本特征进行研究。②

综上所述，关于师徒关系的基础研究，国内目前集中于历史脉络梳理、概念界定以及分类的研究，对师徒关系的影响因素、效应的研究仍处于薄弱环节。关于师徒关系的应用研究，主要集中于职业教育领域内，其次还包括佛教领域、高校领域以及竞技体育领域。其中关于高校领域内师徒关系的研究主要集中于导师与研究生的关系。特别是随着近年来导师与研究生关系恶化的社会现象频频出现，其也逐渐成为学者关注与热议的话题之一。但这些研究往往以事实判断为主，缺乏相应的理论支撑。

第三，关于武术传统师徒关系的研究。首先，关于武术传统师徒关系概念的研究。周伟良从历史的角度对传统社会中武术的师徒关系进行了研究，他认为，武术传统师徒关系是以模拟血缘关系为机制，从而形成了与"父"同构的师和与"儿"同构的徒，就是人们习惯上称呼的"师父""徒儿"。③ 张云崖认为，传统武术的师徒传承本质上还是"家庭传承"。在徒弟磕头拜师以后，师父与徒儿之间形成了一种"父与儿"的契约关系，同样师兄弟之间也产生了类似于血缘的亲属关系。④ 韩红雨认为师徒制在教育者与受教育者之间明确了一种类似于"父与子"的关系，即所谓的"一日为师，终身为父"。"师"或"父"不但自己要有良好的道德情操与高超的武技水平，而且还要对"徒"与"子"负有一种特有的教育期

① 刘锐剑. 高校教师师徒关系及其对青年教师职业成功的影响研究 [D]. 北京：北京交通大学，2018.
② 解欣. 竞技体育"师徒关系"交换行为中"报"循环的主要因素及基本特征研究 [J]. 山东体育科技，2017，39（2）：8.
③ 周伟良. 师徒论：传统武术的一个文化现象诠释 [J]. 北京体育大学学报，2004，27（5）：587.
④ 张云崖，牛爱军，虞定海. 传统武术的非物质性传承研究：从非物质文化遗产的视角 [J]. 成都体育学院学报，2008，34（7）：55.

待。① 周之华认为，在这种一来一往的关系中形成了师徒之间稳定的类血缘关系。② 姚瑀借助文化学中涂尔干的"集体意识"分析武术中的师徒关系，认为师徒集体意识是对师徒关系的进一步解释。③ 其次，关于武术传统师徒关系影响因素的研究。吕韶钧认为，在民间习武共同体内通过拜师的方式，确立了师徒关系，正是依靠这种模拟血缘而建立起来的师徒关系将习武群体联系在一起，产生了一张关系的网络。④ 受中国宗法制度观念的影响，民间武术通常不传无亲无故、无名无分之人，但拜师以后则不然，通过拜师递贴磕头，建立了师徒关系，师徒关系将非血缘的人联系在一起，建立起一种模拟血缘关系，有了血缘关系就是一家人，师父就会向徒弟传授武术。再次，关于武术传统师徒关系对策建议的研究。关于武术传统师徒关系"怎么办"问题的研究。在该问题上，现有学者存在争议。曾桓辉认为应"严格执行传统的师徒关系"。与之相反的观点是姜霞认为应建立"新型师徒关系"，这是"武术传承之根"⑤。郝超辉在此基础上进一步提出，传统的师徒传承是有着浓厚宗族色彩的不平等契约化关系，这些观念已经不适合现代社会的价值观，严重阻碍了传统武术的发展，所以传统武术的师徒传承模式应与社会需要相结合发展"新型师徒关系"⑥。新型师徒关系的本质是武术文化传承。师徒双方是以"教学契约化"或"亦师亦友"的多角色融合为基础的"共生关系"。

与此同时，有不少学者提出武术传统师徒关系与学校武术师生关系相融合的设想。李凤成（2017）认为传统与现代各有利弊，有必要实现两种模式

① 韩红雨，周嵩山，马敏卿. 传统武术门户准入制度的教育社会学考察 [J]. 广州体育学院学报，2013，33（5）：51.
② 周之华，李春日，李旭. 传统武术拜师仪式的文化研究 [J]. 首都体育学院学报，2014，26（4）：306-308.
③ 姚瑀. 从涂尔干的"集体意识"审视武术的师徒关系 [J]. 搏击（武术科学），2014，11（5）：29-31.
④ 吕韶钧，张维凯. 民间习武共同体的提出及其社会文化基础 [J]. 北京体育大学学报，2013，36（9）：8.
⑤ 姜霞. 新型师徒关系：武术传承之根 [N]. 中国体育报，2016-04-01（6）.
⑥ 郝超辉. 传统武术发展中的师徒传承研究 [D]. 成都：成都体育学院，2015.

的融合与创新。袁勤（2009），王刚、刘帅兵（2013）以及张昊、李翠含、吕韶钧（2017）等学者对民间师徒关系与院校师生关系进行了比较研究，遗憾的是，对于二者融合的方式仅停留于设想阶段，目前仍没有针对当前院校师生关系的困境与民间师徒关系的困境提出一个较为科学、合理的方式。

综上所述，现有研究中对武术传统师徒关系的界定仍停留在传统社会中"师徒如父子"的拟血缘关系中，忽视了现代社会中的师徒关系，由此导致在师徒关系的归因问题上，学者们只围绕"师徒如父子"的观点进行归因，从而单纯地归因于宗法制度。在价值判断的问题上，尽管学者们存在争议，但由于缺乏相关的理论指导，缺乏结合当下武术传统师徒关系发展的实际情况，由此很难对武术传统师徒关系的取舍进行科学、合理的甄别。

2. 国外研究现状

在国内师徒关系的研究中，既有"师傅与徒弟的关系"研究，又有"师父与徒弟"的关系研究。国外关于师徒关系的研究主要集中在"师傅与徒弟"的关系中，这类研究无论在质量还是在数量上均优于国内。西方国家师傅是指"mentor"，徒弟在英文中指"mentee"，法语中指"protégé"。"指导者"（"mentor"音译为"曼托"）一词来源于古希腊神话《奥德赛》的人名——曼托·阿塞娜，为了参加特洛伊战争，英雄奥德赛不得不离家远行，这时曼托就充当起一位父亲在外作战的年轻人的保护者。他既是这位年轻人的保护者，同时也是咨询顾问和领路人。其中，以"mentorship"为关键词进行检索的外文文献就有48篇，以"mentoring"为关键词的外文文献高达111篇。这足以说明国外对师徒关系的研究在数量上高于国内。

第一，关于师徒关系的基础研究。国外关于师徒关系的研究也可以分为基础研究和应用研究，其中应用研究主要集中在高等教育、医学教育、企业经济等领域中。基础研究成果早于应用研究成果，主要围绕三方面展开：其一，探讨师徒关系的概念；其二，关于影响师徒关系效果的因素研究；其三，探讨师徒关系的效应。

关于师徒关系概念的研究。有关师徒关系的定义非常多，具体见表1-1。

K. E. Kram 在 1983 年对师徒关系下了一个定义，这个定义得到了后来大多数学者的认同。她认为，师徒关系即年幼者和年长者之间的一种发展性关系，通常是经验丰富的年长者帮助年幼者学习如何进入成人的世界，学习如何进入工作领域。① Chao 则认为，师徒关系就是组织中高级成员（指导者）和初级成员（被提携者）之间的一段强烈的工作关系。② 指导者经验丰富，在组织中拥有更多的权利，他会亲自给被提携者提供建议、咨询、教导，促进其职业发展。由于指导者在组织中的权力和影响力，被提携者的职业发展会得到提升。

表1-1　部分学者关于"指导"的相关定义小结③

| 作者 | 年份 | 定义 |
|---|---|---|
| Fagenson | 1988 | "拥有较高权力地位的一个人，他关心你，给你建议，并让你的成就引起公司中其他权威人士的注意。" |
| Ragins &McFarlin | 1990 | "通常是一位阶层较高、具有较大影响力并有丰富的经验知识的组织成员，他尽心尽力地帮助你晋升，给你的职业提供支持。" |
| Kalbfleisch &Davies | 1991 | "与你分享价值观，并向你提供情绪支持和职业咨询、信息和建议，促使你的职位提升，让你更容易接触到组织中的核心人物。" |

① KRAM K E. Phases of the Mentor Relationship ［J］. Academy of Management Journal，1983，26（4）：608-625.
② CHAO G T，WALZ P，GARDNER P D，et al. Formal and informal mentorships：A comprison on mentoring functions and contrast with nonmentored counterparts ［J］. Personnel psychology，1992，45（3）：619-636.
③ 韩翼. 师徒关系结构维度、决定机制及多层次效应机制研究 ［M］. 武汉：武汉大学出版社，2016：24.

续表

| 作者 | 年份 | 定义 |
|---|---|---|
| Chao et al. | 1992 | "师徒关系就是组织中高级成员（指导者）和初级成员（被提携者）之间的一段强烈的工作关系。指导者经验丰富，在组织中拥有更多的权利，他会亲自给被提携者提供建议、咨询、指导，促进其职业发展。由于指导者在组织中的权力和影响力，被提携者的职业发展会得到提升。" |
| Burke et al. | 1993 | "师徒关系即年长的指导者和年轻的被指导者之间共享的一段特别亲密的关系，指导者的权利地位、资源、信息能最大限度地促进被指导者的职业发展。" |
| Corzine et al. | 1994 | "一位职位更高的经理鼓励你，并指引你的职业发展。" |
| Klaw&Rhodes | 1995 | "指导者的年龄比你大，有着更多的经验，对你有着特别的兴趣。尽管他不是你的父母，也不是你同龄的朋友，但是你仍会去找他咨询，获得他的支持，并以他为榜样。" |
| Dreher&Cox | 1996 | "一个个体拥有比你高的职位，但却对你的职业发展充满着兴趣，而通常的下属/领导关系却不一定是师徒关系。" |
| Allen &Poteet | 1999 | "师徒关系就是一种同盟关系，它可以促进你的技能发展，从而提高绩效和职业发展。" |
| Allen &Finkelstein | 2003 | "师徒关系通常发生在组织中高级员工和初级员工之间，通过指导、赞助等手段由高级员工向初级员工提供发展性功能（一种支持），这种关系是建立在组织员工一对一的个体层面上，并且在组织的任何阶层都可以建立这种关系。" |

关于师徒关系影响因素的研究。影响师徒关系的因素主要可以分为两大类：个人因素和组织因素。由于师徒关系是师与徒的互动关系，因此师徒双方的性别、年龄、工作经历、人格特征以及职位阶层都可能会对这段

关系产生影响，而组织对师徒关系的支持程度也会直接影响到师徒关系开展的质量。Aryee 等人认为指导者的人格特质比情景变量、组织结构变量更多地影响到被指导者是否会尝试与其建立师徒关系，而指导者自己的人格特质也会影响指导者对师徒关系的投入程度。① Waters 采用指导者与指导对象配对研究，发现指导双方人格特质中的亲和性、开放性、外向性，以及被指导者的尽责性人格都会显著地提高心理指导功能，因为这些特质能够有效营造氛围，培养双方之间的信任，增强双方的交流。②

关于师徒关系效应的研究。其一，徒弟利益。对于师徒关系的研究，学术界更多关注的是对于徒弟的影响效果，这些影响效果主要包括内在效果和外在效果。外在效果包括薪酬和晋升，内在效果包括组织承诺、工作满意度、职业满意度、离职意愿、心理成功以及程序公平等。Allen 等人通过研究发现有师傅的个人会获得更多积极的客观效果，包括更高的进步期待、职业满意度、工作满意度和留在组织的动机。③ 通过师徒关系，徒弟可以获得师傅对工作的指导，得到师傅的建议和帮助。师傅也能让徒弟更快地融入组织，使徒弟感知自己被组织所接纳，更好地适应自己的工作与角色，对自己的未来发展充满希望，产生更多的满意度。其二，师傅利益。当帮助一个年轻人在成人的工作世界里建立一个安身之处时，师傅会从他或她提供的支持和辅导中得到个人利益。Johnson 等人研究发现，担当师傅能够提高雇员的职业满意度。④ Zey 的研究也显示出，师徒关系给师

① ARYEE S, LO S, KANG I L. Antecedents of early career stage mentoring among Chinese employees [J]. Journal of Organizational Behavior, 1999, 20 (5): 563-576.

② WATERS L. Protege-mentor agreement about the provision of psychosocial support: The mentoring relationship, personality, and workload [J]. Journal of Vocational Behavior, 2004, 65 (3): 519-532.

③ ALLEN T D, DAY R, LENTZ E. The Role of Interpersonal Comfort in Mentoring Relationships [J]. Journal of Career Development, 2005, 31 (3): 155-169.

④ JOHNSON K K P, YUST B L, FRITCHIE L L. Views on Mentoring by Clothing and Textiles Faculty [J]. Clothing and Textiles Research Journal, 2001, 19 (1): 31-40.

傅带来职业生涯的促进和精神收入的增加。① Mullen 和 Noe 研究发现，师傅可以从徒弟那里寻找与接收新技术、工作绩效与反馈信息，因为师徒本来就处于同一个领域。② 尽管徒弟经验不及师傅，但徒弟的一些想法与观点在某些时候也可能启发师傅，协助师傅完成任务，并帮助师傅提高绩效。其三，组织利益。师徒关系不仅带给徒弟与师傅收益，也会给组织带来效益。Saks 研究发现，师徒关系不仅会促成组织中稳定的关系还会达成高水平的组织承诺。③

第二，关于师徒关系的应用研究。应用研究主要集中在高等教育、医学教育、企业经济等领域中。其中尤以企业领域为主。Aryee、Chay 和 Chew 认为，企业师徒制对组织的益处有增加劳动力就业选择的吸引力。从"企业师徒制"可以看出，国外师徒关系的研究领域主要集中于企业领域，这也与师徒关系主要出现于这一领域密切相关。

综上所述，国外关于师徒关系的研究相比国内，已经具有非常丰富的理论基础。国外相关研究成果主要以量化研究为主，其侧重点主要考察师徒关系对徒弟和组织的影响。然而，师徒关系的研究成果都是在西方文化背景下获得的，国内在这一领域的研究仍属空白。西方背景下的师徒关系主要应用于企业、工厂领域，其产生出来的理论是否同样适用于中国人情社会，是否适用于中国传统武术传承文化中的师徒关系，其具体的功能、结构是否和西方的研究结果相同，这一点还有待进一步的探索。

3. 相关研究的局限

第一，国内研究局限。国内关于武术传统师徒关系的研究思路大多只

---

① ZEY M G. Mentor programs：Making the right moves［J］. Personal Journal，1995，64（2）：53-57.

② MULLEN E J，NOE R A. The Mentoring Information Exchange：When Do Mentors Seek Information from Their Proteges［J］. Journal of Organizational Behavior，1999，20（2）：233-242.

③ SAKS A M，ASHFORTH B E. Organizational Socialization：Making Sense of the Past and Present as a Prologue for the Future［J］. Journal of Vocational Behavior，1997，51（2）：234-279.

停留在现象描述的层面，缺少相关的理论借鉴，导致研究者忽略一些不可避免的重要因素。研究方法主要以定性研究为主，在所查阅的文献中至今还没有发现定量分析的文献。研究对象笼统地以传统社会为背景，既忽视了现代社会背景下的师徒关系，也没有对传统社会做进一步的具体划分。研究内容主要集中在师徒传承的事实判断的研究中，缺少价值判断的研究。在当代社会转型背景下，对于传统武术文化传承的师徒关系发展的合理与否、未来应如何发展等关键问题，相关研究较少。研究内容直接以其为研究对象的文献较少，多数研究被包含在武术传承、武术拜师仪式、师徒传承以及武术文化传承中，还没有形成独立的研究体系。

国内关于师徒关系的研究主要有两种倾向，一种是以质性研究为主针对某个领域内师徒关系的描述性研究，这类研究有助于揭示、还原某个时期某项技艺的本来面貌，缺点在于缺少量化研究，对结论的支撑力度不够。另一种是借助西方背景下师徒关系的相关理论以及测量工具对国内某一领域内的师徒关系进行量化研究。结合中国复杂的人情社会考量，这种方式显然是不恰当的。

第二，国外研究局限。国外师徒关系的研究主要将师徒关系作为自变量，将师傅利益、徒弟利益以及组织利益作为因变量分别进行研究，其研究重点更侧重于师傅自身、徒弟自身以及组织自身的影响。这些研究成果与方向主要依赖于企业、工厂，对于根植于中国传统文化土壤，没有企业、工厂为依托的武术传统师徒关系虽具有一定的借鉴意义，但也不能照搬吸收。

### 三、武术传统师徒关系研究的基本内容与方法

1. 基本内容

本研究以武术传统师徒关系为研究对象。即在弘扬中华优秀传统文化背景下，作为从历史中走来的武术传统师徒关系，对其概念、产生原因、影响因素以及未来走向等问题进行的研究。主要包括八部分内容：（1）绪论；（2）武术传统师徒关系的概念；（3）武术传统师徒关系的结构要素及

其特点；（4）武术传统师徒关系的建构过程及其特点；（5）武术传统师徒关系的产生与历史流变；（6）武术传统师徒关系的当代价值；（7）武术传统师徒关系的缺陷与当代困境；（8）武术传统师徒关系的创造性转化与创新性发展策略。

2. 基本概念界定

为了进一步明确武术传统师徒关系的基本内容，特对武术传统师徒关系所采用的基本概念进行界定。

（1）人际关系。本研究采用学者翟学伟对于人际关系的解读，他提出，"中国人的关系是由人缘、人情与人伦构成的三位一体模式"①。

选择这一概念的原因在于：其一，相较于其他学者的观点，这一观点更加具体、更加准确、更加完整地揭示出中国人际关系的特质。这一概念是基于作为中国传统文化基本组成部分的天命观、家族主义以及儒家思想提出的。该学者分别对这三者的概念、特征以及机制等进行了阐述，本研究将在此框架下进一步对武术传统师徒关系进行探讨。其二，武术传统师徒关系符合中国人际关系概念的特点。一方面，学者翟学伟强调："关系是从中国人的家庭和亲属特征中发展出来的。"② 武术传统师徒关系中"师徒如父子"的家庭伦理观念正是从家庭和亲属特征发展而来，并且延伸出师兄弟、师姐妹的关系。另一方面，学者翟学伟认为，关系是"生活在同一地域和共过事的人"③。在"一对一""手把手"的教学方式下，武术传统师徒关系的建立往往出现在同一地域甚至同一家族。所以，学者翟学伟给出的关于中国人的关系概念所具备的特点与武术传统师徒关系相契合，成为本研究对中国人际关系的概念界定。

（2）师徒关系。在师徒关系的概念中，师既有师傅之意，又有师父之意。徒的本义在《新华大字典》中被解释为"无车而行"，由没有凭借引申为跟从的人，特指徒弟。由此，师徒关系既包括师傅与徒弟的关系，又

---

① 翟学伟. 中国人的关系原理［M］. 北京：北京大学出版社，2014：41.
② 翟学伟. 中国人的关系原理［M］. 北京：北京大学出版社，2014：295.
③ 翟学伟. 中国人的关系原理［M］. 北京：北京大学出版社，2014：295.

包括师父与徒弟的关系。

首先，关于师傅与徒弟关系的研究在国外已有大量成果，其中包含了对其概念的界定。国内也有部分学者专门对此展开调查研究，详见表1-1。师傅与徒弟的关系在英语中称为"mentoring relationship"。所谓"mentor"在《柯林斯英语词典》中解释为"在一段时间内给予徒弟帮助和建议的人，特别是与工作相关的帮助和建议"。"mentor"在中国被翻译为"导师"。它与中国的"导师"的区别在于，这里的导师所建立起来的是师徒关系，而中国的导师所建立起来的是师生关系。通过对表1-1的归纳，师傅与徒弟的关系具有以下特点：其一，具有职业属性；其二，主要在工厂、企业等现代职业领域展开；其三，所建立的是师傅和徒弟的关系。因此，本研究中师傅与徒弟的关系被定义为"在工厂、企业等现代职业领域中建立的师徒关系"。

其次，关于师父与徒弟的关系，民间有"一日为师，终身为父""教会徒弟饿死师父"等俗语，这些都是对师父与徒弟关系的表述。根据民间俗语进行归纳总结，师父与徒弟的关系具有以下特点：其一，存在于中医、戏剧、相声以及武术等传统行当中；其二，按照"师徒如父子"伦理规范对师徒双方进行约束。因此，本研究中师父与徒弟的关系特指传统行当中建立的师徒关系。

综上所述，本研究将师傅与徒弟的关系界定为在工厂、企业等现代职业领域中建立的师徒关系；将师父与徒弟的关系界定为在传统行当中建立的师徒关系。由于二者具有极高的相似性，需要对二者的概念进行辨析。详见表1-2。

两类师徒关系的相同之处在于它们均与职业直接相关，无论是师傅与徒弟的关系，还是师父与徒弟的关系。不同之处在于：其一，两类师徒关系所建立与维系的职业领域不同。从现代社会角度看，二者虽然均与师徒双方各自的职业发展密切相关，但是师傅与徒弟的关系主要存在于工厂、企业等现代职业领域；师父与徒儿的关系存在于中医、梨园、相声以及武术等传统行当中。其二，师徒关系所需要的伦理规范不同。师傅与徒弟的关系是按照工厂、企业相关的规章制度对师徒双方进行管理；师父与徒弟的关系则是依靠传统社会各个行业的伦理道德规范进行约束。其三，称呼方式不同。

表1-2 师徒关系差异性比较

|  | 师父与徒弟的关系 | 师傅与徒弟的关系 |
|---|---|---|
| 职业领域 | 中医、梨园、相声以及武术等传统行当 | 工厂、公司等现代企业 |
| 伦理规范 | 各行业的伦理道德规范 | 相关法律法规 |
| 称呼方式 | 师父 | 师傅 |

本研究所指的师徒关系是指传统行当中师父与徒弟的关系。这是结合本研究对象武术传统师徒关系界定而来。由于传统武术产生于农业和手工业社会背景下，存在于民间走镖等传统行当之中，与工厂、企业中师傅与徒弟的关系有所不同。

（3）传统。"传统"与"现代"相对应，在《新华词典》中解释为"世代相传或相沿已久并具有特点的"。当代美国著名社会学家爱德华·希尔斯认为传统是指"任何从过去延传至今或相传至今的东西"①。我国学者叶朗也认为："传统是一个发展的范畴，它具有由过去出发，穿过现在并指向未来的变动性。"②

本研究借助学者叶朗对"传统"的定义研究武术传统师徒关系，即武术传统师徒关系并非过去的、停滞的、守旧的，而是从过去出发，经历世代相传，并对未来武术发展具有前瞻性意义的人际关系。

3. 研究方法

第一，文献资料法。文献资料法是以文字、数字、符号、画面等信息作为文献资料，通过分析、比较从而对相关社会现象、社会问题进行研究的方法。本研究在文献获取的来源上，具体包括以下几种方式：（1）通过

---

① 希尔斯. 论传统 [M]. 傅铿，吕乐，译. 上海：上海人民出版社，2018：12.
② 叶朗. 现代美学体系 [M]. 北京：北京大学出版社，1988：330-331.

查阅 CNKI 中国知网期刊全文数据库等数据库中的电子文献，收集到关于武术传统师徒关系、师徒关系、人际关系等相关期刊论文、硕博士学位论文 1000 余篇。（2）通过查阅学校图书馆、省图书馆、学院资料室、省体育博物馆等文献机构的馆藏文献。（3）走访查阅各门派拳种珍藏的图书、照片，观看与武术传统师徒关系相关题材的电影、电视剧以及武侠小说等。（4）阅读社会学、人际关系学、伦理学、教育学等相关的图书专著 60 余部。（5）通过订阅微信平台公众号，下载抖音、新浪等社交平台，获取当前武术传统师徒关系收徒、比武等的现实情况；通过查阅中国新闻网、新华网、国家体育总局网站等新闻媒体获取政府关于武术传统师徒关系相关的报道材料。通过对上述文献资料的收集和整理，逐步形成了本研究的研究思路和基本框架，从而为本研究奠定了坚实的文献基础。

第二，逻辑分析法。逻辑分析法是指在遵循一般逻辑规律的基础之上，运用归纳和演绎、分析与综合以及抽象与概括的研究方法。本研究借助社会学、人际关系学以及中国人际关系相关理论进行演绎，从而能明确武术传统师徒关系的内在逻辑结构。并对各类武术传统师徒关系的社会现象进行归纳、分析加工，由此通过"自上而下"的演绎与"自下而上"的归纳，揭示武术传统师徒关系的本质、类型、成因以及传承与发展。此外，武术传统师徒关系社会现象的研究不能离开历史的眼光，武术传统师徒关系的发展本身就是随人类社会历史的发展而不断变化的，由此体现出历史发展的逻辑体系。因此，按照历史与逻辑相一致的原则，本研究立足于武术传统师徒关系历史发展过程的开端，考察武术传统师徒关系由简单到复杂、由低级到高级的历史发展过程，既揭示了武术传统师徒关系的历史必然性，同时更加深刻地揭示了其历史的本来面目。

第三，观察法。观察法是通过系统、详细地观察并记录被观察者的行为、对话，从而探寻其背后文化行为的研究方法。武术传统师徒关系建立与否、维系长短对于师徒双方具有不同程度的影响。其中，对于一些负面影响可能无法通过文献资料完整、深入地表达出来，也难以在访谈过程中保证公正、客观的描述。所以，观察法与访谈法相比侵入性较低，可以针对访谈材料的不足进行很好的补充。由此,笔者借助观察法对所观察到的师徒双方说话的内容、语气、动作都做了详细的记录。对于观察的形式,本研究主要采用参与式观察与非参与式观察相结合的形式。笔者以武术爱好者的身份,通过参加师门内的拜师仪式、师门聚会、武术比赛等活动进行参与式观察。由于武术师徒关系具有较强的排他性,所以参与式观察有助于培养笔者与观察对象建立融洽关系,融入师徒双方的生活,培养笔者对武术传统师徒关系的感觉。笔者还通过各个渠道的拜师录像、授徒录像等进行非参与式观察,这是为了尽可能避免由此产生的"霍桑效应",从而站在局外人的角度对武术传统师徒关系的交流进行观察。作为"局外人"研究"异文化"相较于"局内人"研究自己的文化而言,更具客观性和真实性。

第四,深度访谈法。深度访谈法是本研究收集资料的主要方法,通过深度访谈收集到的是一种"活"的资料,研究者需要对通过深度访谈法获取的材料进行彻底分解和重新整合,必要时还需对重点信息进行再现还原,从而更加深入地探索研究对象的本质与真相。在此过程中,一方面要注重研究深度,剖析事物和现象要深入到位,另一方面由于事物是不断发展变化的,还要以发展的眼光看待问题。得益于其特有的"面对面访谈"形式,深度访谈法可以让被访谈者的注意力集中到访谈话题本身上来,从而保证获取信息的准确性。此外,基于高效及时的沟通条件,一些复杂或矛盾的问题能得到充分讨论和评述,访谈者可根据反馈及时调整沟通策略,通过追问等形式获得更真实、全面的信息,在某些访谈中,访谈者还可能收获更多意料之外的重要信息。

在访谈对象的选取上,笔者根据以往的文献材料,结合本研究武术传统师徒关系的性质对访谈对象加以选取。由于本研究是对武术传统师徒关系的研究,在访谈初期,笔者将拜师收徒的师徒双方列为调查访谈对象,具体可以分为:第一类,既拜师又收徒的;第二类,已拜师未收徒的;第三类,未拜师已收徒的。但是,伴随着研究的逐渐深入,笔者发现访谈对象需要进行一定程度的调整和拓展。

  首先，访谈对象的选取需要增加第四类——不拜师不收徒的。这类人并非对访谈对象没有任何要求，而是需要有长期参与武术师徒活动的经历。因为这类人群虽然不是建立武术传统师徒关系的主体，但是长期融入武术传统师徒关系之中，对师徒关系有一定认知与了解，如师门中的师母，拜师入门时的介绍人，曾经拜师后来脱离师门的徒弟，等等。这些人可以站在"旁观者"的角度对武术传统师徒关系的建立与维系提供新的思路与认识。如笔者在对杨氏太极拳师父 YB 的妻子进行访谈时，她提到作为师父对徒弟的培养具体是如何付出、有何心理活动、究竟是否"留一手"等问题，而这些访谈内容不论是在对师父 YB 本人的访谈中，还是在对其徒弟的访谈中都是没有体现出来的。

  其次，访谈对象的选取需要删除第三类，因为在笔者所接触与了解到的情况中，并未发现第三类未拜师已收徒的情况。究其原因，笔者认为主要有两方面原因：一方面这是受中国传统文化中"师出无门"的影响，所谓"师出无门"是指做某件事没有正当理由。而"未拜师已收徒"的一类便有此嫌疑，并且难以在武林中立足。另一方面是武术传统师徒关系需要秉持"传统"的规范，"它至少要持续三代人，无论长短才能成为传统"①。而"未拜师已收徒"的情况已不符合"传统"的规范，亦不符合本研究访谈对象的要求。

  再次，在笔者访谈过程中发现第二类已拜师不收徒的情况还可以进一步划分为三种，第一种是明确表示计划收徒的，第二种是明确表示不会收徒的，第三种是未明确表明是否收徒的。这三种人群中，对第一种人群的访谈可以进一步明确武术传统师徒关系的价值所在；对第二种人群的访谈可以明确当前武术传统师徒关系的症结所在。所以，这也提醒笔者需要对这两种人群进行深挖，特别是第二种情况。

  综上所述，在增加第四类不拜师不收徒的情况，剔除第三类未拜师已收徒的情况之后，本研究主要针对三类情况进行选取，分别是第一类，既

---

① 希尔斯. 论传统［M］. 傅铿，吕乐，译. 上海：上海人民出版社，2018：15.

拜师又收徒的；第二类，已拜师不收徒的；第三类，不拜师不收徒的。

　　另外，深度访谈法对访谈对象进行分类时不仅可以以拜师经历为指标，还可以以人口统计学指标、地理指标进行区分。深度访谈理论认为，"访谈对象的区隔程度越高，所需的参与者人数越多，这样才能实现每个亚组的信息饱和。因此，主要指标来区隔参与者的亚组数不宜过多。"① 由此，根据"亚组数不宜过多"的原则，本研究最终确定按照以下五个指标选取访谈对象：其一，拜师经历。主要是为了明确受访者是否拥有武术传统师徒关系的经历，具体分为既拜师又收徒的、已拜师不收徒的和不拜师不收徒的。其二，年龄。主要是为了明确各个年龄段建立师徒关系的特点，具体分为少年（12～18 岁）、青年（19～40 岁）、中年（41～65 岁）和老年（66 岁以上）。其三，性别。主要是为了明确性别因素对武术传统师徒关系的影响。具体包括：男性师父与男性徒弟，男性师父与女性徒弟，女性师父与男性徒弟，女性师父与女性徒弟。其四，拳种。主要是为了明确各地域主流拳种流派在武术传统师徒关系中的特征。由于中华传统武术文化历史悠久，发展过程中诞生了诸多拳种，已被国家体育总局认定的就有 129 种之多。为使访谈结果客观全面，避免研究结果驳杂不精，本研究不对每一个拳种下的传统师徒关系进行逐一论证，而是在保证访谈深度的同时，尽可能多地选取一些代表性拳种进行深入挖掘。学者乔凤杰在《文化符号》的"武术"一章中对武术拳种进行了介绍，同本研究一样，他认为："拳种众多，是一个没有争议的说法。……只想通过对少林拳系、太极拳系、形意拳系、八卦掌系这四个影响较大的拳系的介绍，来让读者大致明白中国武术拳种流派的基本状况。"② 可见，少林拳系、太极拳系、形意拳系以及八卦掌系在所有武术拳种中具有一定的代表性。由于本研究是对全国性武术传统师徒关系的研究，所以，笔者根据地域将访谈对象划

---

① 亨宁克，哈特，贝利. 质性研究方法［M］. 王丽娟，等译. 杭州：浙江大学出版社，2015：74.
② 乔凤杰. 文化符号［M］. 北京：社会科学出版社，2014：51.

分为"南派"与"北派","此种分类方式在民间广为流传"①，并结合初步调研的结果进一步增加若干具有代表性的拳种。最终北派拳种选择：太极拳、少林拳、八卦掌、形意拳、查拳、通背拳。南派选择：咏春拳、峨眉拳。这些拳种在当地乃至全国有广泛习练人群，有清晰的师承关系，在全国范围内有着较大的影响力。其五，职务。主要是为了明确被访者的社会影响力与权威性。选择了民间武术中杨氏太极拳传人杨振铎老先生，宋氏形意拳传人宋光华老先生，武术协会主席张智录先生，民间拳师牛怀瑞先生，武术习练者罗海萍女士，武术爱好者张龙先生，等等。选择了武术学校中武术学校校长张燕军先生，武术学校校长王宝忠先生，高校武术教师郝晓光先生，武术专业学生张富兴、张佳盛等同学。选择了竞技武术中武术教练马华云先生，武术运动员任福岗、吴耀德等。这些访谈对象都有拜师收徒的经历，或对拜师收徒有自己独特的理解与认识。

综上所述，在访谈对象的选取上，通过性别、年龄、拳种、职务、拜师收徒经历五个指标对访谈对象进行筛选，确保访谈对象覆盖以上五个指标的不同范围，保证其全面性与代表性，从而对全国武术传统师徒关系有一个较为整体与宏观的描述。

在访谈人数的确定上，笔者依据的是深度访谈的饱和原则。所谓饱和度就是指"某个点，达到这一点后的研究人员继续采集的信息只是对以往的重复"②。访谈对象的人数取决于饱和度这一理论原则。深度访谈研究方法理论认为，"在不同的质性研究中，参与者的人数差别甚大，少至数人多达 200 人。不过这两种极端情况不常发生。大多数质性研究的深度访谈不会超过 50 人。……一般情况下，如果质性研究的参与者超过 100 人，由于数据量大，深入分析数据的工作量更大，研究人员往往会难以掌控研究

---

① 刘晓树. 神形兼备的运动：武术［M］. 北京：二十一世纪出版社，2015：21.
② 亨宁克，哈特，贝利. 质性研究方法［M］. 王丽娟，等译. 杭州：浙江大学出版社，2015：73.

项目"①。本研究的目的是深入了解武术传统师徒关系的现实情况，明确其建构意义以及产生的背景，"这样的研究只需要少量的参与者，就能深入了解研究主题。因此要求参与者具有符合研究主题的鲜明特征"②。上文中对武术传统师徒关系五个指标的确定便是对其鲜明特征的体现。由此，根据饱和原则，结合访谈对象的指标，最终确定武术传统师徒关系的访谈对象人数为43人。

在访谈对象的具体选取方法上，笔者通过以下方法与访谈对象进行接触：其一，请当地武协守门人协助。当地武协守门人是指在当地有一定地位和威望的人，他们一般对当地武术情况较为了解，又有足够的影响力。质性研究认为："如果一项研究得到了社区领导或备受信任的守门人的支持，那么研究人员游说社区人员参与研究就会容易得多。"③ 比如，笔者在山西临汾进行访谈时，首先接触到了临汾武术协会常务委员权黎民老师，他为我们引荐了若干当地比较有声望的拳师，如樊汉武、张燕军等。其二，"滚雪球"的方式。这一方式是指由其中一个访谈对象引见更多的访谈对象的方法。比如，笔者完成对山西太谷形意拳习练者任福岗的访谈后，在他的介绍下又有幸访谈到了他的师父吴会进，又在吴会进的引见下，认识到他更多的徒弟。这为访谈对象的选取提供了更多的便利。

在访谈的形式上，笔者选择以下两种方式进行访谈：其一，面对面的方式。在信息传播方式中，面对面的方式可以有效地拉近彼此之间的心理距离，增强访谈内容的准确度。其二，远程访谈的方式。受疫情、经费等客观条件制约，笔者通过微信、电子邮件、电话、视频等方式与访谈对象进行交流。这种交流方式的好处是可以随时随地就某个问题进行提问，可以节约大量时间和经济成本。在具体访谈过程中，也会根据实际情况将两

---

① 亨宁克，哈特，贝利. 质性研究方法 [M]. 王丽娟，等译. 杭州：浙江大学出版社，2015：75.
② 亨宁克，哈特，贝利. 质性研究方法 [M]. 王丽娟，等译. 杭州：浙江大学出版社，2015：70.
③ 亨宁克，哈特，贝利. 质性研究方法 [M]. 王丽娟，等译. 杭州：浙江大学出版社，2015：77.

种方式结合使用。比如，笔者所访谈的许科军老师，笔者在天津举办的第三届全国武术科学大会上与之进行过一次面对面的访谈，并建立了联系，在随后的访谈中主要通过微信进行交流。

在访谈对象的伦理问题上，本研究是在遵循伦理准则的规范下获取相关材料的。首先，在被访者自愿、知情、同意的条件下进行访谈，且在访谈中明确告知访谈对象有拒绝回答问题的权利；其次，告知被访者所有的访谈记录不会被访谈者与被访者之外的其他人查看，避免给被访者造成额外的精神负担；再次，在分析材料时保证做到对被访者客观、公正，切实以材料为基础，不涉及个人层面的价值判断；最后，对于一部分不愿意透露姓名的访谈对象，笔者选择化名以加强对其隐私的保护，并且未对该部分访谈内容进行录音，而是采用重要内容回忆或强制记忆的方式，在访谈结束后迅速整理形成实证材料，其余访谈则做了全程录音。

关于被访者的可信度检验问题，笔者采用两种解决办法。第一种，针对同一个问题访问不同的被访者，以比较、相互印证的方法进行分析。比如，笔者在对某位师父进行访谈时问及拜师费的问题，这位师父给出的回答是"随心意"，但同一个问题问及同行其他人时则说："这位师父这里拜师费没有三万不收，而且在建立师徒关系之后还要有各种各样的培训费，师父过生日送礼的费用，每年也有 2 万~3 万的费用。"由此反映出如今建立武术传统师徒关系时的现实情况。第二种，针对同一名被访者进行前后两次访谈，比较两次访谈结果。由于本研究对部分师徒双方的访谈并非一蹴而就，在访谈结束后的整理过程中还会延伸出其他问题，所以需要进行再次访谈。笔者针对需要再次被访谈的师徒，让双方抽取 2~3 个问题进行二次检验，以此保证被访者的可信度。

关于访谈提纲的效度检验问题，笔者将所涉及的访谈提纲通过邮寄或当面评议的方式让民族传统体育学、体育社会学等相关学术领域内的专家对访谈提纲的效度进行了全面的审核和评价，专家从访谈提纲的整体设计、访谈提纲的结构和访谈提纲的内容三个方面做出了相应的评价意见。对于访谈提纲有效性的评定，相关领域的专家学者对文中研究所设计的访谈提纲的效度基本认可。同时，部分专家在对访谈提纲的效度评价过后，也相应地提出了几点加强访谈提纲效度的指导和修改意见，笔者在结合深度访谈方法的相关理论及专家的评价修改意见的基础之上，对访谈提纲进行了适当的修改和完善。

综上所述，笔者通过对43名访谈对象的深度访谈，最终形成了6万余字的文字材料。并在每次访谈结束后针对每一位被访者撰写研究日记，形成每篇800~1000字不等的研究日记，共43篇。本研究参考《质性研究方法》的相关理论对其进行了编码归类，为本文的定性研究提供了翔实的一手材料。访谈提纲详见附录Ⅰ、附录Ⅱ以及附录Ⅲ。

表1-3　访谈对象一览表

| 序号 | 姓名 | 性别 | 出生年份 | 拳种 | 拜师年限 | 收徒年限 | 职务 |
|---|---|---|---|---|---|---|---|
| 1 | 侯介华 | 男 | 1965 | 通背拳 | 1990— | —— | 高校武术教师 |
| 2 | 马华云 | 男 | 1979 | 通背拳 | 2015— | 2017— | 武术馆馆长 |
| 3 | 樊汉武 | 男 | 1940 | 通背拳 | 1966— | | 洪洞通背缠拳第八代传人 |
| 4 | 张燕军 | 男 | 1978 | 通背拳 | 2010— | 2017— | 武术学校校长 |
| 5 | 权黎民 | 男 | 1974 | 通背拳 | 2010— | 2012— | 高校武术教师 |
| 6 | 郝晓光 | 男 | 1973 | 形意拳 | 自幼 | —— | 高校武术教师 |
| 7 | 冀榆生 | 男 | 1950 | 形意拳 | 2014— | 2020— | 民间拳师 |
| 8 | 范如玉 | 男 | 1952 | 形意拳 | 1970— | 1985— | 民间拳师 |
| 9 | 张剑 | 男 | 1988 | 形意拳 | 2008— | 2017— | 武术教练 |
| 10 | 张智录 | 男 | 1956 | 形意拳 | 1982— | 1987— | 武术协会主席 |
| 11 | 吴会进 | 男 | 1964 | 形意拳 | 自幼 | 1997— | 民间拳师 |
| 12 | 吴富庚 | 男 | 1990 | 形意拳 | 2008— | | 高校教师 |
| 13 | 高保东 | 男 | 1941 | 形意拳 | 自幼— | 1985— | 民间拳师 |
| 14 | 宋华光 | 男 | 1932 | 形意拳 | 自幼— | | 宋氏形意拳非遗传承人 |

续表

| 序号 | 姓名 | 性别 | 出生年份 | 拳种 | 拜师年限 | 收徒年限 | 职务 |
|---|---|---|---|---|---|---|---|
| 15 | 杨振铎 | 男 | 1926 | 太极拳 | 自幼— | 2002— | 杨氏太极拳非遗传承人 |
| 16 | 杨斌 | 男 | 1972 | 太极拳 | 自幼— | 2009— | 杨氏太极拳非遗传承人 |
| 17 | 宋莉 | 女 | 1972 | 太极拳 | —— | —— | 武术相关从业人员 |
| 18 | 杨军 | 男 | 1969 | 太极拳 | 自幼— | | 杨氏太极拳非遗传承人 |
| 19 | 方虹 | 女 | 1969 | 太极拳 | —— | —— | 武术相关从业人员 |
| 20 | 罗海萍 | 女 | 1960 | 太极拳 | 2002— | | 武术爱好者 |
| 21 | 李冬蕾 | 女 | 1972 | 太极拳 | 2019— | | 武术爱好者 |
| 22 | 岳琨淋 | 男 | 2004 | 太极拳 | | 2019— | 武术专业学生 |
| 23 | 崔成龙 | 男 | 1982 | 太极拳 | 自幼— | 2019— | 武术教练 |
| 24 | 张伏伟 | 男 | 1992 | 太极拳 | 自幼— | —— | 高校武术教师 |
| 25 | 郝振邦 | 男 | 2002 | 少林拳 | 2016— | —— | 武术专业学生 |
| 26 | 张磊 | 男 | 1982 | 少林拳 | 1997— | —— | 武术教练 |
| 27 | 郭巍 | 男 | 1969 | 少林拳 | 2005— | | 武术爱好者 |
| 28 | 吴耀德 | 男 | 1986 | 八卦掌 | 2017— | | 武术运动员 |
| 29 | 任福岗 | 男 | 1962 | 八卦掌 | 1980— | 1990— | 武术运动员 |
| 30 | 周亮 | 男 | 1969 | 八卦掌 | 自幼 | 1996— | 武术名家 |
| 31 | 石涛 | 男 | 1992 | 八卦掌 | 自幼 | —— | 武术爱好者 |
| 32 | 张龙 | 男 | 1989 | 八卦掌 | 2008— | —— | 武术爱好者 |
| 33 | 乔兆安 | 男 | 1936 | 查拳 | 1952— | 1970— | 民间拳师 |
| 34 | 牛怀瑞 | 男 | 1948 | 查拳 | 1964— | —— | 民间拳师 |
| 35 | 刘苗苗 | 女 | 1963 | 查拳 | 自幼— | —— | 武术爱好者 |
| 36 | 张佳盛 | 男 | 2002 | 咏春拳 | 2016— | —— | 武术专业学生 |
| 37 | 韩秀丽 | 女 | 1966 | 咏春拳 | 2010— | | 武术运动员 |

续表

| 序号 | 姓名 | 性别 | 出生年份 | 拳种 | 拜师年限 | 收徒年限 | 职务 |
|------|------|------|----------|------|----------|----------|------|
| 38 | 张富兴 | 男 | 1990 | 咏春拳 | 2006— | —— | 武术专业学生 |
| 39 | 卢峰 | 男 | 1992 | 咏春拳 | 2011— | 2016— | 武术教练 |
| 40 | 田师父（化名） | 男 | 1990 | 峨眉拳 | 2011— | —— | 武术习练者 |
| 41 | 杨师父（化名） | 男 | 1970 | 峨眉拳 | 自幼 | 2012— | 民间拳师 |
| 42 | 峨眉月（化名） | 男 | 1964 | 峨眉拳 | —— | —— | 民间拳师 |
| 43 | 锅盖头（化名） | 男 | 1972 | 峨眉拳 | 2014— | —— | 民间拳师 |

### 四、武术传统师徒关系研究的理论基础

1. 本土化人际关系理论基础

第一，本研究以中国人际关系的结构理论模型作为理论基础对武术传统师徒关系的结构及其特点进行研究。中国人际关系认为："交往具有两种结构即深层结构和表层结构。其深层结构是受关系制约的物质生产和其他社会活动本身。其表层结构是以自然语言为基本交流工具的象征活动。"① 首先，学者冯兰的《人际关系学》将这种表层结构视为显性要素，"包括交往主体、交往对象、交往手段、交往环境、交往目的、交往过程、交往内容等"②。具体而言，交往主体是指在人际交往活动中处于主导地位的交往者。交往对象是指在人际交往活动中，交往主体活动的指向者或接

---

① 申笑梅，王举忠. 中国人际关系 [M]. 太原：山西人民出版社，1989：224.
② 冯兰. 人际关系学 [M]. 沈阳：辽宁大学出版社，2005：102.

受者。交往手段是交往双方为了实现自己的交往目的，将自己的活动施加于交往对象而采取的方式或方法。交往环境是指交往条件和交往情境。交往目的是指交往双方通过交往达到自己想要的结果。交往过程是指交往起点到交往结果之间的发展过程。交往内容包括信息交流与影响作用。其次，学者冯兰将深层结构视为隐性要素，"包括利益、情感、尊严等"①。这里的"等"字表明她对人际关系深层结构要素的归纳并不完整。深层结构要素不同于表层结构要素，它隐藏于表层结构要素下，决定着武术传统师徒关系本质特征的因素。在通过查阅、比较、分析的基础上，本研究借助社会学家翟学伟对中国人社会行为方式的理论模型得出武术传统师徒关系的深层结构要素。学者翟学伟认为："中国人社会行为中包含了四个重要的因素：权威、伦理、利益、血缘等。"② 具体而言，权威是对身份、年龄、地位、等级及辈分之重要性的强调。伦理是以权威特质为基础而实行的"忠孝"和"重义轻利"。利益包含对经济、社会和心理获得平均性和均衡性的计较。血缘包括真正的、扩大的或心理上认同的血缘关系。

武术传统师徒关系作为人际关系的一种具体形式，其结构要素必然满足于人际关系的结构要素。基于此，本研究根据中国人际关系的结构理论模型对武术传统师徒关系的结构进行分析。产生的结论如下：武术传统师徒关系的表层结构要素包括交往主体、交往对象、交往手段、交往环境、交往目的、交往过程、交往内容。其表层结构要素的特点包括交往主体与交往对象的关系具有排他性；交往手段具有物质性；交往环境具有永久性、封闭性、职业性与家庭性；交往目的具有深度传承性；交往过程具有单一性；交往内容具有神秘性。武术传统师徒关系的深层结构要素包括权威、伦理、利益、血缘等。其深层结构要素的特点具有利益交换瞬间不对等性与血缘的强制性。

第二，本研究以中国人际关系建立过程的四个阶段为理论基础对武术传统师徒关系的建构过程及其特点进行研究。中国人际关系认为："人际

---

① 冯兰. 人际关系学 [M]. 沈阳：辽宁大学出版社，2005：102.
② 翟学伟. 中国人的关系原理 [M]. 北京：北京大学出版社，2011：148-149.

关系建立的过程是在四个阶段上进行的，四个阶段包括：定向阶段，探索情感交换阶段，情感交换阶段和稳定情感阶段。"① 具体而言，定向阶段要求人们根据自己的价值理念、审美观念、需求和动机的心理定式选择沟通对象。探索情感交换阶段要求交往双方在基本背景信息的基础上，具备工作信息的沟通或思想的互动。情感交换阶段要求自我开放区域明显增大，交往双方进行了浓厚的感情交流，典型表现是朋友人际关系和恋人人际关系。稳定感情阶段要求交往双方信息互动高度频繁，沟通方式多样化，外部行为表现为相亲相爱、近距离交往等。

根据该理论模型结合武术传统师徒关系的实际情况，武术传统师徒关系的建构需要经历的四个阶段分别是：师徒互择阶段、师徒互访阶段、父子身份明确阶段、父子身份认可阶段。其中，师徒互择阶段对应定向阶段，这一阶段主要是师徒双方从众多弟子与师父中进行筛选、定向。师徒互访阶段对应探索情感阶段，这一阶段主要通过师徒互访制度进行情感探索，选择到心仪的师父或徒弟。父子身份明确阶段对应情感交换阶段，这一阶段是对被选择到的师父或徒弟通过情感交换进行父子身份的明确。父子身份认可阶段对应稳定感情阶段，这一阶段是建立稳定的父子情感。

第三，本研究以中国人际关系的构成基础为理论基础对武术传统师徒关系产生的社会基础进行研究。中国人际关系的构成基础包括："中国人的天命观、家族主义以及儒家伦理思想。"② 具体而言，中国人的天命观对中国人的社会心理层面产生较大的影响，"缘分"就是中国天命观汇合佛教的"缘起"在中国人际关系上的体现。家族主义中父子关系是最主要的成员关系，因为这种关系的中断将象征着整个家庭连续体的终止。儒家伦理思想中儒家关心的核心问题是日常人伦，是人们在社会生活中构成的各种人际关系及其原则。

武术传统师徒关系作为中国人际关系产生的社会基础应该包括：师徒缘的天命观，这是"缘分"在武术传统师徒关系上的具体体现。师徒如父

---

① 申笑梅，王举忠．中国人际关系［M］．太原：山西人民出版社，1989：224．
② 翟学伟．人情、面子与权力的再生产［M］．北京：北京大学出版社，2017：97-101．

子的家族主义，这是对应在以父子关系为中心的家族主义中，武术传统师
徒关系仿照家族主义这一特征，形成师徒如父子的家族主义。天地君亲师
的儒家伦理思想，这是对应在儒家关心的核心问题日常人伦之中，在武术
传统师徒关系中具体体现为天地君亲师。以上三部分内容构成了武术传统
师徒关系产生的社会基础。

2. 西方人际关系理论基础

第一，本研究采用西方人际关系理论马斯洛需要层次理论作为理论
基础对武术传统师徒关系产生的前提条件进行研究。师徒双方的需要是
武术传统师徒关系产生的前提条件，符合人际需要理论。人际需要理论
是现代人际关系学中有较大影响的流派，具有代表性的有马斯洛的需要
层次理论和舒兹的人际需要理论。两种理论比较明显的区别在于马斯洛
的需要层次理论是在历时态下对人不同时期的需要进行归纳，舒兹的人
际需要理论是在共时态下对儿童的需要进行归纳。武术传统师徒关系从
建立到维系具有历时态的特性，同时对拜师收徒之人并未有明确的儿童
年龄阶段的限制，所以笔者选择采用马斯洛的需要层次理论对武术传统
师徒关系进行阐释。

马斯洛的需要层次理论包括生理需要、安全需要、社交需要、尊重需
要、自我实现的需要。对应在武术传统师徒关系中得出如下结论：武术传
统师徒关系的产生出于徒弟自身强身健体的生理需要与师父在衣、食、
住、行等方面的生理需要；武术传统师徒关系的产生出于师徒双方的人身
安全需要；武术传统师徒关系的产生出于师徒双方的社交需要；武术传统
师徒关系的产生出于师徒双方获得尊重的需要；武术传统师徒关系的产生
出于师徒双方自我实现的需要。

第二，本研究采用吸引理论、关系规则理论、社会交换理论作为理论
基础对武术传统师徒关系产生的必要条件进行研究。具体而言，吸引理论
认为，人与人之间具有以下特点时容易产生人际关系：空间接近，有所回
报，具有外表及性格上的吸引力，与自己同类尤其是拥有类似的社会和经
济地位及教育背景等。关系规则理论认为，只有双方共同遵循一系列规

则，才有可能产生友情、爱情和亲情。社会交换理论认为，一切人际关系的产生在于有利可图的前提下，一旦维系关系的成本超过收益，关系就不会发生或继续发展。

西方人际关系理论可以作为武术传统师徒关系产生的必要条件的理论基础。可以得出如下结论：武术传统师徒关系产生的必要条件是师徒双方的需要得以满足，具体要求师徒双方相互吸引，师徒双方遵循规则，师徒双方平等交换。

# 第一章

# 武术传统师徒关系的概念

武术传统师徒关系是本研究的研究对象。形式逻辑认为，概念是研究命题、进行推理的前提条件。所以，对武术传统师徒关系的研究首先从其概念入手。在形式逻辑中，概念是通过下定义的方式表达而来。下定义中"属加种差"的方法可以揭示出某一概念所反映的对象的特点和本质。在现有研究中，学者们尚未通过下定义的方式对武术传统师徒关系的概念进行界定，只是借助"师徒如父子"的观点进行简单、笼统的描述。如"师父和徒弟之间是一种拟血缘的方式建立起来的关系，师徒之间形同父子"①、"'师徒如父子'生动地描摹了民间技艺族群传承的关系"②。然而，在这些词语的表达中，仅仅用"形同""如"显然不够科学严谨，不符合概念的要求。究竟应该"如"父子的哪些方面，"如"到何种程度，"不如"父子的地方表现在何处……这些问题还没有得到相应的回答。由此导致在现实中出现形式多样的武术传统师徒关系。不仅有师徒如父子，还有师徒如兄弟；不仅有师徒亲如父子，还有师徒反目成仇。所以，单纯用"师徒如父子"的观点表达武术传统师徒关系的概念并不准确。武术传统师徒关系是由武术与传统师徒关系两个词语组合而成，即武术领域中的传统师徒关系。在此基础上，借助"属加种差"的方法明确武术领域内传统师徒关系的概念。

---

① 张国栋. 中华武术现代传承困境研究：基于梅花拳的考察 [D]. 重庆：西南大学，2011.
② 李凤成. 从师徒关系到约定契约：武术文化传承机制演变的价值审视 [J]. 体育与科学，2017，38（3）：33.

# 第一节　"武艺授受关系"应为武术传统
## 师徒关系的邻近属概念

　　邻近属概念反映了事物的共有本质属性，它要求把某一概念放在另一个更广泛的概念里。武术传统师徒关系应属于另一个更广泛的概念"武艺授受关系"的范畴中。授受，顾名思义，传授与接受，授受关系即指在一方传授与另一方接受过程中所建立的人际关系。武术传统师徒关系是以拳种为媒介，在师父一方传授与徒弟一方接受的过程中所形成的人际关系。

　　邻近属概念既要成为被定义项的属，又要邻近被定义项武术传统师徒关系。根据人际关系相关理论，武术传统师徒关系属于人际关系中的一类，学者陈纪方在社会心理学中将人际关系划分为"固定的人际关系与非固定的人际关系"①，其中，他将师生关系与师徒关系视为固定的人际关系中的一类。由此，武术传统师徒关系的属性由人际关系缩小至固定的人际关系。但是，固定的人际关系中还包括血缘关系、地域关系等，按照"邻近属概念"中"邻近"的要求，固定的人际关系作为邻近属概念偏远。因此，我们需要对固定的人际关系再次划分。按照人际纽带划分，固定的人际关系可以划分为血缘关系、地缘关系、技艺授受关系等。这些纽带在固定人际关系中均属于固定不变的。其中，技艺授受关系又可以按照技艺内容划分为武艺授受关系与非武艺授受关系。至此，武术传统师徒关系的邻近属概念为武艺授受关系，见图1-1。

　　但是，武艺授受关系还包括学校武术师生关系、竞技武术中教练员与运动员关系，以及民间武术中的师兄弟关系、师叔伯关系。因此，我们需要进一步明确武术传统师徒关系与其他武艺授受关系的区别，即武术传统师徒关系的种差。

---

　　①　陈纪方. 社会心理学［M］. 郑州：河南人民出版社，1986：355.

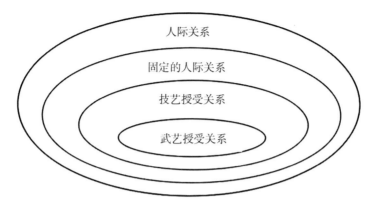

图 1-1 武艺授受关系

## 第二节 "父子身份确认"应为武术传统师徒关系的种差

所谓种差是指被定义项与其所在属概念下的其他种概念之间的本质差别。本质,它是事物本身所固有的,是决定着武术传统师徒关系的性质、面貌和发展的根本属性。根据武术传统师徒关系建立与维系的过程,结合传统武术的特点,我们认为:父子身份确认是武术传统师徒关系的种差。

"身份"是指一个人的出身与地位。社会学家费孝通直接将"身份社会"① 作为乡土社会的特性,以此区别现代社会。传统武术"在农耕文明背景下形成并发展至今"②,可以看作乡土社会的产物。所以,传统武术同样具有"身份社会"的特性。武术传统师徒关系便是在"身份社会"的特性下所建立的师徒"身份"。传统文化价值观强调名正言顺,因为名不正则言不顺,言不顺则事不成。正名就是对武术传统师徒关系的身份确认,否则难以建立武术传统师徒关系。因此,以"身份确认"的传统师徒关系

---

① 费孝通. 乡土中国 [M]. 北京:人民出版社,2016:94.
② 周伟良. 中华民族传统体育概论高级教程 [M]. 北京:高等教育出版社,2012:70.

就与非传统的师徒关系区别开来。"确认"是指明确认可，身份确认是要求师徒双方"明确"并且"认可"各自的身份。我们同意学者岳永逸将拜师、学艺等视为"身份的再造和认同过程"①的观点，进而认为，"身份确认"贯穿于整个传统行业师徒传承领域，同样贯穿于武术传统师徒关系之中。但与其他武艺授受关系、与其他传统行业师徒关系相比，武术传统师徒关系的本质差别应为父子身份确认。所谓父子身份确认，具体包括父子血缘身份确认与父子等级身份确认。

　　首先，在父子血缘身份确认过程中，传统武术传承方式一般有家传与师传两种，家传是对师徒双方血缘身份的确认，师传则是对师徒双方拟血缘身份的确认。武谚中有"投师如投胎"的说法，这使得武术传统师徒关系不仅包括血缘身份，还包括拟血缘身份，并且在武术传承关系的历史长河中居于主导地位。血缘身份与拟血缘身份的区别之处在于"拟"。也就是说父子血缘身份是与生俱来的，具有非主体选择的特征。拟血缘身份与之相比，是通过师徒双方自主选择而形成的。除此之外，师就是父，徒就是儿，武术传统师徒关系就是父子关系。在注重礼法的传统社会中，不论是血缘还是拟血缘都被附上一层庄严的伦理色彩，成为武术传统师徒关系固有的身份。比如，在血缘身份中，孙禄堂与孙存周、孙剑云的师徒关系是分别以父子、父女的血缘纽带建立而来。薛颠与其传人薛广信的师徒关系是以叔侄关系为血缘纽带建立而来，据介绍薛广信是薛颠从本族侄子辈里挑出来的。再如，在拟血缘身份中，《逝去的武林》一书中，李仲轩介绍道："尚师的徒弟单广钦叫'妈'，他与尚师情同父子。"②又如，有的徒弟在师父故去之后，为师父披麻戴孝，以儿子的身份为师父出殡。在现有研究中，单纯地将"师徒如父子"概括为武术传统师徒关系是不全面的，比如，有学者认为："'师徒如父子'生动地描摹了民间技艺族群传承

---

① 岳永逸. 空间、自我与社会：天桥街头艺人的生成与系谱 [M]. 北京：中央翻译出版社，2007：53.

② 徐皓峰，李仲轩. 逝去的武林 [M]. 北京：人民文学出版社，2014：118.

的关系。"① 从血缘身份与拟血缘身份的角度而言，武术传统师徒关系既有血缘身份的父子关系，也有拟血缘身份的父子关系，二者分别体现于家传与师传之中，这两种传承方式均是对父子血缘身份的确认。

其次，在父子等级身份确认过程中，等级即指依据某一个标准进行区分而产生的高下差别。封建社会等级森严，武术传统师徒关系的等级身份模拟父子等级身份，表现在父子尊卑等级身份与父子亲疏等级身份两方面。具体而言，其一，在父子尊卑等级身份中，父权具有绝对权威，父的绝对权威"不仅体现在生前，而且还体现在死后"②。师父的权威同样如此，武林中有"坟前递帖"的拜师仪式，即在师父死后，徒弟在坟前递帖拜逝者为师。这一方面是确认"师如父"的尊卑等级身份，另一方面是确认"徒同儿"的尊卑等级身份，从而确认自身的辈分。比如，武学大师王芗斋为确定自己的尊卑等级身份，选择了"坟前递帖"。据王芗斋女儿王玉芳介绍："王芗斋这次回来主要做了两件事，一是给师父郭云深扫墓立碑；另外一件事，'坟前递帖'，补行'拜师'仪式。"③ 有学者针对这一事实认为，王芗斋因"不曾拜师"郭云深，"深深感受到'身份'这一问题的困扰"④。在此，我们进一步认为，王芗斋"坟前递帖"不单纯是因为身份的困扰，深层原因在于对自己尊卑等级身份的确认。其二，在亲疏等级身份确认中，传统社会父子关系中的嫡长子被视为父权的接班人。武术传统师徒关系中师父根据亲疏远近将弟子分为嫡传弟子、入门弟子以及记名弟子，其中嫡传弟子同样被视为师父的衣钵传人。在亲疏等级身份确认中，从表面看这三类徒弟均与师父建立了武术传统师徒关系，但是由于亲疏远近不同，形成亲疏有别的师徒关系。正如《晋书·杨柯传》中所言："虽受业门徒，非入室弟子，莫得亲言。"这表明，师父分别与入室弟

---

① 李凤成. 从师徒关系到约定契约：武术文化传承机制演变的价值审视 [J]. 体育与科学，2017，38（3）：33.

② 季乃礼. 三纲六纪与社会整合：由《白虎通》看汉代社会人伦关系 [M]. 北京：中国人民大学出版社，2004：174.

③ 王玉芳. 王芗斋站桩功 [M]. 北京：中国展望出版社，1989：5.

④ 李洋. 王芗斋武术人生与拳术思想之研究 [D]. 上海：上海体育学院，2018.

子以及非入室弟子建立的传统师徒关系在亲疏等级中有实质性的差别。

**一、"父子身份确认"具有本质所规定的单一性特征**

所谓"单一性",即要求武术传统师徒关系的本质属性必然具有可以与其他各类对象区别开来的属性。在武艺授受关系中,除去武术传统师徒关系还有学校武术中的师生关系、竞技武术中教练员与运动员的关系,以及民间武术中的师兄弟关系、师叔伯关系,这些关系之间都会进行武艺授受。此外,"师徒如父子"也并非单纯针对武术传统师徒关系而言,而是针对整个师徒关系领域而言。但是,上述这些技艺授受关系并未明确"以父子身份确认"为实质,唯有武术传统师徒关系明确以"父子身份确认"为实质。原因如下:

其一,师父对徒弟的生命参与程度等同父亲。这主要是由于武术有延年益寿、强身自卫之效果,特别是在传统社会中,这一效果是其他技艺所不具备的价值之一。首先,在建立武术传统师徒关系以前,有很大一部分人之所以拜师习武,正是出于"保命"的需要。比如,王芗斋拜郭云深为师,是因为他"孱弱的身体却使他不得不放弃'读书',甚至到最后,'保命'成了最要紧的事"①。所以,在建立武术传统师徒关系之前,师父已经对徒弟的生命进行了参与。其次,建立武术传统师徒关系之后,李仲轩曾说:"师父就是你的心态,告诉你'要当好汉。没事,这么办'。一句话救了命。师徒感情好,是师父对徒弟的生命的参与太大了。徒弟对师父有依恋。师徒强于父子。"② 这段话表明,因武术特殊的技击性特点,有时名师一句良言可以救徒弟的性命。相反,有时虚假师父一句话也可能毁掉徒弟的根基,伤及筋骨,危害生命。如果说父亲给予徒弟第一次生命,师父则给予了徒弟第二次生命。

所以,从对徒弟生命的参与程度来说,在武术传统师徒关系中,师父与父亲的价值等同,师父可以挽救徒弟生命,而非单纯教一门手艺养家糊

① 李洋. 王芗斋武术人生与学术思想之研究 [D]. 上海:上海体育学院,2018.
② 徐皓峰,李仲轩. 逝去的武林 [M]. 北京:人民文学出版社,2014:202.

口。这是其他传统技艺，如相声、唱戏等所不具备的一点，因为这类传统师徒关系的建立更多是为了生存，而武术传统师徒关系的建立与"生命"息息相关。生命与生存是递进关系，生命是生存的前提，有了生命才得以生存。作为给予徒弟生命的武术师父与作为给予徒弟生存技艺的师父相比，武术师父对徒弟不仅有同其他传统技艺师徒关系一样的养育之恩，而且还有生育之恩，武术师父的分量堪比其父亲。因此，武术传统师徒关系拥有不同于其他行当"师徒如父子"的要求，要进行"父子身份确认"，进一步规范"如"的程度。

其二，徒弟威胁着师父的生命，迫使武术传统师徒关系不得不以"父子身份确认"为实质。这是由于武术的"技击性"所决定的。武术技艺作用于人体，师父不仅有"教会徒弟，饿死师父"的担忧，更害怕"教会徒弟，害死师父"。具体而言：首先，师父担忧徒弟直接加害自己。比如《孟子·离娄》载："逢蒙学射于羿，尽羿之道；思天下惟羿为愈己，于是杀羿。"这句话表明，逢蒙为了实现成为天下第一射手的野心而谋害师父。《查拳·醉八仙拳谱·武艺精华》也有记载："武人与文人异，文人授徒，类皆悉心指导，不留余地；武人则不然，其以拳术授徒者，确亦根据《易筋经》或少林派等手术依次教授，惟耳提面命之时，多不肯以独得之杀手诀举以示人，尽恐所授之徒或有逢蒙之心者，则无法以制之也。"① "独得之杀手诀"是武术中师父有别于其他技艺中师父的"绝技"。"尽恐所授之徒或有逢蒙之心者"，便是师父对"教会徒弟，害死师父"的担忧。其次，师父担忧徒弟间接加害自己。古语中有"教不严，师之惰"的要求，这句话表明，徒弟失范就要追究师父的责任。武谚中也有"徒弟有的是师父的，师父有的是徒弟的"，这句话揭示出武术传统师徒关系一荣俱荣、一损俱损的连带关系。所以，作为以"杀手诀"为绝活的师父，在徒弟惹祸上身时，由于传统社会实行连坐的问责制度，师父也难辞其咎，负有失教

① 吴志青，金铁盦．查拳·醉八仙拳谱·武艺精华［M］．太原：山西科学技术出版社，2012：1.

的责任。黄百家言："内家之技，有五不可传，盖恐授之不端，转以蒙其害也。"①"蒙其害"表明内家拳师父担心受徒弟牵连祸害。可见，当徒弟习得师父所授"杀手诀"时可能会对师父的生命构成威胁。

所以，武术传统师徒关系需要以父子身份确认为实质。因为在传统父子关系中对子有"孝"的明确规定，如《盐铁论·孝养》中有，"上孝"在于"养其志"，就是使得父亲的精神愉悦；"上孝"以下，"其次养色，其次养体"②。武术传统师徒关系以"孝"来约束徒弟，即使按照孝的最低等级"养体"，仍可免去师父一方"教会徒弟，饿死师父"，或者"教会徒弟，害死师父"的顾虑。并且，在传统父子关系中，如果父亲对儿子处以家法，被视为"大义灭亲"③，相反，如果儿子苛责父亲，将被视为"大逆不道"。在武术传统师徒关系中，当徒弟做出触犯法律或违背道义之事时，需要师对徒拥有父对子一样的处分权，从而免去师父一方的连带责任，避免出现"教会徒弟，害死师父"的后果。所以，武术传统师徒关系明确以父子身份确认为实质。

综上所述，在其他技艺的传统师徒关系中，虽然也有"师徒如父子"的规范，但并未明确进行"父子身份确认"。正如学者岳永逸的概括，师徒双方仅仅是一种"身份的再造和认同过程"④，具体是哪种身份并未如武术传统师徒关系一般做明确要求。就技艺本身而言，第一，其他技艺的传统师徒关系缺乏延年益寿、强身自卫之功效，所以师父对徒弟的生命参与程度与武术传统师徒关系相比较弱。第二，其他传统技艺并未以技击性作为本质属性，所以徒弟对师父生命的威胁程度与武术传统师徒关系相比较低。所以，"父子身份确认"是传统武术师徒关系与其他技艺授受关系可以区别开来的属性，符合本质所规定的单一性特征。

### 二、"父子身份确认"具有本质所规定的决定性特征

所谓"决定性"就是要求武术传统师徒关系的本质属性可以决定其本来面貌以及外在表现形式。武术传统关系父子身份确认的决定性特征在建立与维系两个环节中得以体现。

一方面，在武术传统师徒关系的建立过程中，师徒双方的父子身份是通过拜师仪式明确的。学者周伟良认为："师徒名分的最后确立，在传统武术中则必须通过一定的递帖拜师仪式，……只有拜师入门后才算正式传人而能列入门谱，否则永远是门外学生。"① 材料中"师徒名分"的确立过程即是师徒双方父子身份确认的过程，"最后确立"说明拜师仪式是武术传统师徒关系明确师徒双方父子身份的关键环节。"门外学生"表明没有传统武术师徒仪式就难以明确师徒双方的父子身份，而只是师生身份。他还认为："磕师是确立'一日为师，终身为父'的师徒关系的最集中体现。"② 磕师即向师父磕头，是旧时子对父的礼节，正所谓"上拜天地，下拜父母"。在这里拜师是徒对师所行之礼，是师徒双方父子身份的明确。

另一方面，在武术传统师徒关系维系过程中，父子身份是通过时间的累积与具体的要求得到师徒双方相互认可的。在时间的纵轴上，传统武术历来有"一日为师，终身为父"的时间规定。在要求的横轴上，武术传统师徒关系要求："徒视师若父，遵师命，守师训，忠心耿耿，绝不能有三心二意。"③ 这些规定、俗语都是在武术传统师徒关系维系过程中师徒双方对父子身份的共同认可。所以，"父子身份确认"经历了师徒双方建立之时对父子身份的"明确"与建立之后对父子身份的"认可"两个阶段，它

---

① 周伟良. 师徒论：传统武术的一个文化现象诠释 [J]. 北京体育大学学报，2004，27（5）：585.

② 周伟良. 师徒论：传统武术的一个文化现象诠释 [J]. 北京体育大学学报，2004，27（5）：585.

③ 周伟良. 师徒论：传统武术的一个文化现象诠释 [J]. 北京体育大学学报，2004，27（5）：585.

对武术传统师徒关系的建立与维系起着决定作用，满足本质所规定的决定性特征。

### 三、"父子身份确认"具有本质所规定的稳定性特征

所谓"稳定性"是指"父子身份确认"既不随着时代变迁而改变，也不随着情境变化而变化。一方面，不论是在历史还是在当下的语境中，"一日为师，终身为父"的观念在中华武术仁人志士的脑海中代代相传。岳飞对师父周同堪比对父亲的怀念、李仲轩对唐维禄像对父亲的情感等在一代又一代的中华武术文化中传承下来。另一方面，不论是在理论层面研究还是在现实层面考察，"父子身份确认"依然得到众多武术研究者、武术习练者的一致认可，不少以武术为生的师徒双方进行"父子身份确认"，从而使武术技艺得以传承。所以，父子身份确认具有超强的稳定性、普遍性特征。

### 四、"父子身份确认"具有本质所规定的隐蔽性特征

本质是相对现象而言的，是隐藏在现象背后的，因此，本质具有隐蔽性特征。在武术传统师徒关系建立之时，有学者认为："师徒名分的最后确立，在传统武术中则必须通过一定的递帖拜师仪式。"① 也有民间习武者认为，磕了头才算是建立了师徒关系。以上观点都存在一定的局限性，均是针对某一历史时期的现象进行的总结，往往并不适用于其他历史场景中的同类现象。不论是第一种观点中的"递帖拜师"，还是第二种观点的"磕师"，都是师徒双方父子身份确认所表现出来的现象，是对武术传统师徒关系父子身份的明确与认可的具体行为。相对而言，父子身份的确认更加具有隐蔽性特征。

---

① 周伟良．师徒论：传统武术的一个文化现象诠释［J］．北京体育大学学报，2004，27（5）：585.

# 第二章

# 武术传统师徒关系的结构要素及其特点

武术传统师徒关系是人际关系的重要组成部分，但因为武术传统师徒关系本身是抽象的，所以必须通过分解的方式来明确武术传统师徒关系的结构要素。只有这样才能将其概念具体化，使人看得见、摸得着，成为可以观察的有形现象，尽可能实现对武术传统师徒关系的深度认知。本章所探讨的武术传统师徒关系的结构要素着眼于实质性的武术传统师徒关系，也就是现实中具有交往行为的武术传统师徒关系，不包括名义上存有但现实中没有实际交往行为的武术传统师徒关系。

中国人际关系认为："交往具有两种结构即深层结构和表层结构。其深层结构是受关系制约的物质生产和其他社会活动本身。其表层结构是以自然语言为基本交流工具的象征活动。"① 学者冯兰的《人际关系学》进一步将这种表层结构视为显性要素，具体包括"交往主体、交往对象、交往手段、交往环境、交往目的、交往过程、交往内容等"②；将深层结构视为隐性要素，具体包括"利益、情感、尊严等"③。武术传统师徒关系作为人际关系的一种具体形式，其结构要素必然满足于人际关系的结构要素。基于此，本研究根据中国人际关系结构理论模型对武术传统师徒关系的结构进行分析，并与学校武术师生关系，竞技武术教练员与运动员关系，民间武术师兄弟、师叔伯关系，以及其他技艺师徒关系比较之后，提炼出武术传统师徒关系结构要素的特点，进一步加深对武术传统师徒关系的认知。

---

① 申笑梅，王举忠．中国人际关系 [M]．太原：山西人民出版社，1989：224．
② 冯兰．人际关系学 [M]．沈阳：辽宁大学出版社，2005：102．
③ 冯兰．人际关系学 [M]．沈阳：辽宁大学出版社，2005：102．

## 第一节　武术传统师徒关系的表层结构要素及其特点

### 一、表层结构要素

#### （一）交往主体：师父

交往主体是指在人际交往活动中处于主导地位的交往者。历史上，武术传统师徒关系中的师父长久以来一直处于师徒关系的主导位置。武谚中"唯师命，守师训""师命难违"等传统观念体现出师父作为交往主体的特性。所以，在武术传统师徒交往活动中，交往主体指师父。《梅花桩名家韩其昌》一文中记载："过去习拳师父不愿意把东西一下子全教给你，往往每个人教几样，不能学全，每学一手都要跪地求师，等师父高兴了才教你。"① 从徒弟的学拳过程可以看到，师父在传统师徒交往活动中，一直处于主导地位，教谁不教谁、教什么、如何教、教到何种程度都由师父一人说了算，徒弟只能配合、听从。

#### （二）交往对象：徒弟

交往对象是指在师徒交往活动中，交往主体活动的指向者或接受者。由上文可知，武术传统师徒关系中的交往主体是师父，与之对应的交往对象即为徒弟。根据同师父的亲疏远近，可将徒弟大致分为两类，即入室弟子与一般弟子，有时被称为内场弟子与外场弟子，或者入门弟子与望门弟子。武术传统师徒关系中对徒弟有明确要求，如"五传十不传"中，一传忠孝知恩者，二传心气平和者，三传守道不失者，四传真以为师者，五传始终如一者；不传口蜜腹剑居心不良之人，不传酗酒好色男女苟且之人，

---

① 程大力. 中国武术：历史与文化［M］. 成都：四川大学出版社，1995：31.

不传不忠不孝之人，不传根底不好之人，不传心术不正之人，不传鲁莽灭裂之人，不传目中无人之人，不传无礼无恩之人，不传反复无常之人，不传得易失易之人。一般来说，只有符合"五传十不传"的要求，才能真正成为师父的徒弟。

(三) 交往手段：师徒交往的语言手段、物质手段以及象征性手段

渡河凭借桥梁舟楫，武术传统师徒关系的交往活动也必须通过一定的交往手段。交往手段是师徒双方为了实现自己的交往目的，将自己的活动施加于交往对象而采取的方式或方法。在武术传统师徒关系中，师徒双方的交往手段主要包括语言手段、物质手段以及象征性手段。

1. 语言手段

语言手段包括有声语言、书面语言以及体态语言，具体可以体现在建立传统师徒关系的拜师仪式中，比如有学者提出："师徒名分的最后确立，在传统武术中则必须通过一定的递帖拜师仪式。"① 其中，递帖的"递"与拜师的"拜"都是通过体态语言手段进行的；徒弟所递的"帖"与师父所回的"帖"是通过书面语言手段进行的。在拜师仪式上，师父对徒弟的规范是在宣读门规的仪式中通过有声语言手段进行的。再如，李仲轩所说的："在教拳时有时做一个表情、一个动作，就能让徒弟搞懂，而转化成文字则难度太大。"② 其中，"表情""动作"属于师徒交往手段中的体态语言。这句话表明，在武术师徒交往手段中，体态语言与书面语言相比，能更直接、准确地进行武艺授受。老一辈师父授徒往往采用"口传心授"的方式，"口传"更多是依靠有声语言，"心授"主要依靠体态语言对徒弟进行教导，希望徒弟心领神会。

---

① 周伟良. 师徒论：传统武术的一个文化现象诠释 [J]. 北京体育大学学报，2004，27 (5)：585.
② 徐皓峰，李仲轩. 逝去的武林 [M]. 北京：人民文学出版社，2013：137.

2. 物质手段

物质手段是指"用以进行人际交往的各种具有价值的物质"①，如拜师仪式上的压帖钱以及看望师父所带的烟酒、水果等。武术传统师徒关系的建立与维系需要物质手段，主要是由徒弟对师父采取的物质手段。过去讲究"穷文富武"，徒弟若想跟随师父习武，师父衣、食、住、行均由徒弟提供，徒弟要在生活的方方面面对师父进行照料。因此，一般而言，没有一定经济条件的徒弟难以凭借物质手段拜师习武。当然也有特殊情况，若师父遇到一位自己满意的徒弟，师父可能分文不取，甚至自己花钱来培养徒弟，比如，"入室弟子"便是吃、穿、住、用均由师父包办。总之，不论徒弟养师父还是师父养徒弟，师徒双方均需要一定的物质手段维系师徒关系。

武术传统师徒关系的物质手段一般包括两部分，第一部分为建立之时的"拜师费"，也就是"压帖钱"，这在过去的学堂中被称为"束脩"，在今天称为"学费"。第二部分为建立之后用以维系传统师徒关系所需的礼品。具体而言：

第一部分，当前武术传统师徒关系在建立之时"拜师费"的使用情况具体表现为两类形式：

第一类：不收学费的武术传统师徒关系。如李仲轩谈到拜薛颠为师时的情况："我拜师时没钱，他怕我送他礼，就说：'什么也别给。一个棍子能值几个钱，剑我有的是。'"② 在上述材料中，李仲轩拜薛颠为师时，徒弟李仲轩"没钱"，师父薛颠要求"什么也别给"。还有访谈对象高姓师父说道：

我收徒弟不要学费，谁想学随时都可以来，我现在学到的这些东西就不是花钱得来的，我为什么要收别人的学费呢？③

---

① 冯兰. 人际关系学［M］. 沈阳：辽宁大学出版社，2005：106.
② 徐皓峰，李仲轩. 逝去的武林［M］. 北京：人民文学出版社，2013：269.
③ 2019年12月21日山西交城中学，笔者对高姓师父进行的访谈。

上述两则材料足以见得这类武术传统师徒关系的建立并不收取学费。相比较而言，师父更看重徒弟习武天赋与道德品质这两方面的内容。

第二类：收学费的武术传统师徒关系。在这类师徒关系中，学费下至五百元上至数千元不等。这笔"学费"并非师门明文规定，也没有明确数额。学费的高低取决于师父的名气大小、辈分高低、学习内容、徒弟的职业、个人意愿等。根据访谈了解到：就山西太谷的形意拳来说，拜省级非物质文化遗产传承人，需要三千元至五千元不等的拜师费。拜具有家传渊源的师父需要八百元至一千元不等的拜师费，根据一名徒弟所言："我在2008 年拜师时，拜师费上师父让我们随心意，我记得那时候给了师父五百元。"① 随着这名师父名气的增大，2020 年 8 月 17 日的拜师仪式上，拜师费已由过去的"五百元"，变成了"一千元"。

第二部分，当前武术传统师徒关系在维系之时物质手段的使用情况可以表现为三类形式：

第一类：不通过任何物质手段维系的传统师徒关系。比如，出生于1940 年的洪洞通背拳传人 FHW 谈到他给师父送一些礼品时的情况，他说道：

> 师父赵国华是文水人，我们去给点东西，他就批评我们，就是不能收。有一次是悄悄地买东西不让师父知道，给师父买了藕粉，我就提着去了，我骗师父说是回家拿的，然后我好几天不敢去师父家，后来师父知道动火了，很生气，问我："你那是买的，还是从家里拿的？"然后好几天没有和我说话。②

从上述对话中可以看出，徒弟送师父藕粉的行为便是传统师徒交往常采用的物质手段，但他所采用的物质手段受到了师父赵国华的严厉批评。

---

① 2020 年 8 月 17 日山西榆次，笔者第二次对 WFG 进行的访谈。
② 2020 年 8 月 4 日山西临汾 FHW 家中，笔者对 FHW 进行的访谈。

师父赵国华更是以"生气"的态度以及"好几天不与徒弟说话"的行为明确表示师徒相处不应该采取物质手段。

第二类：通过一定物质手段维系的传统师徒关系。这类武术传统师徒关系的特点是师徒双方不以物质手段为主，更不以物质利益的获得为主要目的，只是将物质手段视为表达对师父尊重的方式，类似于逢年过节赠予父母、亲戚礼品。

第三类：通过价格高昂的礼品维系的传统师徒关系。比如，武林中口耳相传的教王爷，每有新的内容，就要收一盘金子；某武术名家教一个桩就得一根金条。历史上这些武术家为了建立与维系武术传统师徒关系，常花费巨资购买礼品。这类师父往往具有独门绝技，在师徒双方看来师父教授的内容是符合这些礼品价值的。中国传统社会讲求"君子爱财，取之有道"。因此，武术传统师徒交往中采取物质手段的关键在于是否"取之有道"。

3. 象征性手段

在传统师徒交往中，有许多交往方式具有象征意义。它不像语言手段那样直接袒露心迹，直抒胸臆，也不像物质手段那样以一切有形的物质形式表达着内心情感与需求。这是中国传统人际交往中特有的交往手段，与中国人内敛的情绪表达密切相关。一般而言，象征性交往手段是指通过艺术形式表达自我，达到与他人、与社会进行交往的目的。在武术传统师徒关系中师徒关系的建立与维系也会通过这类象征性方式进行。一般体现于拜师仪式过程之中。太极拳师父在收徒时会赠予徒弟一把剑，这把剑象征着太极拳弟子的身份。在形意拳中剑也象征着师父，即"剑在如师在"的要求，有的门派中要求徒弟"拜剑"的行为，这都体现出剑如师的象征性意义。宋氏形意拳的师父在收徒时会赠予徒弟一本自己写的书，这本书也象征着师父对徒弟身份的认可，承载着师父对徒弟传承武术的厚望。在这类传统师徒交往活动中对剑、书赋予了新的文化意涵，由物质形式上升到精神文化诉求，具有象征性意义，属于师徒交往手段中的象征性手段。

（四）交往环境：师徒交往时间、交往空间与交往情境

人际交往必须在一定环境中进行，武术传统师徒交往活动也不例外。交往环境包括交往条件和交往情境两方面。

1. 交往条件

武术传统师徒交往条件包括师徒交往空间、交往时间、交往频率和交往距离等。在过去，师父对师徒交往条件有明确要求。比如，李仲轩的师父唐维禄在教李仲轩习武时，"要在没人的地方教，树林里都不行，必须周围有墙，完全与外界隔离，不准第三双眼看"①。其中，"要在没人的地方教，树林里都不行，必须周围有墙，完全与外界隔离"，这是唐李师徒在交往空间上的要求。"只许在晚上练"这是唐李师徒在交往时间上的要求。"师徒二人吃住都在祠堂"是唐李师徒在交往频率与交往距离上的体现。再如，程大力先生介绍他习武过程时谈道："笔者曾拜某著名武术家为师，早晚师兄弟们在老师指导下，练拳都是在无人的树林中进行。为的就是不让别人旁观。"②"早晚"表明师徒交往时间与交往频率；"树林"表明师徒交往地点，"无人"是对师徒交往空间的要求。这两则材料的共同特征在于传统师徒交往空间要求"无人"；交往频率较高，交往距离较近，正如武谚中所述"要想学得会，师父身边睡"。

2. 交往情境

武术传统师徒交往情境是指师徒双方"外在环境与内在心情的有机统一"。在交往环境中，交往情境中"情"指内在心情，"境"指"外在环境"，交往情境实质上是师徒双方"外在环境与内在心情的有机统一"③。武术传统师徒交往情境便是精神上"情"与物质上"境"的有机统一。在武术传统师徒关系中，师徒交往情境是以多种多样的形式呈现的。根据武术传统师徒关系交往时间的长短，武术传统师徒关系可分为两种类型：第

①　徐皓峰，李仲轩. 逝去的武林［M］. 北京：人民文学出版社，2013：151.

②　程大力. 中国武术：历史与文化［M］. 成都：四川大学出版社，1995：27-28.

③　冯兰. 人际关系学［M］. 沈阳：辽宁大学出版社，2005：107.

一类，在建立武术传统师徒关系初期，《逝去的武林》一书中提到："虽然经过正式拜师，但每次去尚云祥家，尚云祥并不教什么，总是跟李仲轩闲聊，一副'来了个朋友'的样子。"① 可见在拜师初期，这对师徒关系的交往情境是以朋友之情、以尚云祥家为境所形成的和谐气氛下的传统师徒关系。第二类，在建立武术传统师徒关系一段时间之后，如尚云祥的徒弟单广钦称呼尚云祥的爱人为"妈"，"他与尚师情同父子"②。可见在尚云祥与单广钦的师徒交往情境中，是以父子之情、以尚云祥家为境所形成的和谐气氛下的传统师徒关系。

（五）交往目的：武艺传承

交往目的是师徒双方通过交往达到自己想要的结果。武术传统师徒双方的交往目的在于武艺传承。就师父一方而言，在现代社会背景下的武术传统师徒关系中，这些师父们一直以各自不同的收徒、授徒理念承担着共同的武艺传承的职责。比如，访谈对象形意拳传人高姓师父，他教拳数十年，从不收徒弟一分钱，他说：

> 我自己有工资，这点钱足够我的花销，我现在学到的这些东西就不是花钱得来的，我为什么要收别人的学费呢？我做这个事情，就是为了传承。③

再如，太极拳传人杨姓师父介绍，他对徒弟的要求上有两种思路，一种是针对年龄稍大、技术稍差的徒弟，要求他们要在太极拳的推广上做出贡献；另一种是针对年龄较小、身体素质较强的徒弟，要求他们要在拳术上多下功夫。可见，杨姓师父与两类不同年龄段的徒弟交往的目的均是太极拳的传承。

---

① 徐皓峰，李仲轩. 逝去的武林［M］. 北京：人民文学出版社，2013：110.
② 徐皓峰，李仲轩. 逝去的武林［M］. 北京：人民文学出版社，2013：118.
③ 2019 年 12 月 21 日山西交城中学，笔者对高姓师父进行的访谈。

　　就徒弟一方而言，与师父的交往目的也在于武艺传承。比如，访谈对象王姓先生说道："我拜了几位师父，就是想学各家之长，想学他们各自的核心技术的。"① 可见，王姓徒弟与几位师父的交往目的在于习得不同的武术技艺。再如，李仲轩拜唐维禄为师，他的交往目的在于习武。后又拜尚云祥为师，其交往目的是进一步深造。正如李仲轩所说："他让我拜入尚门，一是让我深造，二是看上了尚云祥的名声。想让我借上尚云祥的名声在武行里有个大的发展。"② 其中唐师"想借上尚云祥的名声在武行里有个大的发展"，仍然是为了徒弟李仲轩进行武艺传承。必须承认的是，作为武艺授受关系的武术传统师徒关系，不论交往目的呈现何种多样化形式，武艺传承是武术传统师徒关系始终坚守的核心，抛开武艺传承所建立的武术师徒关系不属于武术传统师徒关系的应然之范畴。

　　（六）交往过程：师徒单线式交往

　　武术传统师徒交往过程是指交往起点到交往结果之间的发展过程。其中，交往起点是以建立正式传统师徒关系为起点，即举行拜师仪式之后；交往结果是对当前师徒交往过程的总结。

　　人际关系学认为，"交往过程可以区分为单线式和放射式"③。武术传统师徒关系的交往过程主要是单线式。单线式交往是指"交往目的、交往对象、交往结果单一的交往"④。武术传统师徒的单线式交往过程如图2-1所示，这种单线式交往过程一般存在于徒弟数量在个位数的武术传统师徒关系中。唐维禄与李仲轩师徒均是出于传承的目的而进行的一对一的交往。李仲轩提到："形意拳是要师父教徒弟一个对一个地带出来的。"⑤ 其中"一个对一个"就是交往过程中的单线式交往。《梅花桩名家韩其昌》

---

① 2019年10月18日武术学校，笔者对王姓徒弟进行的访谈。
② 徐皓峰，李仲轩. 逝去的武林［M］. 北京：人民文学出版社，2013：326.
③ 冯兰. 人际关系学［M］. 沈阳：辽宁大学出版社，2005：108.
④ 冯兰. 人际关系学［M］. 沈阳：辽宁大学出版社，2005：108.
⑤ 徐皓峰，李仲轩. 逝去的武林［M］. 北京：人民文学出版社，2013：137.

一书中提到："过去习拳……，往往每个人教几样，不能学全。"① 而师父在每个人教几样中的身法往往也不同，因此呈现出一对一的单线式交往。类似的"一对一"的武艺传承模式在武术师徒传承中还有很多，这些师父的传人并不多，并且与每一位徒弟进行单线式交往。与此同时，学者程大力也对这一传承体系视为"师徒一线单传"②。

师父 ←————————————→ 徒弟

**图 2-1　师徒单线式交往过程**

（七）交往内容：武技、武道以及疑难问题解答

交往内容是武术传统师徒关系的载体，主要是指师徒之间武艺信息的交流与影响作用。韩愈在《师说》中讲道："师者，所以传道授业解惑也。"这里师父所传之道、所授之业、所解之惑便是师徒交往内容。由于"术业有专攻"的缘故，武术传统师徒交往内容具体包括武技、武道以及解惑三方面。

1. 武技

武技即武术技能，作为师徒交往内容之一，具体包括三部分内容，即武技传承什么、为什么传承武技以及如何传承武技。其一，武技传承什么？武术拳种众多，不同的拳种有不同的交往内容。有的以峨眉拳为主，有的以形意拳为主。尚云祥在授李仲轩武艺时，矫正了炮拳，听到了虎豹雷音。薛颠在授李仲轩武艺时，"手把手教了蛇形、燕形、鸡形③ 等技艺。其二，为什么进行武技传承？这是因为武术技艺也分优劣，当徒弟遇上真师父指点得当时，徒弟受益匪浅；但一旦遇上假师父，即使投入大量时间、精力以及金钱，也未必拥有高深的技艺，有的甚至练残、练废。唯

① 程大力.中国武术：历史与文化［M］.成都：四川大学出版社，1995：31.
② 程大力.中国武术：历史与文化［M］.成都：四川大学出版社，1995：32.
③ 徐皓峰，李仲轩.逝去的武林［M］.北京：人民文学出版社，2013：16.

有精华的武技内容才能得以传承，得以成为武术传统师徒交往内容。比如，雷世泰先生在《孙氏内家拳通论》中谈到他爷爷拜师时的情况："在拜入孙门之前，我爷爷二十几岁就胖到 220 斤（身高 1.70 米）。……孙先生就只教了一个三体式让他回家练。……坚持了整整一年。体重竟奇迹般地减轻了 70 斤，从 220 斤降到了 150 斤。"① 其三，如何进行武技传承？《国技概论·国术理论概要》中对武技的习练方式做了介绍，如衣履穿着，场所、时间的规定以及舒筋、呼吸、气候、饮食、散步、沐浴等。这些规定便是在师徒具体交往内容中体现出来的。雷世泰的爷爷每天早晨练完拳后在洗脸过程中说："用一个半高的小凳（比平常人坐得要矮），上面放深兜的洗脸盆。内放满满的开水，老爷子脱光膀子。骑马蹲裆式一站把胡子放在热水里连蒸带烫。"② 按雷世泰先生所说，这个过程是全部"克隆"师父而来的。师父在早晨洗脸的时间用"骑马蹲裆式"练功，徒弟进行"克隆"，由此体现出师徒双方在武技方面的传授方式。

2. 武道

"道"即道理、规律。武道就是从武术中抽象出来的道理、规律，并且使之能普遍适用于其他各个领域。武道内容包含方方面面，具体表现在：

其一，做人之道。在师徒交往过程中，师父负有对徒弟的道德教育责任。《中庸》认为，"天命之谓性，率性之谓道，修道之谓教"。这句话的意思是道的修习便是教化的过程。在武术师徒交往中，道德规范是师父教化徒弟做人之道的重要内容，也是武道的重要组成部分。不论在拜师前还是拜师后德行始终是第一位的。正如李仲轩认为："师父教徒弟，先教出来一个清白知礼的为人，再能造就人才。"③ 李仲轩的师父唐维禄教育他："别人的好，一辈子不忘；别人的不是，转头就忘掉。这样，你就能交到朋友了。"④ 这是师父对徒弟交友时的道德规范教育内容。访谈对象范先生

① 雷世泰. 孙氏内家拳通论［M］. 北京：海潮出版社，2013：3-4.
② 雷世泰. 孙氏内家拳通论［M］. 北京：海潮出版社，2013：4-5.
③ 徐皓峰，李仲轩. 逝去的武林［M］. 北京：人民文学出版社，2013：209.
④ 徐皓峰，李仲轩. 逝去的武林［M］. 北京：人民文学出版社，2013：361.

说道：

> 我以前性子急，脾气特别不好，还到处吵架，但是跟师父练拳以后，师父经常用太极拳里的阴阳之道教导我，他告诉我此消彼长的道理后，我就尽可能地控制自己的情绪了，就连我媳妇也说我现在脾气变得比以前好多了。①

从这段表述中可以看出，范姓徒弟与其师父的交往内容已经由技上升为道，有益于徒弟在社会生活中其他人际关系的和谐。

其二，拳理之道。徒弟的武术技艺在日复一日的习练过程中，武术师徒交往内容"由技进道"。武道被许多武术家视为武术的最高层次，区别于武技的层次。正所谓"拳与道合""练虚合道"。比如，"截拳道"之所以以"道"命名，是李小龙以师父叶问所授的咏春拳为技术基础，集空手道、拳击、泰拳、菲律宾拳术、柔术、击剑等 26 种世界武技精华自成一"道"。

3. 解惑

在武术传统师徒关系中，解惑主要是指师父对徒弟解惑。具体内容包括：其一，师父就徒弟拳理困惑的解答，唐维禄在授李仲轩武艺时要求，"练的时候只能一个人练，连师父也不能看，有疑问了，才演给师父求指点。"② 李仲轩老人一直存有疑惑，直到拜尚云祥为师时，尚师为他解释："没什么道理，不搞得规矩大点，你们这帮小青年就不好好学了。"③ 这是师父对徒弟在拳理不明时的解惑。其二，师父对徒弟工作、生活等其他方面困惑的解决。比如，学者张国栋的博士论文引用了吴柏华师父的一段话：

---

① 2020 年 5 月 17 日 FXL 工作室，笔者对 FXL 进行的访谈。
② 徐皓峰，李仲轩 . 逝去的武林 ［M］. 北京：人民文学出版社，2013：151-152..
③ 徐皓峰，李仲轩 . 逝去的武林 ［M］. 北京：人民文学出版社，2013：153.

刚成入门后，处对象时受到了女方父亲的强烈反对，为了促成他们的婚姻，我以自己的人格做担保，三次到女方村上，通过村主任说服了女孩的父亲。后来，他们一直生活很幸福。好像是 1994 年，刚成想卖白条鸡，但手头资金紧张，我就把自己平日里所有的积蓄都给了他，大概有一万元。那时候他的生意很好，一年半后他就全都还给了我。①

从这段话的表述中可以看出，徒弟刚成遇到了两方面的困惑，既有因"女方父亲强烈反对"而引发的婚姻困惑，又有因"手头资金紧张"而带来的事业困惑。这两类困惑都在师父的帮助下迎刃而解。所以，武术传统师徒关系的交往内容丰富多彩，在师徒交往过程中逐渐加深彼此之间的感情，成为武术文化传承至关重要的一环。

**二、表层结构要素的特点**

（一）交往主体与交往对象的关系具有排他性

与学校武术师生关系、竞技武术教练员与运动员关系以及同门师兄弟、师叔伯的关系相比，武术传统师徒关系中师徒双方具有排他性。排他是指排除你、我、他中的第三者——他。武术传统师徒关系的排他性是根据拜师仪式中设置局外人的要求而得出的结论。设置局外人在互动仪式链理论中是指："对外人设置的界限，参与者知道谁在参加，而谁被排除在外。"② 武术传统师徒关系的排他性体现于三方面。其一，排他性体现于武术传统师徒关系建立之时。在此阶段，师父对若干徒弟进行考察，同时徒弟也对若干师父进行考察。选择的过程意味着淘汰的过程，徒弟最终选择一位师父并与之建立师徒关系，师父也未必与所有考察的徒弟建立师徒关

---

① 张国栋. 中华武术现代传承困境研究：基于梅花拳的考察 [D]. 重庆：西南大学，2011.

② ［美］柯林斯. 互动仪式链 [M]. 林聚任，等译. 北京：商务印书馆，2016：3.

系。所以，在建立正式师徒关系之前，师徒双方明确知道谁参与进来，谁被排除在外。这个过程具有排他性的特点。其二，排他性体现于武术传统师徒关系的维系之时。在此阶段，师徒双方成为一个整体，武谚中强调"师父有的是徒弟的，徒弟有的是师父的"，由此体现出师徒关系一荣俱荣、一损俱损的利益关系。师徒关系也被视为"自家人"，与"外人"相区别。此时的"外人"指代其他门派或其他拳种等，从而体现出更为明显的排他性，甚至由此形成"门户之争"，成为武术界长久以来争论不休的话题。其三，排他性还体现于部分师父对徒弟的要求之中。比如有的师父规定，终身只能拜一人为师；不得未经师父允许而拜他人为师；师父对带艺投师之人不会贸然收之为徒，这些现象都具有浓厚的排他性意味。

与武术传统师徒关系相比，其他武艺授受关系呈现出以下两点不同：第一，其他武艺授受关系在建立之前既没有相互关注，也没有相互考察的过程。所以，在武术授受关系建立之前的排他性无从说起。第二，学校武术师生关系以及竞技武术教练员与运动员关系，这两类关系在建立之后形成各自的集体，也具有各自集体的荣辱感，虽然具有一定的排他性，但在学校或运动队相关管理制度的制约下，这两类武艺授受关系的排他性与武术传统师徒关系的排他性相比程度较低。因为在武术传统师徒关系中，常常出现一些将本门声誉与师父的名望视为重中之重的徒弟，为此可以不顾一切，甚至付出生命，这种现象在学校武术或武术运动队由于受制度的规约是难以出现的。

排他性得以成为武术传统师徒关系的一大特点，深层原因在于通过建立师徒关系从而维护"绝技"的传承，维护本门团体的利益。一个拳种、门派的形成与其独特的技术理论体系有着直接的关系。与此同时，一位师父得以广收门徒，与其自身具备的"绝技"有着必然联系。可以说，排他性是决定是否建立武术传统师徒关系，是能否掌握"绝技"的关键性因素。武谚中有"艺不轻传"的要求。只有师徒双方在经历师徒互择阶段、师徒互访阶段、父子身份明确阶段以及父子身份认可阶段以后，师父才有可能传授这种"绝技"。因为当师徒双方建立了"自家人"体系，产生了

"排他性"的特点，才能保证本门武功的纯正性以及传承的真实性，从而维护本门团体利益。"嫡传弟子""入室弟子""关门弟子"的称呼便是对"自家人"身份的确定，获得这些称呼的徒弟才是有可能掌握"绝技"的。这里为什么说是"可能"？因为师父一般出于"教会徒弟，饿死师父"的担忧，不会把所有技艺全部授予一人，而是分别授予几人。几位徒弟的互相牵制，以此来保证师父自身以及本门的利益。相对于学校武术师生关系、竞技武术教练员运动员关系，"绝技"在这类关系之中的作用微乎其微，排他性自然难以对学校或运动队的利益起到决定性作用。所以，相对于武术传统师徒关系，在学校武术师生关系与竞技武术教练员和运动员关系中，二者排他性的程度较低。

（二）交往手段具有物质性

与学校武术师生关系、竞技武术教练员和运动员关系以及同门师兄弟、师叔伯的关系相比，武术传统师徒关系的交往手段具有物质性。一方面，就徒弟一方来说，从前面的分析中我们知道，武术传统师徒关系的交往需要徒弟采取物质手段。如学者周伟良认为，徒弟拜师时应附上"压帖钱"或"随带一点礼物"①。还有建立师徒关系之后的日常生活维系。特别是在逢年过节之时，徒弟携带水果点心对师父进行看望，这些钱财、礼物的赠送便是徒弟交往手段中物质性的体现。而且，徒弟对"绝技"的习得与掌握，也需要采取一定的物质手段。比如学者程大力所介绍的："扫地不少，两个月水缸不天天灌满，大雪中不在门口跪上三天，别想被收为徒弟。并不是小说中虚构。"② 徒弟这些行为均是为了建立武术传统师徒关系、习得"绝技"而采取的物质手段。另一方面，从师父一方来说，师父看到资质尚佳的徒弟，会自己出钱养徒弟，为徒弟提供衣食住行，其交往手段也具有物质性的特点。对比竞技武术中的教练员与运动员关系以及学

① 周伟良. 师徒论：传统武术的一个文化现象诠释［J］. 北京体育大学学报，2004，27（5）：585.
② 程大力. 中国武术：历史与文化［M］. 成都：四川大学出版社，1995：31.

校武术中的师生关系，在这两类武艺授受关系建立之前，学生缴纳的学费以及运动员的补贴等均是由学校或体工队发放的。在建立之后，武艺授受双方的维系主要通过语言手段进行。这两类武艺授受关系的交往手段并不需要采取物质手段，运动员与学生只要按时完成教练员或教师布置的课业，教练员和教师只要符合运动队与学校的管理规定便可以维系这段关系。所以，相较而言，武术传统师徒关系的交往手段具有物质性的特点。

（三）交往环境具有永久性、封闭性、职业性与家庭性

如前文所述，交往环境应该包括交往时间、交往空间、交往情境三方面内容，交往环境的特点是指交往时间、交往空间、交往情境的特点，具体表现在以下三点：

1. 武术传统师徒交往时间具有永久性

与学校武术师生关系、竞技武术教练员和运动员关系以及同门师兄弟、师叔伯的关系相比，武术传统师徒交往时间具有永久性特点。师徒交往的永久性是指不论在师父生前，还是师父死后，这段师徒关系始终不变。武林中"坟前递帖"的旧习便是师徒交往时间永久性的体现。有的师门中师父逝去后，徒弟每年都会去师父的坟前看望，与师母、师父的孩子保持联络，继续维持这段师徒关系。除非师父将徒弟逐出师门，或徒弟撤帖脱离师门，否则师徒关系一旦建立，便是终身的、永久的。

伪太极大师闫芳在一次采访时被记者问道：

"你的师兄和你师父的后人宣布把你逐出山门，你怎么办？"

闫芳回答："师父在世，师父可以将我逐出山门，师父过世，如果他有遗嘱将我逐出山门也可以，其他人谁有这个权力？除了师父，谁能将我开除？"

闫芳曾因假太极推手等事件给太极发展造成极其恶劣的社会影响，却

在面对被逐出师门的境遇时仍能以李经梧师父的徒弟自居。由此反映了武术传统师徒关系在交往时间上的永久性特点，不仅不会随着师父死亡而结束，更不会因武德缺失带来恶劣社会影响而解除。这与学校武术师生关系，竞技武术教练员与运动员关系以及同门师兄弟、师叔伯关系有着根本的区别。这三类武艺授受关系受固定的教学阶段、授受者水平高低等条件的限制，存在随时建立或解除武艺授受关系的可能性，不具备永久性特点，同时也会随着武艺接受者一方技术的提升而逐渐被新的武艺授受关系所取代。与武术传统师徒关系相比，这三类武艺授受关系具有暂时性特点。

武术传统师徒关系之所以具有永久性特点，深层原因是受"一日为师，终身为父"的传统价值观影响。其中"终身"就是对其永久性的描述。这句话出自清代诗人罗振玉《鸣沙石室佚书·太公家教》之中，武术传统师徒关系在明清之际得到长远发展，自然也将这一传统价值规约吸纳其中。在学校武术师生关系以及竞技武术教练员与运动员关系中，学生或运动员一旦达到学校或运动队的毕业要求，则意味着授受关系的结束。但是，在武术传统师徒关系中，即使徒弟"满师"之后，也要将师父视为长辈，经常过去看看师父师母，斟茶倒水嘘寒问暖，甚至在师父死后披麻戴孝。在"一日为师，终身为父"的传统价值观念驱使下，这些行为在武术传统师徒关系中被视为徒弟应该做的事情，否则会被视为不尊师，被师父、同门师兄弟乃至同行所诟病。

2. 武术传统师徒交往空间具有封闭性

李仲轩在描述与师父唐维禄二人的交往空间时提道：

> 他（唐维禄）教拳遵循古法，要在没人的地方教，树林里也不行，必须有围墙，完全与外界隔离，不准第三双眼看。……，练的时候只能一人，连师父也不能看的，……，而且只许晚上练。①

---

① 徐皓峰，李仲轩．逝去的武林［M］．北京：人民文学出版社，2014：151-152.

以上材料从时间、地点、人数体现出师徒交往空间的封闭性。还有访谈对象FHW讲述自己年轻时的习武经历时谈道：

> 师父去了太原以后，师父自己会做饭，下班以后，师父做好饭，我们三人一吃，门一锁，我和师父在家里，陈师弟从窗户进来，把窗户一插，把灯泡一拉，外边有个门帘，进去以后就是个土窑洞，连个床都没有，因为他单身，拉上窗帘就怕外边有人看着，那时候我们就这么学的。①

从他的表述中，"门一锁""把窗户一插""灯泡一拉"可以说明FHW跟随师父习武时交往空间的封闭性。造成师徒交往空间的封闭性的原因是多方面的。一是因为"武者不详"的顾虑与"艺不轻传"的要求，因此选择封闭的空间进行武艺教授。二是受当时政治环境所影响。访谈对象FHW与师父习武选择如此封闭的交往空间进行，便是出于对可能受到迫害的担忧。正如他所说："我们那时候根本不敢，就怕被人知道，闹不好工作都要丢。"② 而相对封闭的交往空间可以免去这些风险。

3. 武术传统师徒交往情境具有职业性与家庭性的双重特点

其一，武术传统师徒交往情境具有职业性的特点。所谓职业性，是指武术师徒建立与维系的交往情境围绕职业领域进行。与学校武术师生关系相比，任何领域中的师徒关系，不论是师傅和徒弟的师徒关系还是师父和徒儿的师徒关系都是在工厂、戏院等与职业发展直接相关的场所展开，因此师徒交往情境主要围绕职业发展领域。比如，一些高职院校的学生在学校与老师建立的是师生关系，进入工厂实习后与师傅建立的是师徒关系。还有从古至今一些以技艺传授为主的授受关系，如相声、曲艺等技艺，由于与授受双方职业发展直接相关，均在职业领域内展开，所以称之为师徒关系而非师生关系。武术传统师徒关系作为师徒关系的其中一类，同样在

---

① 2020年8月4日山西临汾FHW家里，笔者对FHW所做的访谈。
② 2020年8月4日山西临汾FHW家里，笔者对FHW所做的访谈。

武术职业发展领域内展开。在传统社会中，武术更是作为习武之人吃饭的本领，以护院、镖师为职业，以镖局为交往环境，在职业领域内建立师徒关系。进入现代社会，武术传统师徒关系这一职业性特点仍在发挥着它的作用。比如，习练通背拳的张师父作为武术学校校长以武术为职业，他师从三位师父，汲取各家之长，在此基础上创立了"龙拳"，使自己在武术职业领域内得到长远发展。再如，一些保安服务公司、保镖公司以及民间以教武为生的师傅等，这些职业都是现代社会背景下的武术职业。这类习武者的师徒关系同样是在武术职业领域内所建立的，其交往情境具有职业性的特点。

相对而言，师生交往情境则是在教育教学领域展开，这是根据师生关系的概念推断而来。师生关系在《教育学基础》中被释义为："教师和学生在教育教学过程中结成的相互关系，包括彼此所处的地位、作用和相互对待的态度等。"① 这一点还可以从其他学者对师生关系的认知中得到证明。学者刘建华认为："师生关系主要是在教育教学领域确立的，没有教育教学，实际上也就不存在真正意义上的师生关系。"② 学校是教育教学实施的主要场所，学校武术师生关系作为师生关系的下位概念，也应属于学校武术教育教学领域。

在现有研究中，部分学者对武术传统师徒关系与学校武术师生关系进行过比较研究。其比较的侧重点集中于二者形式上的差异，却没有对二者实质的差异进行比较。这导致的后果便是难以有效地对武术传统师徒关系与学校武术师生关系进行有效整合，而是将二者"优势互补"的理念流于形式。相比较而言，以武术职业领域为交往情境的师徒关系使得师父不仅要授予徒弟武技，还要保证徒弟可以凭本事吃饭，对徒弟终身负责。这是学校武术师生关系所不具备的，他们仅仅是负责授予学生武技，至于学生

---

① 全国十二所重点师范大学联合编写. 教育学基础［M］. 北京：教育科学出版社，2011：143.

② 刘建华. 师生交往论：交往视野中的现代师生关系研究［M］. 北京：北京师范大学出版社，2011：63.

可以领悟多少、领悟到什么程度、能否使武术成为职业继续发展均与武术教师无关。由此，交往情境的职业性作为武术传统师徒关系的一大特点，用以区别在学校武术教育教学领域内的师生关系。

其二，武术传统师徒交往情境还具有家庭性特点。工厂、公司里的师徒关系虽具有职业性特点，但是，武术传统师徒关系在此基础上还具有家庭属性特点。就家庭性而言，这可以从师徒关系的称呼上体现出来。在武术传统师徒关系中，师被称呼为"师父"，"父"具有父亲的意思，需要按照"一日为师，终身为父"的传统观念对师徒双方进行道德规范，"师父"这一称呼便为原本具有职业属性的师徒关系增添了家庭属性。而且，随着"师父"的明确，相应地建立起师母、师兄弟、师姐妹、师叔伯等"具有明显父系血统特点"[①] 的模拟家庭。相对于工厂、公司里的师徒关系仅仅具有单一的职业属性，师被称呼为"师傅"，师傅一词主要是对有技艺人的尊称，侧重于技艺的传授与指导。这一称呼的家庭属性相对于"师父"较为弱化，师徒二人仅仅是工作关系。当前国内外对师徒关系的研究也集中于此，而他们对师的称呼为"师傅"，比如，国内学者韩翼在对企业里的师徒关系进行研究时认为："考察师徒关系的含义时要从师傅、徒弟和关系的三个方面进行。"[②] 这里他将师称呼为"师傅"。

武术传统师徒关系之所以具有职业与家庭双重属性的深层原因在于家国同构的宗法社会特征。父为"家君"，君为"国父"，君父同伦，家国同构，宗法制度因而渗透于社会整体，渗透于武术传统师徒关系之中。在拟宗法化的社会背景下，武术传统师徒关系依托宗法社会"师徒如父子"的伦理规范进行约束，形成了具有职业与家庭双重属性的特点的师徒关系。而现代工厂、企业中师傅与徒弟的关系产生于工业社会背景下，师傅与徒弟是按照工厂、企业相关的规章制度对师徒双方进行管理，形成了单纯的

---

① 周伟良．师徒论：传统武术的一个文化现象诠释［J］．北京体育大学报，2004，27（5）：587.

② 韩翼．师徒关系结构维度、决定机制及多层次效应机制研究［M］．武汉：武汉大学出版社，2016：53.

具有职业性特点的师徒关系。

（四）交往目的具有深度传承性

由前文可知，武艺传承是武术传统师徒关系交往目的的主要内容。然而，学校武术师生双方、竞技武术教练员与运动员双方，其交往目的亦有武艺传承的需求。相比较而言，武术传统师徒双方的交往目的具有深度传承性的特点。所谓深度传承性是指与其他武艺授受关系相比，武术师徒双方在交往内容、交往时间等方面更持久、深远。

武术中"绝技"传承符合师徒交往目的深度传承的特点。首先，"绝技"的传承要求必须建立武术传统师徒关系，而非其他武艺授受关系，以此保证"绝技"在"自家人"的掌控之中。在访谈过程中，不少师父不经意说出"他又不是我徒弟，我凭什么教他？"① 这句话表明，只有建立武术传统师徒关系，师父才会尽心地对徒弟进行武术技艺的深度传承，否则只是从动作纠正、套路顺序进行表层指导。这是其他师生关系或教练员与运动员关系难以替代的。其次，"绝技"传承需要日复一日、年复一年的习练与领悟。历史中许多武术家为了习得"绝技"而选择拜师学艺，比如，杨露禅为了学习太极拳之精髓拜陈长兴为师，李小龙为了学习"木人桩"拜叶问为师。这些名家都是以"深度传承"作为师徒交往目的，习得真功夫的。

与其他武艺授受关系相比，形成武术传统师徒交往目的深度传承性特点的原因在于：其一，其他武艺授受关系受困于有限的教学内容与教学时间，难以进行深度传承。学校武术师生关系以及竞技武术教练员与运动员关系的建立都基于规定的学制与限定的教学内容，武艺传承的授受时间与授受内容都是有限的，而在武术传统师徒关系中，受"一日为师，终身为父"的传统价值观影响，授受时间与授受内容得到了充足的保障。其二，永久的身份绑定保证了武术传统师徒关系的深度传承。武术传统师徒关系

---

① 2020 年 9 月 12 日电话，笔者对 LFG 进行的访谈。

一旦建立，一般来说，师父一方不会因为徒弟未能在武术技艺上达到师父的要求而解除师徒关系，只会通过因材施教的方式不断地培养徒弟，始终以武艺传承为交往目的。但在其他武艺授受关系中，学生或运动员若未能达到教师或教练的武术技艺要求则会被迫解除武艺授受关系，放弃武艺传承的交往目的。所以，武术传统师徒关系的交往目的具有深度传承的特点。

（五）交往过程具有单一性

所谓单一性是根据武术师徒"一对一"的交往过程而总结的特点。单线式是武术传统师徒交往的主要形式，是武术传统师徒关系的特点之一，区别于其他武艺授受关系中"一对多"的放射式教学形式。具体表现为：其一，在建立武术传统师徒关系之前，师父需要通过"一对一"的方式对每一位徒弟进行考察。然而，学校武术师生关系建立之时，主要是由学校以统一标准对所有学生进行考查，武术教师并未参与其中。其二，在建立武术传统师徒关系之后，师父依靠"一对一"的方式进行，正如前文中提及的吴公藻在《太极拳讲义·总论》中明确指出的："夫人之性情，各有不同，大抵可分为两种，曰刚与柔是也……上述性别，关于学者之本性，应注意之。学者以性情之不同，而所得结果亦异。"① 这一要求反映出在武艺传授中为师者在对待年龄、体格、个性、根器等方面存在差异的徒弟时需要采用"一对一"单传形式，从而履行师父的教学责任和义务。相比较而言，学校武术师生关系受学校班级授课制所限，在学校武术教学"统一性"原则下，采用"一对多"放射式交往过程。这也由此导致学校武术师生关系难以照顾到每一位学生的特点，使部分学生的武术发展受到限制。

武术传统师徒交往过程之所以凭借单线式进行交往，深层原因是武术作为一项作用于身体的技艺，具有较强的实操性，必须通过师父"一对一""手把手"的训练，才有可能实现体悟。李仲轩认为："凡是武师真传

---

① 周伟良. 行健放歌：传统武术训练理论的文化诠释 [M]. 兰州：甘肃文化出版社，2005：49.

的，人数一定不会很多，三五个人，才能忙得过来，教得透。"① 这句话中"三五个人，才能忙得过来，教得透"就是针对徒弟人数太多，无法实现"手把手教学"而谈的。而在仅有的三五位徒弟之中，还要根据徒弟的年龄、性格等进行"一对一"的教授，如此才能习得真正的武艺。

（六）交往内容具有神秘性

与学校武术师生关系、竞技武术教练员和运动员关系以及同门师兄弟、师叔伯的关系相比，武术传统师徒关系中师徒交往内容具有神秘性的特点。这些神秘性体现于口口相传的授徒规矩中。

1. "不能对传"的规定。所谓不能对传是要求师兄弟之间不能互相交流。由于师父在授拳时会根据每个徒弟的特点因材施教。徒弟之间习得的内容与技法不尽相同。为了保证师门内部和谐，徒弟之间经常因为"教你不教他"的问题而产生争执，于是就有了"不能对传"的规定。而"不能对传"意味着师父在授徒过程中要避免其他师兄弟的在场，使得师徒交往内容具有神秘性的特点。

2. "传内不传外"的规定。比如有的拳种门派中，拳法技艺可以传给儿媳，但不能传给女儿。之所以不传女儿是因为在中国传统价值观看来，女孩到了婚嫁年龄就会嫁到别人家成为"外人"，传给女儿的话，有拳法技艺落入"外姓人"之手的顾虑，违背"传内不传外"的规定。同样的道理，师父对待亲生儿子和嫡传弟子也是不同的。在笔者对山西文水李先生进行访谈时，他看似无心的一句话引发了我们很多感想，他说道："你采访我做什么，他们那是嫡传的子女，我就是个徒弟。"② 这一句话揭示出现实中嫡出的子女与徒弟的巨大落差。程大力学者认为杨露禅三下陈家沟的缘由正是由于拳种的神秘性。"说穿了那就是，练陈氏太极拳者，都是陈氏族人，异姓只有杨露禅和其同乡李博魁二人。陈氏族人对这两个外人初

---

① 徐皓峰，李仲轩.逝去的武林［M］.北京：人民文学出版社，2014：185.
② 2019年12月22日山西交城中学，笔者对LJL所做的访谈。

识是有些欺生和歧视的。……陈长兴对杨露禅传授技艺也大大留了一手。据说杨露禅一次半夜醒来，听见隔院有声，爬上墙一看，原来是陈长兴正在教授陈族子弟太极拳。"① 从"异姓"到"非陈氏族人"的表达，说明在武术传承时内外有别，传内不传外。从陈长兴"大大留了一手"到杨露禅隔院半夜偷学拳的行为，可以体现出太极拳作为师徒交往内容的神秘性特点。

相比之下，学校武术的师生交往内容则是根据可以人手具备的教科书、教学大纲所规定的。竞技武术中的教练员与运动员的交往内容是按照比赛的要求所制定的，这些武术技艺内容本身不具备神秘性特点，亦无须教练员或教师故弄玄虚去营造这种神秘的氛围鼓励运动员或学生习武。

神秘性之所以成为武术传统师徒关系交往内容的特点，深层原因在于以下两方面：一方面，"武者不祥"的主观顾虑。在《逝去的武林》中尚云祥曾谈及"武者不祥"的顾虑。他认为，练武人太容易陷进是非之中，而且名气越大是非越多。在此情境下，尚云祥对李仲轩讲道："看来练拳就得晚上练，让谁也不知道。"② 通过晚上习练，减少出名的可能，降低"武者不祥"的概率，由此体现出神秘的特点。

另一方面，"艺不轻传"的客观要求。就师父一方而言，武术传统师徒交往中对师父有"艺不轻传"的要求，武谚说："真传一句话，假传万卷书。"虽然只是这"一句话"，但有的人跟了师父一辈子也未必能得到。因为这是师父独有的东西，是师父的为师资本，因此是绝密的。从徒弟一方来说，这就为师徒交往蒙上了一层神秘的面纱，在武艺传授中出现的"秘籍""绝招""私功"等词汇，均为武术传统师徒交往内容带来神秘性特点。故此，神秘性是作为武术传统师徒关系的一大特点，有神秘而有师承，有师承而产生武术流派，有流派而产生门户之见。

---

① 程大力.中国武术：历史与文化［M］.成都：四川大学出版社，1995：29-30.
② 徐皓峰，李仲轩.逝去的武林［M］.北京：人民文学出版社，2014：157-158.

# 第二节　武术传统师徒关系的深层结构要素及其特点

在小农经济时代，武术传统关系的结构要素相对稳定。因为小农经济是以家庭为单位，以生产资料个体所有制为基础，完全或主要依靠自己劳动满足自身消费的大规模农业经济。人们过着自给自足的生活，极少与外界的人进行交往。随着社会变迁速度加快，受商品经济的影响，武术传统师徒关系从乡土社会进入现代社会。马克思曾针对当前的商品经济说道："不断扩大商品销路的需要驱使资产阶级奔走全球各地。它必然到处落户，到处创业，到处建立联系。"① 这表明，在商品经济下，人际关系的单一性减弱，复杂性增强。在这样的趋势下，武术传统师徒关系也呈现越来越复杂的倾向。单纯从表层结构要素无法完整地说明武术传统师徒关系的内在结构，因此，深层结构要素成为影响武术传统师徒关系的重要因素。

## 一、深层结构要素

学者冯兰的《人际关系学》认为影响人际关系的深层结构要素主要有"利益、情感、尊严等"②。这里的"等"字表明了她对人际关系深层结构要素的归纳并不完整。深层结构要素不同于表层结构要素，它隐藏于表层结构要素下，是决定着武术传统师徒关系本质特征的结构要素。在查阅、比较、分析的基础上，笔者借助社会学家翟学伟对中国人社会行为方式的理论模型得出武术传统师徒关系的深层结构要素。学者翟学伟认为："中国人社会行为中包含了四个重要的要素：（一）权威；（二）伦理；（三）利益；（四）血缘。"③ 尽管武术传统师徒关系的内涵复杂多变，但从其构成

---

① 中共中央马克思恩格斯列宁斯大林著作编译局 . 马克思恩格斯选集：第 1 卷［M］.
北京：人民出版社，1995：254.
② 冯兰 . 人际关系学［M］. 沈阳：辽宁大学出版社，2005：110.
③ 翟学伟 . 中国人的关系原理［M］. 北京：北京大学出版社，2011：148-149.

的内容和表现形态来看，均属于中国人的社会行为方式。换言之，权威、伦理、利益、血缘是武术传统师徒关系的深层结构要素。

　　之所以选择借助翟学伟的理论模型研究武术传统师徒关系的深层结构要素，主要有两方面原因。其一，这四个要素与人际关系学中的深层结构要素相比更加严谨、具体。学者冯兰在人际关系学中提到的深层结构要素的内容包括利益、情感、尊严，与学者翟学伟所提的权威、伦理、利益、血缘高度吻合。其中，双方都提到了利益，学者冯兰所提到的情感、尊严分别被学者翟学伟包含在血缘、权威之中。多出来的"伦理"便是学者冯兰没有提到但被学者翟学伟提炼出来的第四个深层结构要素。受儒家思想影响，在武术传统师徒关系中，存在大量的伦理要素。武术传统师徒关系便是一种伦理关系，受"父子身份确认"的伦理规范约束。因此，我们选择使用学者翟学伟的理论模型研究武术传统师徒关系的深层结构要素。学者翟学伟所提到的四个要素是在学者冯兰理论基础之上的推进，具有本土化特色，更加匹配武术传统师徒关系的结构。其二，与当前对武术传统师徒关系的深层结构要素的研究相比，学者翟学伟所提出的四个深层结构要素更全面。目前不少学者对武术传统师徒关系进行阐释性研究时单纯将家族主义作为其原因阐释，针对这一现象，学者翟学伟认为，"原先国内外学者在研究中往往看到四个要素中的某一因素，提出了诸如权威主义、伦理本位、家族主义或自我主义等，……，而实际情况是，中国人的社会行为是由四个要素的配置情况来决定的"①。同理，武术传统师徒关系的建立与维系理应受到四个要素的共同作用。

　　由此，武术传统师徒关系的深层结构要素包括：（1）权威，主要关注师徒双方的身份、年龄、地位、等级、辈分等情况；（2）伦理，主要关注师徒交往在道德上的情况；（3）利益，主要关注武术传统师徒关系在物质利益与精神利益上的情况；（4）血缘，主要关注武术传统师徒关系在情感上的情况。

---

　　①　翟学伟. 中国人的关系原理［M］. 北京：北京大学出版社，2011：150-151.

（一）权威

在中国人的社会行为中，权威是对身份、年龄、地位、等级及辈分之重要性的强调。在儒家人伦关系中，"父为子纲"强调父的权威；"君为臣纲"强调君的权威；"夫为妻纲"强调夫的权威；即使是看似平等的朋友关系，同样根据年龄大小强调长者的权威。在师徒如父子的传统观念中，武术传统师徒关系模拟父子关系形成"师为徒纲"①，同样强调师父的权威。武术传统师徒关系在权威要素中具体体现在以下几方面：

1. 对武术传统师徒双方身份的强调。在访谈过程中，不少访谈对象谈到"身份"的问题，比如黄师父说："要想在武术这个行当里行走，不拜师不行，不拜师人家不知你是谁，没人认可你，你在这个圈子里就混不下去。"② 黄师父所说的便是没有武林身份认可的后果。这一点不论在过去还是今天，身份的强调并未存在显著差异。在过去习武拜师中，也有不少类似王芗斋先生拜已故大师郭云深为师进行坟前递帖的例子，有学者针对这一事实认为，王芗斋因"不曾拜师"郭云深，"深深感受到'身份'这一问题的困扰"③。还有今天部分开武馆、办武校的习武者，他们到处拜师的目的同样是希望自己获得更多的身份，得到更多的认可与支持。

2. 对武术传统师徒双方年龄与辈分的强调。在武术传统师徒关系中年龄的大小暗含着辈分的高低。武术传统师徒关系对年龄与辈分的强调在过去与今天是截然不同的。就武术传统师徒关系的建立过程来说，一般而言，师父不收年龄过小的徒弟，师门中徒弟之间的年龄差距在一代人之间。其中也有特殊情况，一类是徒弟年龄过大，甚至大于师父，师父一般会推荐徒弟拜一位辈分更高的师父，武林中的"代父收徒""坟前递帖"便是出于这方面原因。另一类是如果徒弟年龄过小，属于徒孙年龄层次，

① 周伟良. 师徒论：传统武术的一个文化现象诠释［J］. 北京体育大学学报，2004，27（5）：585.
② 2020 年 10 月 5 日，笔者通过电话对陈式太极拳习练者 HHB 所进行的访谈.
③ 李洋. 王芗斋武术人生与拳术思想之研究［D］. 上海：上海体育学院，2018.

师父会推荐自己的徒弟收之为徒。尚云祥收李仲轩为徒时，便是老师父小徒弟的搭配。虽然尚师最终收李为徒，但出于"老师父，小徒弟，以后给人当祖宗"①的担心，让李仲轩立下"学成后不收徒"的誓言。足以见得武林中对辈分的强调。今天的武术传统师徒关系有一部分仍然按照传统的方式强调年龄与辈分，但还有一部分已经开始转变。这种转变就是打破传统师父收徒对辈分、年龄的制约。比如，有的父子拜同　人为师，有的徒弟拜师后又拜师祖为师，等等。这些武术传统师徒关系的建立引发许多争端与不满。转变的原因是多方面的，有师父一方的原因，即师父为了招更多的徒弟以打响自己的知名度，师父不希望技艺失传，不愿意把自己会的东西带进"棺材板"里；也有徒弟一方的原因，即徒弟为了借助师父的名气满足个人需求；还有一部分原因在于现代社会人际关系的社会环境变化，当前父子关系已然从"父为子纲"的约束下向更为平等、开放的方向转变。武术传统师徒关系亦如此，师父的权威性在逐渐淡化，对年龄、辈分的强调也自然弱化。

（二）伦理

伦理学认为："伦理生成的道理是以道德的形式表现出来的。"②学者翟学伟对中国人的伦理要素进行解读时认为："伦理是以权威特质为基础而实行的'忠孝'和'重义轻利'。"③换言之，武术传统师徒关系中的伦理要素就是在明确师徒双方的身份、年龄、地位、等级、辈分后而遵循的"忠孝"与"重义轻利"的道德规范。所以，"忠孝""重义轻利"是武术传统师徒关系在伦理要素下的具体表现形式。

1. 所谓"忠孝"，即忠于国家，孝顺父母，是尊者对卑者提出的伦理要求。在武术传统师徒关系中，是师父对徒弟提出的要求，忠孝具体表现在徒弟对师父的绝对服从。比如，王芗斋先生所提的徒弟"恐犯师之尊而

① 徐皓峰，李仲轩. 逝去的武林 [M]. 北京：人民文学出版社，2013：35.
② 王泽应. 伦理学 [M]. 北京：北京师范大学出版社，2015：2.
③ 翟学伟. 中国人的关系原理 [M]. 北京：北京大学出版社，2011：152.

不敢背"的行为，这与传统社会中"君要臣死，臣不得不死"的忠君行为以及"子为父隐，直在其中"的孝顺父母的行为性质相同。这种做法从今天看来在一定程度上限制了徒弟武术技艺的提高与发展，但在过去"师道尊严"的伦理规范下属于尊师的范畴。

2. 所谓"重义轻利"，在儒家看来，君子在"义"和"利"的权衡上，"义"要重于"利"，甚至超过自己的生命。"义"表示人的"羞恶之心"，是中华传统美德的重要组成部分，道义、侠义、忠义均属于"义"的外延。

传统行当在这样的条件下通过义对师徒双方逐利的本质进行调节，将重义轻利的价值观运用于传统师徒伦理关系之中。比如在传统相声界，郭德纲谈相声界的传统师徒关系时说，师徒双方不在同一个地方争场子，如果师父在这里表演，徒弟理应让出来，换一个地方进行演出。由此体现师徒之间"重义轻利"的伦理价值。在武术传统师徒关系中，师徒双方同样体现出"重义轻利"的价值观，甚至有的徒弟为了保护师父的利益宁愿牺牲个人性命。比如李仲轩介绍："我师弟丁志涛是个极力维护唐师尊严的，有人对唐师不敬，他是可以拼命的。"① 像丁志涛这类的徒弟不在少数，学者张大为谈道："笔者还曾见，因同门被殴受伤，师兄弟十余人打上门去报仇……为了维护本门声望和师父名誉，弟子传人往往会不顾一切。"② 可见，在武术传统师徒关系中为讲求"重义轻利"的伦理价值，甚至可以抛弃个人性命。

(三) 利益

利益包含对经济、社会和心理获得平均性和均衡性的计较。"天下熙熙，皆为利来；天下攘攘，皆为利往"，这是我国历史上著名的史学家司马迁通过对商人活动的研究从而对整个人际关系进行的概括。他将人们的

---

① 徐皓峰，李仲轩. 逝去的武林 [M]. 北京：人民文学出版社，2013：48.
② 张大为. 武林丛谈 [M]. 北京：当代中国出版社，2013：116.

交往动机和交往目的归结为利益。可以说，"逐利是人际关系的实质"①。利益作为生产关系、政治关系、道德关系的基础，即便是血缘、亲缘、地缘关系都脱离不了利益关系。武术传统师徒关系也必然与利益密不可分。孔子说："丘也闻有国有家者，不患寡而患不均。"意思是，人们在利益分配时不担心分配得少，而是担心分配得不均。不均即不平均、不均衡。平均一般同个人私利有关；均衡一般与群体的稳定性有关。利益要素下对武术传统师徒关系的考察主要围绕师徒双方对利益分配均衡与否的问题而进行。具体表现为：

1. 武术传统师徒双方在物质利益上均衡性的计较。如在绝技传承上，师父选择性地对徒弟进行传承，这一行为便是师父在武艺传承上均衡性的计较。再如，有的门派要求徒弟之间"不对传"，便是不允许师兄弟之间互相打听各自学拳的情况，其目的是避免引发拳种利益分配不均的后果。在师徒武术传承中，也常常有因此导致师徒反目的情况。

2. 武术传统师徒双方在精神利益上均衡性的计较。如在日常相处中，师父对谁更器重，在情感上师父对谁更亲密等。据峨眉拳大师孟宪超先生讲述，在三年困难时期，糖在当时是限量供应的。有一次，他为了孝敬师父便拿了4两糖块去看望师父吴先绪。吴先绪看着他对他说："我不吃你的糖，你只要能为峨眉拳正名，使峨眉拳不失传，就对得起老师。"② 这句话让孟宪超记了一辈子，成为他整理、宣传、传授峨眉拳的动力。这类武术传统师徒关系明显不在乎物质利益的得失，他们追求的是为峨眉拳正名，是在精神利益上均衡性的计较。

**（四）血缘**

"血缘包括真正的、扩大的或心理上认同的血缘关系。"③ 传统武术传承方式一般有家传与师传两种，其中家传是对师徒双方真正的、扩大的血

---

① 冯兰. 人际关系学［M］. 沈阳：辽宁大学出版社，2005：5.
② 马燕. 一代宗师孟宪超［N］. 汴梁晚报，2014-03-01.
③ 翟学伟. 中国人的关系原理［M］. 北京：北京大学出版社，2011：153.

缘身份的确认；师传则是对师徒双方心理认同的血缘身份的确认。比如，宋氏形意拳宋铁麟大师与其长子宋光华这对师徒关系是真正的父子血缘身份；薛颠与其侄子薛广信这对师徒关系则是扩大的血缘身份；徒弟单广钦称呼师母为"妈"，单广钦与师父尚云祥则是心理上认同的血缘关系。这三类均存在于武术传统师徒关系之中，特别是前两类。这些血缘或拟血缘下的武术传统师徒关系最终指向是父子血缘关系。

**二、深层结构要素的特点**

深层结构要素的特点是武术传统师徒关系通过与学校武术师生关系，竞技武术教练员和运动员关系，民间武术同门师兄弟、师叔伯的关系以及其他技艺师徒关系比较后提炼出来的独特性。其中，权威要素与伦理要素是上述技艺授受关系同样存在的内容，武术传统师徒关系与之相比不具有独特性，因此，主要从利益要素与血缘要素角度分析武术传统师徒关系在深层结构要素上的特点。

（一）利益要素具有利益交换瞬间不对等性

与学校武术师生关系、竞技武术教练员和运动员关系以及同门师兄弟、师叔伯的关系相比，武术传统师徒双方具有利益交换瞬间不对等性。需要特别强调的是，利益交换瞬间的不对等性在于"瞬间"的不对等。学者于阳认为："上下级之间如果发生利益交换，双方支付的成本不能对等。"[①] 因为"瞬间的不对称，是为了交换历史总量的对称"。作为具有上下级性质的师徒双方，按照约定俗成的规矩，如果徒弟帮师父做事，徒弟所获酬劳一般低于市场行情，酬劳最少的情况往往只剩下口头的奖励。所以，师徒二人支付的瞬间成本并不对等。武林中"一日为师，终身为父"，这句话于徒弟而言，就是即使师父支付"一日"为师的成本，徒弟也需要以"终身"偿还，要像敬重父亲一样敬重师父。这是因为在师徒双方父子

---

① 于阳. 江湖中国 [M]. 北京：当代中国出版社，2016：121.

身份的确认下，师父给予徒弟以武术为生的本领，"恩情"之大有如再生父母，终生报答不完。所以，师父为了实现日后徒弟传承技艺、养老送终的愿望；徒弟为了实现拜入师门，掌握"绝技"的愿望，双方通过当下瞬间不对等的利益交换达到利益交换历史总量的对称。

相对其他武艺授受关系而言，不论是瞬间的利益交换，还是终身的利益交换都是在对等、平等的基础上得以实现的。学生交了学费得以在学校习练武术，运动员取得运动成绩得以在运动队训练武术。师生关系以及教练员与运动员关系是在第三方组织的安排下建立的。当遇到经济困难的学生时，由第三方组织介入对其进行帮助，教师只负责上课，不会如师父一般直接对身无分文的徒弟进行教养。师生关系的利益交换不存在"瞬间"的不对等，而是始终以对等的形式出现。因此，瞬间不对等性是武术传统师徒关系利益要素下的特点。但是，瞬间不对等性作为传统社会约定俗成的规矩，在法治社会的今天，更加容易因师徒双方利益分配不均引发矛盾。比如，郭德纲与曹云金这对师徒关系，因徒弟曹无法忍受自己每次演出费用师父拿大头他自己拿小头的做法，也就是我们所讲的师徒瞬间利益交换不对等，造成师徒反目。武术传统师徒关系类似的矛盾亦有不少。因此，这一特点在今后应该如何进行创造性转化是接下来研究的重点内容。

（二）血缘要素具有强制性

武术传统师徒关系的血缘要素中不仅包含着血缘身份，还包含着拟血缘身份。血缘身份与拟血缘身份的区别之处在于"拟"。即父子血缘身份是与生俱来的，具有非主体选择的特征。拟血缘身份与之相比，是通过师徒双方自主选择而形成的。除此之外，师就是父，徒就是儿，武术传统师徒关系就是父子关系。在注重礼法的传统社会中，不论是血缘关系下的武术传统师徒关系，还是拟血缘下的武术传统师徒关系均被附上一层庄严的伦理色彩，必须进行父子身份确认，具有强制性的特点。比如王芗斋提到："学之者，若不拜师难得其密；教之者，亦以不拜师不足以表现其亲，更不可授之以要诀。"① 由此表明，徒弟获得师父"密"与"要诀"的前提是必须建立具有血缘要素的武术传统师徒关系。这一规定流传至今，有不少徒弟谈道，"在没有拜师以前，师父什么都不会教，只是在旁边看着，在拜师以后，师父才开始点拨我"②。这些话语都透露出武术传统师徒关系关于血缘要素的强制性特点。

在学校武术师生关系、竞技武术教练员与运动员关系之中，师生双方与教练员运动员双方并未强制进行血缘身份的确认。即使没有父子身份的绑定，武术教师或武术教练依然会把武艺内容传授于学生或运动员，不同于武术传统师徒关系在血缘要素下的强制性特点。

--------------------------------

① 王芗斋. 拳学宗师王芗斋文集 [M]. 北京：中国广播电视出版社，2010：198.
② 2020 年 5 月 25 日 ZXG 的收徒仪式上，笔者对 ZXG 新收的徒弟 DWB 所进行的访谈。

第三章

# 武术传统师徒关系的建构过程及其特点

　　武术研究者戴国斌老师于 2020 年 12 月在中北大学讲课时谈道："师徒关系的建立是一个动态过程。"在这个过程中，随着师徒双方日复一日的相处，武术传统师徒关系日益复杂的表现形式在各阶段具有一定的规律性。通过对各阶段的科学划分有助于我们根据不同阶段判断各阶段的变化特点。本章通过与学校武术师生关系，竞技武术教练员和运动员关系，民间武术师兄弟、师叔伯关系以及其他技艺的师徒关系相比较，发现武术传统师徒关系的特点体现于各个阶段之中。通过本章的研究，基本能够反映出武术传统师徒关系建立、维系的全貌，以及各阶段的特点，具有一定的理论总结意义。

## 第一节　武术传统师徒关系的建构过程

　　所谓建构过程是指武术传统师徒双方建立与维系关系的过程。人际关系学说认为，人际关系建立的过程是分四个阶段进行的，四个阶段包括"定向阶段，探索情感交换阶段，情感交换阶段和稳定情感阶段"①。根据该理论模型结合武术传统师徒关系的实际情况，武术传统师徒关系的建构需要经历的四个阶段分别是师徒互择阶段、师徒互访阶段、父子身份明确阶段以及父子身份认可阶段。其中，前两个阶段属于武术传统师徒关系的建立阶段，被称为准师徒关系。后两个阶段属于武术传统师徒关系的维系

---

　　① 申笑梅，王举忠．中国人际关系［M］．太原：山西人民出版社，1989：224.

阶段，被称为正式师徒关系。如图 3-1。

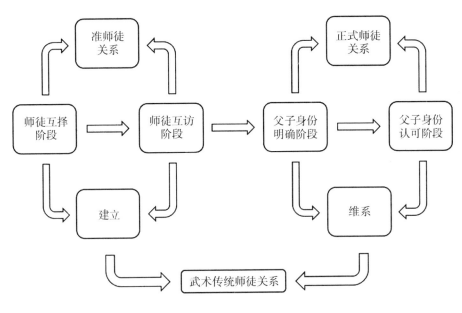

**图 3-1　武术传统师徒关系的建构过程**

### 一、师徒互择阶段

师徒互择阶段是针对师徒双方有意向建立武术传统师徒关系却还没有明确交往对象的阶段。这一阶段师徒双方根据自己的兴趣爱好、习武需求等心理定式，结合相应的师徒伦理规范选择自己心仪的徒弟或师父。由于处于师徒相互选择阶段，徒弟需要接触若干拳师并在其中选择自己心仪的师父，师父同样面临从若干习武者中挑选自己心仪徒弟的选择。这一阶段师徒双方尚未建立正式的传统师徒关系，师徒双方仅对对方的姓名、学历、仪表、拳种、武技等有浅层的了解。

《国技概论·国术理论概要》中将"求师"视为第一要义，"择术"视为第二要义。求师与择术均属于徒弟选择师父的阶段。文献中指出："学有深浅，术有优劣。人皆乐得上乘之技而习之，然而岂不择可得哉?"①《手臂录》中明代著名枪师程真如提及的"谈玄授道，贵乎择人"，充分说明在建立武术传统师徒关系之前，师徒互择的重要性。在现有研究中，不少学者认为武术师徒双方在正式建立师徒关系之前要进行一定时间的考察，也就是接下来要探讨的师徒互访阶段。我们认为，在师徒互访阶段之前应该还有师徒互择阶段。这一阶段是为之后师徒互访奠定基础。明代俞大猷、石敬岩，清代杨露禅、吴役都是"裹粮挟资、不远千里寻觅良师"②，这些行为均处于师徒互择阶段。由此说明这些武术大师也是通过到处寻找，经过一轮又一轮的淘汰才选择到要考察的师父。现阶段，一些虔诚徒弟之所以被虚假师父蒙蔽，有一部分原因是前期缺少师徒互择阶段，没有将各类师父进行比较并进行深思熟虑。

当前互择阶段的师徒双方主要通过两种形式进行双向选择：第一种由师徒双方通过中间人引荐的方式进行相互选择。这种形式是从过去延续至今的主要方式，如李仲轩得以拜尚云祥、薛颠为师，在师徒互择阶段是由师父唐维禄引荐。中间人被称为"引师"或"荐师"，在拜师仪式上起桥梁、见证的作用。在师徒互择阶段中间人一面为师父寻找徒弟，一面为徒弟寻找师父。一般而言，这个中间人是师徒双方共同认识的。第二种由师徒双方通过不同场合直接进行相互选择。一部分师徒通过公园习练的方式进行相互选择。访谈对象任姓徒弟谈到自己的择师经历时说："我在遇见师父以前也接触过很多师父，经常去公园和他们练，但我一直没有拜师。直到有一次在火车站旁边的公园里看到师父以后，发现他练得特别好，和我以前见到的师父都不一样，当时一看我就想拜他为师了。"③ 这段口述表明任姓徒弟在公园习练时选到师父。一部分师徒通过武术比赛的方式进行相互选择。比如，王姓师父在访谈时，他指着旁边一名正在习武的徒弟说："我当年在某某大学参加当地的传统武术比赛时，就是被他看见了，

---

① 卞人杰. 国技概论·国术理论概要［M］. 太原：山西科学技术出版社，2011：163.
② 周伟良. 行健放歌：传统武术训练理论的文化诠释［M］. 兰州：甘肃文化出版社，2005：58.
③ 2019 年 11 月 2 日山西榆次一汽集团，笔者对电工 RFG 进行的访谈。

然后他就一直跟着我,希望我收他为徒。"① 还有一部分师徒通过大众传播媒介的方式进行相互选择。河南陈正雷师父在《啸谈武林》的电视节目采访中说道:"我有一个美国的徒弟,他是通过杂志找到我的,那个杂志专门做过一期我的采访,他看到以后拿着这个就来找我了。"② 此外,现代传播技术的更新以及互联网的普及,为处于师徒互择阶段的师徒双方提供了更为广阔的平台。一方面,徒弟可以通过互联网识得不同拳种、不同风格的师父;另一方面,可以使很多师父借助互联网平台展示自己的实力。比如,在抖音平台上一位习练通臂拳名叫"鸽武缘"的民间武术爱好者经常发一些自己习武的短视频,有不少受众通过该平台认识了他,并希望拜他为师。

总之,武术传统师徒互择阶段存在两种方式。其中,公园习练、武术比赛以及大众传播媒介的互择方式均由师徒双方直接进行互择,这种方式与由中间人引荐的互择方式相比产生了新的变化,如师徒双方接触范围更广,投入成本较低,缺少引师的约束等,而由中间人引荐的传统互择方式则与之相反。

## 二、师徒互访阶段

"访"有访问、考察之意。师徒互访阶段是继师徒互择之后,师徒双方基于基本背景信息的了解分别对选定对象进行的相互考察。这一阶段是准徒弟与准师父相互之间的道德考察。

### (一) 准师父对准徒弟的考察内容

1. 准师父要求准徒弟具备良好的传统道德水平。一个时代有一个时代所提倡和遵从的社会道德伦理规范,儒家传统道德伦理是中国两千年封建社会所要求遵循的道德规范。在各家各派武术的择徒方面,对徒弟道德伦

---

① 2020 年 9 月 23 日火车站公园,笔者对师父 WHJ 以及徒弟 WFG 进行的访谈。
② 2021 年 3 月 10 日,河南广播电视台武术世界频道官方视频平台对陈正雷师父的访谈。

理方面的规范，可以说集中表现为对儒家传统道德伦理方面的遵从。比如，"非信廉仁勇，不能传兵论剑"① 中的信、廉、仁、勇。准师父对准徒弟的考察要求中将道德伦理置于首位，对武术传统师徒关系的建立起着决定作用。

2. 准师父对准徒弟身体和悟性方面提出了适合练拳、易于成才的规范。如河北沧州劈挂拳对准徒弟进行考察时，在首重道德的基础上，对身体提出了"长胳膊长腿，手大脚大"的具体规范。"悟性"是指人的一种心智认识和感觉能力，与身体条件相比，准师父考察准徒弟时更为重视徒弟的悟性。如咏春白鹤拳认为："愚者教之何益?"②

3. 准师父还要对准徒弟的家庭情况进行考察。蔡龙云先生说："华拳拜师的递帖上要写祖宗三代的职业。"③ 并且不收以"理发、吹鼓手、聚赌"等为业的人的子女作为华拳入门弟子。

4. 准师父对准徒弟习武态度的考察。武林中如杨露禅三下陈家沟学艺的频率，徒弟为向师父习武把膝盖当脚走等行为，师父将这些行为视为徒弟拜师习武的态度进行考察。

5. 随着社会的发展，今天师父对徒弟的考察也增添了许多新的内容。比如，山西宋氏形意拳的师父就明确要求徒弟必须"有文化"，还有访谈对象吴姓师父同样要求徒弟必须"有本科学历，是大学生"。杨氏太极拳则要求必须对杨氏太极拳的继承与传播做出贡献的人才可收为徒弟。这些对徒弟的要求都是在进入当代社会以后，结合武术自身发展所作出的新的要求。

6. 准师父对准徒弟考察时间的要求，考察时间从三个月至十年不等。《少林拳术秘诀》中提道："师之授徒，须先考察其人之性情、志气、品格，经三月之久，始定其收留与否。"其中"三月"是对师父考察徒弟的时间要求。再如，访谈对象张姓徒弟谈到，师父对他的考察时间是六年，

---

① 周伟良．行健放歌：传统武术训练理论的文化诠释［M］．兰州：甘肃文化出版社，2005：31.

② 周伟良．行健放歌：传统武术训练理论的文化诠释［M］．兰州：甘肃文化出版社，2005：36.

③ 戴国斌．武术：身体的文化［M］北京：人民体育出版社，2011：389.

而他师爷对师父的考察时间则为十年。

学者周伟良介绍陈氏太极拳考察徒弟时谈道："据陈家沟陈式太极拳传人所告，他们当地对入门弟子的考察也需三年。显然，这种择徒方式的特点是把反映习武者道德意志品质的具体行为，放到一定的时间之内，通过枯燥单调并非常人所能忍受的各类基础训练加以真切考察。"① 值得注意的是，虽然考察时间长短并非师徒互访阶段的重要内容，但是要将道德考察置于一定时间条件下对徒弟进行考察。可见，准师父对准徒弟的道德考察是在将考察具体内容与考察时间相结合的条件下进行的。

据访谈对象太极拳师父杨姓师父介绍，杨氏太极拳对徒弟的考察，一般要经历学员、门生、入门弟子和入室弟子共四个阶段。其中学员对应的是师徒互择阶段。门生对应的是师徒互访阶段，是对师徒双方的相互考察。入门弟子与入室弟子对应的则是之后讨论的父子身份明确阶段与父子身份认可阶段。杨姓师父谈道：

> 学员只要喜欢学习，交学费就可以参加。门生是有兴趣的，是在学员里具有代表性的，比如班长。成为门生会给一个标志，胸牌之类的。但是有兴趣也不行，还要为社会好，为传统文化好，做了一些事情的，那就具备了一定的资格可以入门，有一些学一年第二年就不学了。一般从入门基本上来说，都是三年左右。到入室的话也有时间的限制，比如三年以后，或者所做的贡献比较突出，那就涉及一个破格。根据发展的情况，也有灵活的东西在里面。这主要是参照老一辈的东西。②

这段材料将武术传统师徒关系形成过程中徒弟的身份进行划分，其中说明了几点问题。第一，在师徒互访阶段一般要经过大约三年的时间才能

---

① 周伟良. 师徒论：传统武术的一个文化现象诠释 [J]. 北京体育大学学报，2004，27（5）：584.
② 2020 年 7 月 30 日杨氏太极拳工作室，笔者对 YB 进行的访谈。

成为入室弟子，这是对师徒互访阶段纵向时间的说明。第二，三年的考察时间并非绝对，如果"所做的贡献比较突出"也可以破格，反之，如果三年时间仍未得到师父的肯定，也不能成为入室弟子进入下一个阶段。

（二）准徒弟对准师父的道德考察内容

1. 准徒弟对准师父武艺的考察。访谈对象杜姓徒弟谈道："我要拜的师父，必须既有内家拳的基础，也会一些外家拳的招式，这样的师父我才认可，才能教我。"① 其中，杜姓徒弟对师父在内家拳与外家拳的要求便属于对师父武艺的考察。

2. 准徒弟对准师父的道德要求。访谈对象宋姓徒弟谈道："师父的人品很重要，万一拜了像马保国那样的人，那不是完蛋了？"② 这句话体现了徒弟在拜师前对师父的道德要求。马保国是一名民间习武者，2020年5月17日，在山东一场民间武术比赛中，69岁的马保国与50岁的搏击教练王庆民进行擂台战PK，结果他在30秒内被王庆民打倒3次，成为社会热议的"假大师"。宋世形意拳的拜师帖中写道："久闻宋氏形意拳第三世邦字辈传人，宋光华。武艺超群，技艺双馨，为人真诚，诲人不倦，恳拜为师父。"其中"武艺超群""技艺双馨"就是徒弟对师父宋光华在道德品质与武艺两方面的要求。

3. 准徒弟对准师父名气的考察。受名师出高徒的影响，名气大的师父为徒弟带来的资源利益不言而喻，这也成为许多徒弟争相拜访的主要原因。访谈对象杜姓徒弟希望师父徒弟数量众多，正是从更加具体的途径考察师父的名气。由于名气大小与徒弟数量多少成正比，徒弟数量越多，说明师父名气越大，越有助于为徒弟带来人脉、资源的利益。

4. 准徒弟对准师父考察时间的要求。"徒访师三年，师访徒十年"的武术谚语，揭示出徒弟考察师父为期三年的时间要求。三年的时间只是一个概数，透露的是徒弟对师父的漫长考察，正所谓日久见人心。

---

① 2020年6月15日山西省体育场，笔者第二次对DWB进行的访谈。
② 2020年8月8日山西太谷SGH先生家中，笔者对SLC进行的访谈。

5. 准师父慎之又慎的择徒态度。慎的本义是指慎重、小心。武林中流传着"得其人乃传，非其人勿言"的信条。《国技概论·国术理论概要》中提道："慎择门徒，非朴厚忠义之士不可妄传。"① 其中"慎择门徒"是对师父择徒之规范的具体表现。在传统武术文化传承中，"慎"作为师父择徒之规范，既有正面的规范，又有侧面对师父择徒不慎的告诫。

学者权成所著的《李复祯心意六合拳》中写有《怎样识别"假师父"?》一文，根据他本人亲身体验一共提到十点，这十点仍不外乎对准师父道德品质、武技与身体素质的考察。笔者将其进行整理概括后，以期进一步说明准徒弟对准师父的道德考察内容，见表3-1。

表3-1 如何识别"假师父"

| 道德品质 | 武技与身体素质 |
| --- | --- |
| 从家庭生活等方面观察其品质 | 看其武功理论是否有鬼怪荒诞之谈 |
| 是否背后议论人，夸耀自己 | 看他是否有糖尿病、高血压等疾病 |
| 醉酒露原形，酒后观其德 | 观察他基本功如何，能否劈叉？能蹲下否？速度如何？拳是否有穿透力？打拳是轻松愉快，还是咬牙瞪眼？ |
| 看其是否两眼紧盯徒弟钱袋，有钱则喜，无钱则怒，骗吃骗喝 | 试探他功夫好坏，自己或请一五大三粗之"炸油条"大师傅试探 |
| 看其定力怎样，得"道"高人都心态平和，不与人计较鸡毛蒜皮之小事 | 习武之后是否出现胸闷气短、膝部疼痛、驼背了、眼睛糊了、根子软了等问题 |

准徒弟对准师父以上五方面的考察表明，在当前师徒互访阶段中，师徒互访的内容与程度强于过去，同时体现出徒弟作为交往对象的主导地位日益提升。与过去相比较而言，今天的武术师徒互访阶段，不仅遵循过去

---

① 卞人杰. 国技概论·国术理论概要 [M]. 太原：山西科学技术出版社.

师访徒的形式，同时也强调徒访师，并成为建立当前武术传统师徒关系的重要一环。访谈对象岳姓徒弟谈到他本人考察师父时说："师父要考察徒弟，徒弟也要考察师父。我在拜现在这位师父以前也看了很多师父，但最后都因为各种原因没有拜他们为师。"① 岳姓徒弟挑选师父的过程表明徒弟在考察师父时同样是有一定要求的，如果准徒弟对其所考察的师父不满意，就难以建立武术传统师徒关系。正如学者戴国斌所言："在现代化语境中，师徒间的选择与被选择关系出现了逆转。"② 过去由师父决定徒弟是否进入门户的被动选择，在今天转变为徒弟是否进入门户，是否传承技艺的主动选择。

### 三、父子身份明确阶段

经过师徒互访之后，如果师徒双方对对方的品德、身体素质等各方面均比较满意，由此进入父子身份明确阶段。这一阶段的徒弟被视为入门弟子，与师徒互择阶段的学员、师徒互访阶段的门徒、弟子身份不同，与之后的入室弟子亦不相同。处于这一阶段的武术传统师徒关系表现在以下四方面：

其一，师徒之间的称呼由过去的"老师"与"学生"或"大伯"与"侄子"等正式更改为"师父"与"徒弟"。其二，师父不仅要对徒弟负有前期的道德考察责任，还负有道德教育责任。比如，唐维禄师父对徒弟的标准是："你怂，我比你还怂，这才是我徒弟。"③ 这句话就是禁止徒弟好勇斗狠的道德教育内容，这部分内容在未建立正式传统师徒关系时师父是不会对徒弟进行要求的。因为此时师徒双方还没有形成一荣俱荣、一损俱损的利益关系，即使徒弟好勇斗狠酿成祸事，也难以对师父产生影响。但是一旦建立正式传统师徒关系之后，师父对徒弟的道德教育就需要放在首要位置。其三，师父开始正式进行武技的传授，在未建立正式传统师徒

---

① 2020 年 10 月 12 日电话，笔者对 YKL 进行的访谈。
② 戴国斌. 武术：身体的文化 [M] 北京：人民体育出版社，2011：392.
③ 徐皓峰，李仲轩. 逝去的武林 [M]. 北京：人民文学出版社，2014：38.

关系以前，师父会"指点"徒弟的动作要领，却未必会把动作要领背后的原理系统地教给徒弟，比如，访谈对象杜姓徒弟谈道："在没拜师以前，我也和师父天天在体育场练拳，但是师父只是看着我练。拜师之后，师父才开始指点我。"① 这说明于师父而言，只有建立正式师徒关系，才会对技术动作以及背后的原理系统进行传授。这与《逝去的武林》一书中所谈及的"只有拜师后，才能知道周全"② 的意思相同。其四，父子身份明确阶段需要徒弟履行对师父的赡养义务，比如，"三节两寿"的探望，师父年老后生活来源的支持，师父师母百年后的祭奠等。

武术传统师徒关系进入父子身份明确阶段的标志——拜师仪式，亦是正式师徒关系建立的标志。在根据当前拜师仪式的理论成果以及拜师仪式的现实举办情况研究中发现，当前一些研究者将拜师仪式与拜师典礼、拜师礼节混为一谈。在此情况下笔者需要对武术拜师仪式进行深入研究，并对拜师典礼、拜师礼节等相关概念进行辨析，从而对正式的武术传统师徒关系建立标志有更加准确、清晰的认知。

仪式，在《新华词典》中解释为"举行典礼的程序、形式"。"传统武术拜师仪式是历史发展过程中逐步沉淀下来的一种社会文化现象，通过一系列完整的程序来完成师徒关系的最终确认。"③ 可见，拜师仪式是用以确认师徒关系而完成的"一系列完整的程序"。仪式作为人类学、社会学等多种学科中的一大研究对象，得到众多国内外知名学者的关注，形成不同的仪式理论。我们选择美国社会学家兰德尔·柯林斯所提出的互动仪式链理论，该理论是在涂尔干、戈夫曼等学者的研究基础之上，从微观社会学视角，将仪式置于社会情境之中，进一步解释仪式是如何变化和为什么变化的。

选择互动仪式链理论作为拜师仪式理论基础的原因在于：其一，互动

---

① 2020 年 5 月 25 日 ZXG 的收徒仪式上，笔者对 ZXG 的新收徒弟 DWB 进行的访谈。
② 徐皓峰，李仲轩. 逝去的武林 [M]. 北京：人民文学出版社，2013：164.
③ 邢登江，周庆杰. 武术拜师仪式变迁调查研究 [J]. 体育文化导刊，2013（8）：116.

仪式理论适用于全世界范围内的仪式文化现象，同样适用于中国传统武术拜师仪式这一文化现象。互动仪式链理论虽然是由社会学家兰德尔·柯林斯所提出，但并不单纯以美国社会生活为背景。比如，宾夕法尼亚大学张玉萍（音）应用互动仪式链理论研究了中国"文化大革命"期间的仪式主义。此外，互动仪式"要去表明它的起点可以解释那些经常出现在固定的全球文化中的东西，实际上是与规则和意义相关的由情境可产生的可变物"①。可见，该理论的解释基础是以"经常出现在固定的全球文化中的东西"为现象进行研究的，而非单纯的西方文化背景。所以，传统武术拜师仪式适用于这一理论体系。其二，相比当前研究领域对武术拜师仪式的研究，互动仪式理论更加符合传统武术中的拜师仪式的实际情况。当前研究主要借助杰内普的"三段论：分隔、边缘和聚合"理论和特纳的"阈限—融合"理论。但是，该理论是人类学领域内的研究成果，重点在于"强调了仪式的具体流程及其社会功能，并没有系统地阐述仪式的作用机制"②。由此，借助该仪式理论分析传统武术拜师仪式，导致传统武术拜师仪式局限于从外部对拜师典礼程序、功能进行简单记录、描述，没有从内部的影响因素、作用机制以及武术拜师仪式的实际情况进行分析。这就导致借助当前研究成果无法判定究竟何为武术拜师仪式，进而使其与拜师典礼、拜师礼节等概念混为一谈。如部分学者或拳师将传统武术拜师仪式狭隘地理解为：有磕头的礼节即为拜师仪式，或者将拜师典礼等同于拜师仪式。有学者将"拜师典礼"作为师徒关系的建立条件，认为："是每个门派都必不可少的"③。基于此，本研究借助社会学家柯林斯提出的互动仪式理论对武术拜师仪式进行研究。

柯林斯认为仪式发生需要的四个基本因素是：身体在场、相互关注、对局外人设限、共同的情感体验，如图3-2。根据互动仪式理论，武术的拜师仪式同样需要以上四个基本因素。其一，身体在场。武术拜师仪式举

---

① ［美］柯林斯. 互动仪式链［M］. 林聚任，等译. 北京：商务印书馆，2016：25.
② ［美］柯林斯. 互动仪式链［M］. 林聚任，等译. 北京：商务印书馆，2016：25.
③ 李旭. 中国传统武术拜师仪式的文化研究［D］. 北京：首都体育学院，2013.

行时，师徒双方存在于同一场所。"仪式本质上是一个身体经历的过程。"① 在当今的时代，人们拥有了远距离交流方式，比如，电话、电视以及电脑，但武术中的拜师仪式仍然必须要求建立师徒关系的师徒双方身体在场，这是远距离交流方式所代替不了的。其二，相互关注。互动仪式理论中对相互关注的具体要求是双方注意到对方，并且双方注意到对方的关注点与自己的相同。作为拜师收徒的双方，"师访徒三年，徒访师十年"表明师徒双方早已相互关注，且时间较长。师徒双方的关注点均围绕武术展开，由此才可能举行拜师仪式，建立师徒关系。其三，对局外人设限。作为收徒的师父一方与拜师的徒弟一方，双方均知道谁是同门弟子，谁是外门弟子，谁是记名弟子，谁是入室弟子。武术中所强调的"门户"，以及产生的"门户之见"就是在局外人设限的前提下形成的。其四，共同的情感体验。武术中"师徒如父子"的情感体验，"名师出高徒"的情感体验均是师徒双方共同的情感体验。所以，武术拜师仪式主要包括以上四个基本因素，只要在武术领域内四个基本因素同时发生，便被视为武术拜师仪式，即可建立正式师徒关系。

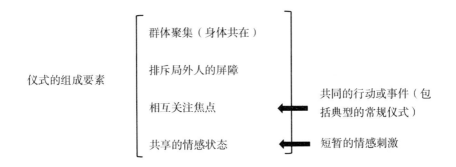

**图 3-2　互动仪式②**

武术拜师仪式一共表现为以下两种形式：第一种形式，正式的拜师仪

---

① ［美］柯林斯. 互动仪式链［M］. 林聚任，等译. 北京：商务印书馆，2016：87.
② ［美］柯林斯. 互动仪式链［M］. 林聚任，等译. 北京：商务印书馆，2016：80.

式，即拜师典礼。在《新华词典》中，典礼被解释为"隆重的仪式"。换言之，典礼只是仪式的一种形式。互动仪式理论中将这种"通过普遍认可的典礼程序开展的活动称作'正式仪式'"①。目前相关学者对武术拜师仪式的研究以及在武林中举办的大型拜师仪式就属于"正式仪式"的范畴。孙式第三代传人童旭东在微信公众号中发表的一篇名为"远去的至诚：孙门拜师传艺琐记"的文章中对"拜师仪式"介绍道：

> 拜师仪式的程序大同小异，大体是新入门弟子要给历代祖师的照片或排位磕头、上香，给师父及师娘磕头，然后给师父师娘敬茶并上交拜师费。拜师费的标准一般不公开。据说当代某拳师收一个徒弟的拜师费是 10 万元人民币。最后前来参会的嘉宾及新老弟子代表讲话，进入宴会，有兴趣的下场表演功夫。一般拜师活动，大概就是这样一个程序。有的还要宣布门规，更加复杂。

根据他对拜师仪式复杂、隆重程度的描述，可以看出他所形容的拜师仪式属于正式仪式。在正式拜师仪式过程中，南北方的拜师仪式也是有差别的，具体体现于拜师仪式的敬茶环节。在南方拜师仪式上往往有"敬茶"的环节，对北方来说，这个环节一般是没有的。

第二种形式，自然的拜师仪式。互动仪式理论中明确所指的仪式并非涂尔干派的社会理论家那种更具狭窄意义的"礼节或典礼"②，武术拜师仪式同样如此。武术拜师仪式既有正式仪式也有自然仪式，重要的是仪式背后的文化意涵，而非将仪式形式化。所谓自然仪式是指"在没有正式的定型化程序的情况下建立起了相互关注与情感连带"③ 的互动。"自然仪式"与"正式仪式"的不同之处在于缺少了隆重、复杂的拜师流程，相同之处在于同样具备仪式的四个基本因素。比如，武术家李仲轩先生在口述

---

① ［美］柯林斯. 互动仪式链［M］. 林聚任，等译. 北京：商务印书馆，2016：82.
② ［美］柯林斯. 互动仪式链［M］. 林聚任，等译. 北京：商务印书馆，2016：25.
③ ［美］柯林斯. 互动仪式链［M］. 林聚任，等译. 北京：商务印书馆，2016：82.

拜薛颠为师时，他提道："我见了薛颠，一个头磕下去，薛颠就教我了。"① 其中，"见薛颠"说明师徒双方身体在场并且相互关注；"一个头磕下去"作为武林中最重的礼节，体现了李仲轩先生对薛颠的敬重，同时也对局外人设限。"他（薛颠）第一次就手把手教了蛇形、燕形、鸡形。"② 说明师徒双方有共同的焦点与共同的情感体验。这对师徒关系虽然没有举行拜师典礼，没有供奉祖师爷等一系列正式的定型化程序，但符合互动仪式链中拜师仪式的基本因素。而且，按照自然仪式的要求，跪拜礼也并非武术拜师仪式所必须遵循的行为。比如曹丕《典论》中记载："（剑术）四方之法各异，唯京师为善。"这段记载透露出汉代时习练剑术已建立起师徒关系，曹丕本人也曾与多位剑师建立师徒关系以得其法。以曹丕所处的社会地位而言，向其习练剑术的师父磕头建立师徒关系显然是违背传统社会中对君臣关系的要求的。但通过曹丕对师父们的评价，可以看出，曹丕与众多师父经过身体在场、相互关注、设置局外人以及共同的情感体验后，通过比较得出"唯京师为善"的评价。这说明双方符合拜师仪式的因素，可以判断曹丕与京师的师父通过自然的仪式建立起正式的师徒关系。

当前师徒的跪拜礼在拳种之间是有差异的。第一类，徒弟不向师父行跪拜礼。通过对太极拳崔姓徒弟的访谈可知："我们拜师虽然行跪拜礼，但跪拜礼不是向师父行礼，而是向祖师爷行礼。"③ 崔姓徒弟虽也未向师父行跪拜礼，但仍然与师父建立了正式师徒关系。还有学者周伟良所揭示的："亦有个别例外，如回族弟子只行鞠躬礼。"④ 第二类，徒弟向师父行跪拜礼。不论是北方的形意拳，还是南方的咏春拳，都明确要求徒弟向师父行跪拜礼。但这其中仍有差别，李仲轩拜薛颠为师时是磕一个头；山西

---

① 徐皓峰，李仲轩. 逝去的武林 ［M］. 北京：人民文学出版社，2014：16.
② 徐皓峰，李仲轩. 逝去的武林 ［M］. 北京：人民文学出版社，2014：16.
③ 2020 年 10 月 13 日电话，笔者对 CCL 进行的访谈.
④ 周伟良. 师徒论：传统武术的一个文化现象诠释 ［J］. 北京体育大学学报，2004，27（5）：585.

宋氏形意拳不仅要向师父磕三个头，还要向师母磕三个头；广东咏春白鹤拳的跪拜礼要求徒弟向师父磕三个响头。

明确武术拜师仪式包括正式拜师仪式与自然拜师仪式之后，我们就可以对当前武术拜师仪式是不是正式师徒关系进行事实判断，亦可以对近年来社会上兴起的拜师典礼进行价值判断。上文中孙氏第三代传人童旭东在其文章中谈道："据张烈先生讲，他和妹妹张亚男跟孙存周先生就是学拳，没搞过什么拜师仪式，他认识孙存周先生十年，就没见过孙存周先生搞过拜师仪式。"张烈先生的言论似乎在说明没有拜师仪式（实则他所指的是拜师典礼），依然可以建立正式师徒关系。这样的观点显然不够准确，因为从上文中对拜师仪式的描述可以得知，他将拜师仪式与拜师典礼等同，忽略了自然仪式的存在。事实上，孙存周先生与张烈和他的妹妹早已通过自然仪式的方式建立了正式师徒关系。

综上所述，在借助互动仪式理论对武术拜师仪式进行分析之后，笔者明确提出武术传统拜师仪式包括正式仪式与自然仪式两部分，在前人研究的基础上更加准确地提出，拜师仪式是正式的武术传统师徒关系建立的标志。

### 四、父子身份认可阶段

父子身份明确阶段仅仅是正式的传统师徒关系建立之初，随着师徒交往时间的延续，武术传统师徒关系进入父子身份认可阶段。武谚中所说的"要想学得会，师父身边睡"以及徒弟中的"入室弟子"就是针对这一阶段而言。父子身份认可阶段的武术传统师徒关系表现在以下两方面。

#### （一）师徒双方产生深厚的父子之情

师徒双方通过近距离交往，信息互动高度频繁，进行了更多的情感交流。比如，李仲轩与师父唐维禄这对师徒关系，唐维禄师父见徒弟与父亲争执便以"五行丹"为凭证让他找师叔散心；为了让徒弟有更好的武艺生涯，拜托尚云祥、薛颠收李为徒；为了看望尚在北京习武的徒弟不辞辛苦从宁河走一个晚上。武术传统师徒父子之情的产生与"自我暴露"有密切关系。所谓"自我暴露"在人际关系学中认为："要建立良好的人际关系，首先要做到相互了解，而要做到相互了解，首要条件就是自我暴露，自我暴露的过程是彼此打开心扉，倾吐自己的思想和情感的过程。"① 师徒双方"自我暴露"是随着师徒互择阶段、互访阶段、父子身份明确阶段的一步步加深而逐渐扩大的，进入父子身份认可阶段时，"自我暴露"最为彻底，使得师徒关系的危险度也达到最大化。根据"自我暴露"理论结合现有的材料分析，此时的武术传统师徒双方情感产生了深厚的父子之情。访谈对象牛姓师父形容他与师父的情感比父子还亲厚，更像爷孙关系；罗姓徒弟与师父建立正式师徒关系之后，又把师父认作"义父"，加深了这份师徒情感……他们以不同表达方式对武术传统师徒关系进行描述，无不体现着在师徒双方彻底"自我暴露"之后父子情感深化的事实。

（二）武术传统师徒关系对师徒双方具有明确的道德规范

1. 徒弟的道德规范。要求徒弟重师道和行孝道。重师道表现在两方面：一是绝对听从师父在武技传授中的要求；二是对师父本人绝对敬重，不得违拗。正所谓"师道尊严"，在武术传统师徒关系中，徒弟对师道的敬重程度远非其他武艺授受关系可以比拟，这是在师徒双方日积月累的交往活动中所形成的。"行孝道"指的是行父子之礼。作为以父子身份确认为实质的武术传统师徒关系，在父为子纲的社会背景下形成了"师为徒纲"。"师为徒纲"，首先，要求徒弟对师父恪守孝道，待师若父；其次，入门弟子享有学习特殊内容的权利。如少林寺在对待准弟子时只允许未皈依的弟子练练一般套路，只有当行拜师礼之后，师父才赐以法名，被列入七十字辈，才能算作正式的少林皈依弟子，诸多技理、功法等，非皈依弟子不传。河北劈挂拳传承中也有"入门弟子"与"望

---

① 申笑梅，王举忠. 中国人际关系［M］. 太原：山西人民出版社，1989：222.

门弟子"之分，望门弟子只有机会学习一般套路，成为入门弟子之后才会亲炙具体的拆招用法。准徒弟与徒弟的待遇不同已成为武术传统师徒关系的惯例。

2. 师父的道德规范。首先，师父对徒弟肩负着传道授技的教育责任。如《河北沧县孟村镇吴氏八极拳拳术秘诀之谱》的"谱规凡例"中规定："为师授徒，须先教以仁义，再教以忠勇。"① 梅花拳把弟子入门称为"入规矩"。这样做的目的在于"以显师长教育有方，免被他人讥笑于后"②。在武技拳理传授方面规范师父要严格，"拳虽小技，其道存焉"，这里的"道"是指拳理和习武规律。师父既是师，又是父，故而才有"严师出高徒"的经验之训条。其次，规范师父待徒要严而亲。严，即师父对徒弟严格规范，"严师出高徒"已成为共识。"严"作为传统武术文化传承中应继承的师之规范，具体要求师父做到"严格、严谨以及威严"③。"亲"的本意是感情深厚，关系密切。武术传统师徒关系中师父对待徒弟的感情如同"父亲对待子女"的感情。依照传统社会父子的亲情关系，师父有责任像父亲一样为徒弟提供衣食住行，关心其婚姻大事，安排其工作生活等。关系亲近也还表现在师父与徒弟经常见面，甚或生活在一起。

3. 规范为师者重义轻利。重义轻利是中国传统的价值追求，也自然成为武术传统师徒关系中所追求的价值观念。武林中历来鄙视那些对待徒弟只顾"需索供养，以厚薄为是非"的逐利行为。武谚中流传"万两黄金不卖艺，十字街头送志人"，显示了授徒不是卖艺，断不可重利轻艺的价值观。

4. 师徒双方有权解除师徒关系。就徒弟一方来说，当发现师父武艺水平不高，出现欺骗、奴役徒弟等恶劣行为时，一般选择"撤帖"的方式与

① 李金龙，宿继光，李梦桐. 中国武术礼文化及其传承与发展研究［J］. 山西大学学报（哲学社会科学版），2014，37（4）：31.
② 周伟良. 行健放歌：传统武术训练理论的文化诠释［M］. 兰州：甘肃文化出版社，2005：46.
③ 李金龙，宿凤玲，张晨昕. 传统武术文化传承中师之规范及其传承价值审视［J］. 武汉体育学院学报，2018，52（3）：59.

其解除师徒关系。就师父一方来说，当发现徒弟道德品质败坏、屡教不改，为师门乃至社会带来危害时，一般采用发表声明的具体做法与其解除师徒关系，目的在于"万勿使我谱内有此污点，以贻笑他门"。这是对犯有严重过失的徒弟的最为严厉的处罚。因为，被除名的徒弟不再是"自家人"身份，很可能受到"群起而攻之"的威胁。师父解除师徒关系，也被称为"清理门户"。

5. 为师者有因材施教的责任和义务。吴公藻在《太极拳讲义·总论》中亦明确指出："学者以性情之不同，而所得结果亦异。"① 这一要求反映了武术教学中为师者在对待年龄、体格、个性、根器等方面存在差异的徒弟时的教学责任和义务。据山西洪洞通背缠拳传人樊姓师父介绍："过去师父教徒弟，每个人教的内容都不一样，师父还立下了不能对传的规矩，就是不让徒弟之间相互打听学习内容。"② 这里"不能对传"的规矩体现出武术传统师徒关系中师父因材施教的事实。

6. 师为徒纲。在传统社会中，受封建社会"父为子纲"的影响，因为师徒如父子的关系，所以"师为徒纲"成为武术传统师徒之间的规范。遵师命、守师训是武术传统师徒关系中徒弟的基本道德规范，是衡量徒弟合格与否的标准之一。传统武术师徒关系中遵师命就是要求徒弟对师命绝对遵从，在这样一种规范的约定下，师父对徒弟的体罚权也得到社会的公认。

综上所述，武术传统师徒关系形成的过程需要经过师徒互择阶段、师徒互访阶段、父子身份明确阶段以及父子身份认可阶段。其中，拜师仪式是正式师徒关系建立的标志。在上述四个阶段中，无论哪个阶段出现问题，都难以建立或维系武术传统师徒关系。

---

① 周伟良. 行健放歌：传统武术训练理论的文化诠释 [M]. 兰州：甘肃文化出版社，2005：49.
② 2020 年 8 月 4 日山西临汾 FHW 家中，笔者对 FHW 进行的访谈。

## 第二节 武术传统师徒关系建构过程的特点

### 一、师徒互择阶段师徒双方具有自觉自愿性

与学校武术师生关系、竞技武术教练员和运动员关系以及同门师兄弟、师叔伯的关系相比，在师徒互择阶段，武术传统师徒关系是在师徒双方自觉自愿的条件下建立而来的。所谓自觉即对自身需求的感知，自愿即对自身需求的态度以及由此产生的行为。武术师徒双方自觉自愿具体是指师徒双方感知自身有建立师徒关系需求并由此产生的态度与行为。"通背拳名师王占春，早先为拜北京白云观道长韩屏山学拳。再三登门而不得见，便索性扛了一口袋干粮，在白云观大门前跪了半月。于是，精诚所至，金石为开。终于被收为弟子。"① 这些行为都是在师徒双方自觉自愿的条件下进行的。若没有师父自觉自愿的考察态度和徒弟自觉自愿的拜师态度，都是难以建立武术传统师徒关系的。

在武术其他授受关系中，其一，在学校武术师生关系中，师生双方在入学前并不知道自己即将与谁建立师生关系，只能完全听从院校的安排建立相互关系。其二，师门中师兄弟、师叔伯的关系也是在建立师徒关系之后才得以确立的，是受师徒关系所限定的。具体说来，在一些师徒关系建立之后，徒弟主要由大师兄代师收徒，师兄与师弟之间也存有武艺授受关系，但这种关系受制于师父，并非师兄弟之间自觉自愿的行为。所以，这类武艺授受关系不符合自觉自愿的特点。其三，在竞技武术教练员与运动员的师徒关系中，在互择阶段时，虽然教练员具有运动员"选材"的资格，从教练员角度而言具有一定的自觉自愿性，但就运动员而言，作为备选的"材料"——运动员没有选择教练的权利，只能服从安排，同样并非

---

① 程大力. 中国武术：历史与文化 [M]. 成都：四川大学出版社，1995：31.

双方自觉自愿的行为。由此，师徒互择阶段的自觉自愿性可以作为武术传统师徒关系区别于其他武艺授受关系的一大特点。

自觉自愿之所以得以成为武术传统师徒关系在师徒互择阶段的一大特点，其深层原因在于武术传统师徒关系不受第三方组织约束。对比其他武艺授受关系，教练员与运动员关系依靠于第三方组织——体工队、体校等官方组织，师生关系依靠于学校组织。师兄弟、师叔伯关系依靠于师门。学校、体工队以及拳种门派分别对教师与学生、教练员与运动员、师兄弟与师叔伯实行监管与考核。作为武艺传授之人的武术教师、武术教练员以及师兄弟、师叔伯，他们不仅要对学生、运动员以及师弟或师侄负责，还要接受第三方组织的监管与考核；作为习武之人的学生、运动员以及师弟或师侄，同样受到第三方组织的考核与约束。可以说，这三类武艺授受关系的建立与维系主要依赖于第三方组织。当这些武艺授受关系不符合第三方组织的要求时，武艺授受关系随之解除。而武术传统师徒关系没有第三方组织的监管与考核。所以，在师徒互择阶段，是否要拜师收徒仅仅需要师徒双方在自觉自愿的条件下确定。在武术传统师徒关系中师父直接对徒弟负责，徒弟也直接对师父负责。与此同时，因为没有第三方组织的约束，武术传统师徒关系单纯依靠自觉自愿所建立与维系的师徒关系也出现许多缺陷，这一点我们将在后面进行分析。

## 二、师徒互访阶段师徒双方需进行道德相互考察

在师徒互访阶段，武术传统师徒关系需要进行道德考察，并且需要师徒双方相互考察。比如，"师访徒三年，徒访师十年"说明武术传统师徒关系以互访制度得以建立。在师徒互访过程中，从师父一方来说，师父需要对徒弟进行道德考察。如每个拳种、门派中对徒弟的规范，即为师父对徒弟具体道德考察的内容。从徒弟一方来说，也需要对师父进行道德考察。如学者权成所著的《李复祯心意六合拳》中所写《怎样识别"假师父"》一文，便是徒弟对师父道德考察的具体指标。在武术传统师徒关系的互访阶段，《少林拳术秘诀》中提道："师之授徒，须先之

性情、志气、品格。"还有武谚中提及的"无德者不教"也是将道德考察置于武术传统师徒关系建立与否的重要位置。清人苌乃周在《苌氏武技全书》中突出强调"学拳宜以德为先",还有流传甚广的武谚中有"未曾习武先习德""拳以德立,无德无拳""文以评心,武以观德"的说法。可以说,道德考察在师徒互访阶段具有至高无上的地位,是决定武术传统师徒关系建立与否的关键因素。李仲轩拜尚云祥为师时说:"尚师开始不收我,唐师好话说尽。"① 后来,"尚师瞅着我是忠良之后,才收的我"②,"忠良之后"便是尚师对徒弟的道德考察内容。再如,在李仲轩的口述中提及唐师选择丁志涛为徒的过程,由于丁志涛以"杀猪"为生,唐师认为"白刀子进去红刀子出来,这种人狠,不能教"③,所以求拜多次,唐师都不答应。后来因为丁志涛"没有任何仗势欺人的事,还总帮弱者打抱不平"④ 才得以成为唐师的徒弟。从这两则材料可以看出在师徒互访阶段需要进行道德考察,即使受客观条件、固有观念所制约,只要是"忠良之后""不仗势欺人"还"帮弱者打抱不平",依然可以建立本不愿建立的武术传统师徒关系。

相比学校武术师生关系、竞技武术中教练员与运动员的关系,这两类武艺授受关系在建立之前,由于其奉行着"成绩决定论",所以并没有进行相应的道德考察。在武术授受关系建立之后,单纯以文化课成绩与运动成绩作为衡量标准,更侧重于对学生或运动员的悟性与身体素质的考察,道德考察的内容较少。由教师一方单向地对学生进行道德考察,而对教师一方的道德考察则是由第三方组织——学校执行,学生往往不会对教师的道德情况进行考察,不具有武术传统师徒双方道德考察的相互性特点。

---

① 徐皓峰,李仲轩. 逝去的武林 [M]. 北京:人民文学出版社,2014:14.
② 徐皓峰,李仲轩. 逝去的武林 [M]. 北京:人民文学出版社,2014:120.
③ 徐皓峰,李仲轩. 逝去的武林 [M]. 北京:人民文学出版社,2014:122.
④ 徐皓峰,李仲轩. 逝去的武林 [M]. 北京:人民文学出版社,2014:122.

### 三、父子身份明确阶段师徒双方需举行拜师仪式

与学校武术师生关系、竞技武术教练员和运动员关系以及同门师兄弟、师叔伯的关系相比，拜师仪式是武术传统师徒关系在父子身份明确阶段的特点。由前文可知，武术拜师仪式是建立正式的武术传统师徒关系的标志。虽然，学校武术中的师生关系、竞技武术中教练员与运动员的关系，还有民间武术中师兄弟关系、师叔伯关系，这些关系之间都会进行武艺授受。但是，根据互动仪式理论分析，武术拜师仪式需要由身体在场、相互关注、对局外人设限、共同的情感体验四个要素构成。而这三类武艺授受关系并不符合拜师仪式的构成要素。首先，在学校武术师生关系中，学校武术中的师生关系按照学历可以分为本科及本科以下的教师与学生的关系和本科以上导师与研究生的关系。一方面，在本科及本科以下的师生关系中，师生双方在建立武艺授受关系以前，既没有相互关注，也不会设置局外人，通常是在没有进行相互选择的条件下所建立的武艺授受关系。另一方面，在本科以上导师与研究生的关系中，尽管导师与研究生双方建立武艺授受关系以前，已经产生相互关注，设置局外人，并且有共同的情感体验，与武术的拜师仪式非常接近，与武术传统师徒关系也具有高度的相似性。但是，双方并不符合拜师仪式中"身体在场"的条件，与其他师生关系一样，导师与研究生建立师生关系是通过学校官方渠道公示而明确的。在公示时导师与学生双方身体并不在场，不同于建立武术传统师徒关系时师徒双方身体在场的要求。因此，本科以上的武术师生关系仍然不能构成拜师仪式的条件。其次，在竞技武术教练员与运动员的关系中，二者关系是通过运动队建立的。虽然在运动员选材过程中有教练对运动员的关注，但也只是教练单方面的关注，并非拜师仪式中所要求的相互关注。所以同样不符合拜师仪式的基本条件。最后，在民间武术中的师兄弟关系、师叔伯关系往往也存在武艺授受关系，但是这类关系的建立，授受双方不一定同时在场，也未必相互关注，双方之所以会产生武艺授受关系是通过武术传统师徒关系

的建立而得来的。

### 四、父子身份认可阶段师徒双方需遵守父子道德规范

由前文可知，进入父子身份认可阶段，师徒双方产生了深厚的父子之情，并且具有明确的道德规范。与其他武艺授受关系相比较，这一阶段的特点在于师徒需遵守与父子关系相应的道德规范，否则即使建立武术传统师徒关系也难以维系，仍然会因品行不端而被逐出师门。例如，从李仲轩的口述中得知，一位抱着"偷学点什么"态度的徒弟，在一次唐师失神的状态下突然一拳向唐师袭来，"唐师从此再也不教他了"①。从材料可知，即使建立武术传统师徒关系，道德规范仍是师徒交往内容的重中之重，怀有"偷学点什么"态度的徒弟违背了"敬师若父"的道德规范。后果则是被逐出师门，解除武术传统师徒关系。相较而言，在建立学校武术师生关系之后，学校虽会对学生进行道德规范，但并未进行父子关系下的道德规范。

武术传统师徒双方在父子身份确认阶段之所以需遵守父子关系下的道德规范，深层原因在于：其一，古人云"徒弟不善，师父有罪"，如果师父将技击之术传于不善之人，就是师父的罪过。所以，在这种"连坐"制度的约束下，师父若轻易将独门绝技传于品行不端之人，对师父个人、师门乃至社会都会造成潜在威胁。而在学校武术师生关系中，这些技击要领是难以在统一教学内容、训练内容下进行教学、训练得到的，所以对学生的道德规范相对弱化，也无须遵守父子关系下的道德规范。其二，武术生根于传统社会，整个传统社会人际关系主要依靠道德进行调节。武术传统师徒关系也不例外。传统社会道德以"孝"为道德之本，对以父子身份确认为实质的武术传统师徒关系而言，"孝"也是维系这种关系的基本道德手段。在历史的沉淀下，这一规定一直延续下来，直至今天依然发挥着它的作用。这与生长于现代社会，受西方文化影响，

---

① 徐皓峰，李仲轩. 逝去的武林［M］. 北京：人民文学出版社，2014：61.

依靠契约手段建立与维系的师生关系以及教练员与运动员关系相比并不相同。由此，父子道德规范成为武术传统师徒关系在父子身份认可阶段的一大特点。

第四章

# 武术传统师徒关系的产生与历史流变

在中华文明历史长河中，武术传统师徒关系经历了长久的发展历程。它的形成既是历史文明长期积淀的结晶，也是先民智慧传承的财富。意大利历史学家克罗齐曾言"一切历史都是当代史"。这句话揭示出当今形式多样的武术传统师徒关系与其历史形态有着必然的联系。这些必然联系使得武术传统师徒关系产生，并使其在各个历史阶段以不同的形式呈现出来，本章主要从"历时性"的视角对武术传统师徒关系的产生与历史流变进行分析与梳理，从而更加深刻地认识武术传统师徒关系。

## 第一节　武术传统师徒关系的产生

### 一、武术传统师徒关系的产生具有相应的社会基础

（一）师徒缘的天命观

在早期社会，由于人们对自身的能力、人际交往的社会现象无法解释，所以把人世上的一切现象都归结为上天的安排，形成最初形式的天命观。随着人们认识的逐渐加深，天命观的内涵也逐渐发生变化。《中庸》有"天命之谓性"的解释，将天命视为人的本性。《论语》中强调"五十而知天命"，将天命与人的认知统一在一起。民间有"一命二运三风水，四积阴德五读书""谋事在人，成事在天"等说法，这些民谚将天命置于首要位置的同时也强调个人的努力。"'缘分'就是天命观汇合佛教的'缘

起'在中国人际关系上的体现。"①

　　师徒缘正是基于儒家文化下的天命观与佛教思想下的"缘起"融合产生而来，在两种文化的碰撞下师徒双方建立起武术传统师徒关系。在武术文化传承中，师徒缘的天命观体现在师徒关系的建立与维系两方面。其一，武术传统师徒关系建立伊始依靠师徒缘的天命观。正如李仲轩所述："我们收徒弟，要在天才戏子中再挑选——也不可能，宁缺毋滥，得一个好徒弟，真是祖师爷显灵了，不衰你这一脉。"② 在这里他将师父觅得一位好徒弟视为"祖师爷显灵"。他将建立武术传统师徒关系视作"人事"与祖师爷显灵这一"天命"结合后的果。其二，在武术传统师徒关系维系过程中，师徒缘的天命观依然对武术传统师徒关系产生重要作用。李仲轩提道："尚云祥师缘不佳，学了一次，就离了李存义十年。唐维禄幸运，师缘好，一开始就跟着李存义，得的好处一大片。"③ 这里的"师缘"是武术传统师徒关系能否得以持久发展的重要因素，缺少师缘便难以延续武术传统师徒关系。还有孙氏形意拳雷世泰在书中自序里讲道："我与孙门的渊源，……说是世纪之情、百年之缘，不过为矣。"④ 材料中"世纪之情""百年之缘"以及文中所提及的"毕生的缘分""三生有幸"，这些词汇均带有师徒缘的天命观色彩，是武术传统师徒关系产生的社会基础之一。

　　武术传统师徒关系的产生之所以以师徒缘的天命观为基础，是因为师徒交往结果可以归结为"缘"的作用，通过归因来达到师徒交往活动中心理上的平衡。一方面，师徒缘的天命观可以作为原因解释上文中提及的像雷世泰一样正向的、积极的武术传统师徒关系；另一方面，当出现师徒反目、师父坑害徒弟等消极的武术传统师徒关系时，师徒双方仍可以借助师徒缘的天命观进行归因，将这类不和谐的武术传统师徒关系视为天缘凑巧、善恶报应，使师徒双方不至于因识人不清、祸福恩怨而大喜大悲。所

---

① 翟学伟.人情、面子与权力的再生产［M］.北京：北京大学出版社，2017：98.
② 徐皓峰，李仲轩.逝去的武林［M］.北京：人民文学出版社，2014：230.
③ 徐皓峰，李仲轩.逝去的武林［M］.北京：人民文学出版社，2014：202-203.
④ 雷世泰.孙氏内家拳通论［M］.北京：海潮出版社，2013：3.

以，师徒缘的天命观可以使师徒双方以一种中和的态度来对待自己与他人，因为师徒缘的天命观是事前预定的，是尽人事后不得不顺从的天命。由此，在中国人天命观的传统文化背景下，师徒缘的天命观成为武术传统师徒关系产生的社会基础之一。

## （二）师徒如父子的家族主义

民谚"师徒如父子"反映出武术传统师徒关系与中国传统社会的家族主义密不可分。中国传统社会的家庭形态以小农经济为主，落后的小农经济需要稳定、庞大的家族支撑，因此，传统社会由家庭扩大为家族，形成几代同堂的家庭形式，家族主义也由此产生。与此同时，家族主义中父子关系被视为"人伦之本"①，并且随着拟宗法化的方式引入政治生活及其他社会生活中去。

以父子身份确认为实质的武术传统师徒关系便在家族主义影响下产生而来，目的是维护门派内部的神秘性与稳定性。具体表现在：

其一，武术传统师徒关系在师门内的称呼具有家族主义的特点。在举行拜师仪式后，师徒双方形成师父与徒儿的关系；在此基础之上还建立了纵向上师叔伯、师爷、祖师爷的关系，横向上师兄弟、师姐妹的关系。这些关系仿照家族称呼而来，每个人在师门中都有属于各自的位置，形成一种类似于家族中才存在的凝聚力。其二，家族主义的首要特点在于"强调父子关系"②，因为父子关系是最主要的成员关系。在中国传统文化中为了显示其重要性，有了一种象征性的表达——香火，香火中断意味着家族后继无人。武术传统师徒关系在家族主义的影响下，许多门派有"传内不传外"的规定，其初衷也是为了延续本门的"香火"。李仲轩口述中提到燕青门的前辈，他是李存义生前的好友，因招惹是非需要唐师施以援手。李

---

① 季乃礼.三纲六纪与社会整合：由《白虎通》看汉代社会人伦关系［M］.北京：中国人民大学出版社，2004：158.
② 翟学伟.人情、面子与权力的再生产［M］.北京：北京大学出版社，2017：100.

仲轩认为："这也是他年老无徒弟的悲哀。"① 在这里，李仲轩所言的"无徒弟的悲哀"就等同家族中无子的悲哀。所以，武术传统师徒关系在家族主义的影响下，形成了以"父子关系"为基础的家庭伦理关系。师徒如父子的家族主义作为中国社会文化的重要组成部分，是构成武术传统师徒关系的又一社会基础。

## （三）天地君亲师的儒家伦理思想

儒家伦理思想是中国传统文化的主要组成部分，其研究的核心问题是"日常的人伦"②。先秦时期，荀子就提出了"天地君亲师"的儒家伦理思想。他认为："礼有三本：天地者，生之本也；先祖者，类之本也；君师者，治之本也。……尊先祖而隆君师，是礼之三本也。"意思是天地是孕育万物的根本，先祖是孕育同类的根本，君、师是天下稳定的根本。在人间起实际作用的有三：君、亲、师。在儒家伦理思想中，王权、父权以及师道是维持社会秩序稳定的三大支柱。

父子身份确认是武术传统师徒关系的实质，父权与师道是武术传统师徒关系得以产生的社会基础，具体表现在：

其一，武术传统师徒关系中师的地位强化到与父等同。儒家伦理思想中师的地位是受到君、亲的制约的，是在君权与父权之外延伸出来的。因此师的地位排在君、父之后。但在武术传统师徒关系中将师的地位等同于父，形成师父与徒儿的关系。这是因为武术传统师徒关系以父子身份确认为实质，正如李仲轩所说："徒弟对师父有依恋。师徒强于父子。"③ 这句话提到的"师徒强于父子"，说明在李仲轩的观念中师的地位甚至高于父的地位。其二，武术传统师徒关系中师的责任强化到与父等同。就师父一方而言，师父不仅要履行传道、授业、解惑的师道责任，还有帮助徒弟成家、立业的父亲职责。就徒弟一方而言，徒弟一方面要肩负传承武学的责

---

① 徐皓峰，李仲轩. 逝去的武林 [M]. 北京：人民文学出版社，2014：64.
② 翟学伟. 人情、面子与权力的再生产 [M]. 北京：北京大学出版社，2017：100.
③ 徐皓峰，李仲轩. 逝去的武林 [M]. 北京：人民文学出版社，2014：202.

任，另一方面要履行儿子的义务。即不论在师父生前还是死后，均要以儿子的身份为师父养老送终。其三，武术传统师徒关系出现"师为徒纲"的儒家伦理思想。由于"天地君亲师"的儒家伦理思想中对亲与师地位的高度肯定，武术传统师徒关系中出现师父对徒弟的绝对控制。这种绝对控制既体现于师父生前"遵师命，守师训"，又体现于师父死后徒弟"三年无改于父之道"的规定。因此，武术传统师徒关系是在"天地君亲师"的儒家伦理思想下产生而来的。父权与师道的双重加持使得武术传统师徒关系中师父的地位、责任与父等同，并由此产生"师为徒纲"的道德规范，最终形成以父子身份确认为实质的武艺授受关系。

综上所述，社会学家翟学伟认为，天命观、家族主义以及儒家伦理思想是构成中国人际关系的三大基础。在武术传统师徒关系中天命观具体体现为师徒缘；家族主义具体体现为师徒如父子；儒家伦理思想具体体现为天地君亲师。武术传统师徒关系在此基础之上产生而来。这三者并非彼此独立，而是形成一个整体，作用于武术传统师徒关系。比如，在武术拜师仪式上：供奉祖师爷、择吉日良辰具有师徒缘的天命观色彩；徒弟行三拜九叩的大礼具有儒家伦理思想中对师之地位的肯定；徒弟由此更改称呼为"师父"，并与同门建立兄弟、姐妹、叔伯的情谊，具有家族主义的性质。由此，武术传统师徒关系的三大社会基础在拜师仪式的完整表达中产生。

## 二、武术传统师徒关系产生的前提条件是师徒双方需要

所谓师徒双方需要是指师徒双方具有建立武术传统师徒关系的需要，该需要是武术传统师徒关系得以产生的前提条件。师徒双方需要符合人际需要理论。人际需要理论是现代人际关系学中有较大影响力的流派，具有代表性的有马斯洛的需要层次理论和舒兹的人际需要理论。两种理论比较明显的区别在于马斯洛的需要层次理论是在历时态下对人不同时期的需要进行归纳，舒兹的人际需要理论是在共时态下对儿童的需要进行归纳。武术传统师徒关系从建立到维系具有历时态的特性，同时对拜师收徒之人并未有明确的年龄阶段的限制，所以笔者选择采用马斯洛的需要层次理论对

武术传统师徒关系进行阐释。马斯洛的需要层次理论包括生理需要、安全需要、社交需要、尊重需要、自我实现的需要。

其一，武术传统师徒关系的产生出于徒弟自身强身健体的生理需要与师父在衣、食、住、行等方面的生理需要。首先，强身是中国武术重要的价值构成，在《太极拳谱》中就有"详推此意终何在，延年益寿不老春"的说法。所以，部分徒弟拜师是为了满足强身的生理需要，如上文中提到王芗斋拜郭云深为师时以"保命"为初衷。其次，过去习武讲求"穷文富武"，因为一方面，在建立师徒关系之前，师徒双方需要生活在一起一段时间互相考察；另一方面，在建立师徒关系之后，徒弟需要请师父住在家中传授拳术。这两个时期，师父的吃、穿、住、行均是由徒弟负责，而徒弟为师父所解决的吃、穿、住、行满足了师父的生理需要。

其二，武术传统师徒关系的产生出于师徒双方人身安全需要。技击作为武术最根本的价值存在，其功能在于防身自卫。比如，李仲轩与人斗殴，威胁到自身的人身安全，由此拜唐维禄为师习武。师父收徒弟也是为了在年老之后有徒弟庇护，保障自己的人身安全。否则就会出现上文中燕青门的前辈因招惹是非而没有徒弟保护，还需求唐师施以援手的现象。所以，从师徒双方建立师徒关系的初衷而言，是为了满足自身安全需要。

其三，武术传统师徒关系的产生出于师徒双方的社交需要。在传统社会中，部分以走镖为生的武术传统师徒关系的建立是为了满足社交需要。这点在金庸武侠小说《笑傲江湖》中曾进行过说明，书中提到，过去走镖"三分打，七分面子"。其中，"七分面子"需要通过搭建关系而来，师徒关系便是其中一种。所以，传统社会中一些师父为了走镖顺利有建立师徒关系的社交需求。随着现代社会的发展，人与人之间的交流方式逐渐由面对面转化为电话、视频等远程交流方式，人们在享受便利的同时社交需求并未得到完全满足。据访谈对象太极拳杨姓师父介绍，在太极拳中不少师徒关系的建立就是为了满足部分空巢老人的社交需要。他们通过建立武术传统师徒关系，可以在师承谱系中找到自己的位置，寻找归属感，消除自己在家庭中的孤独感，从而满足其社交需要。

其四，武术传统师徒关系的产生出于师徒双方获得尊重的需要。这可以从李仲轩拜唐维禄与薛颠为师的过程中体现。李仲轩拜薛颠为师时，满足了薛颠获得尊重的需要。"一个头磕下去"，薛颠与李仲轩的师徒关系由此产生。"一个头"在武林中是最重的礼节，薛颠受到李仲轩最大诚意的尊重，满足师父一方获得尊重的需要。李仲轩拜唐维禄为师是因为自己"受了辱"，为了重新获得尊重而选择与唐师产生师徒关系，满足徒弟一方获得尊重的需要。

其五，武术传统师徒关系的产生出于师徒双方自我实现的需要。武术作为师徒双方实现自我的载体，通过建立师徒关系满足自我实现的需要。比如，李仲轩在拜唐维禄为师之后，又相继拜了尚云祥、薛颠为师，希冀在武术上获得更高的造诣，实现自我更大的价值。今天还有一些老师父，在满足基本的生理需要、安全需要、社交需要以及尊重需要之后，依然与徒弟建立师徒关系，在授徒过程中分文不取，在传拳过程中兢兢业业，他们正是为了满足自我实现的需要。

### 三、武术传统师徒关系产生的必要条件是师徒双方需要得以满足

武术传统师徒关系产生的前提条件是以师徒双方需要为起点，即师父有收徒的需要，徒弟有拜师的需要。但是，仅仅有需要还不能产生武术传统师徒关系，只有满足师徒双方需要时武术传统师徒关系才可以产生，因此，师徒双方需要得以满足成为武术传统师徒关系产生的必要条件。

根据人际关系学相关理论，满足师徒双方需要的条件有：其一，师徒相互吸引。吸引理论认为，人与人之间具有以下特点时容易产生人际关系：空间接近、有所回报、具有外表及性格上的吸引力，与自己是同类，尤其是拥有类似的社会和经济地位及教育背景等。武术家于志钧曾拜太极拳家吴图南先生为师，于志钧毕业于清华大学，"吴图南先生可以涵盖文、武两方面"[①]。二人得以建立传统师徒关系是因为二人具有相似的教育背

---

① 于志钧. 中国传统武术史 [M]. 北京：中国人民大学出版社，2012：11.

景，相互吸引。唐维禄和李仲轩之所以得以建立传统师徒关系，是由于"唐维禄是宁河的大武师"，李仲轩出生在宁河，所以二人满足空间上接近的要求。又由于李仲轩"仰慕唐师"，师徒二人具有性格上的吸引力，由此建立传统师徒关系。

其二，师徒双方遵循规则。关系规则理论认为，只有双方共同遵循一系列规则，才有可能产生友情、爱情和亲情。武术传统师徒关系的建立与维系对师徒双方均有相应的道德规范，也就是关系规则理论中的规则，这些规则通过师徒双方共同遵守从而产生传统师徒关系。一旦其中一方破坏，师徒关系则被迫终止。比如，李仲轩口述中，唐师的一名徒弟想试探唐师的功夫，便在唐师失神的状态下偷袭。"唐师却从此不教他了，其实，便是将他逐出师门了。"① 此人抱着偷学的心态趁唐师不备偷袭，便是违反了武术中尊师重道的规则，尽管唐师有收他为徒的需要，此人也有拜唐师为师的需要，但最终因违反规则解除师徒关系。与此同时，历史上那些武术传统师徒关系和谐的事例，比如，每逢朔望去师父坟前看望的岳飞，晚年生活来源靠徒弟单广钦资助的尚云祥，常住徒弟史纪栋家的董海川等，都是遵循了"父子身份确认"的规则后得以和谐发展。

其三，师徒平等交换。社会交换理论认为，一切人际关系的产生在于在有利可图的前提下，一旦维系关系的成本超过收益，关系就不会发生或继续发展。比如，今天有一部分师父打着收徒的幌子掩盖自身敛财的真实目的，当徒弟一旦与这些师父建立师徒关系之后，便有了师门内应接不暇的社交活动，比如，今天师兄门店开张，明天师父收新徒，后天师父开设培训班，等等。有的徒弟或因无法承担高昂的社交费用，或因拜师以来并未学到师父的一招半式，从而选择撤帖解除师徒关系。该类师徒关系便是因为社会交换理论中所谓"成本超过收益"而难以满足师徒交往的需要。

综上所述，从微观层面而言，武术传统师徒关系的产生不仅基于师徒双方拜师、收徒的需要，还要有师徒相互吸引、遵循规则以及平等交换来

---

① 徐皓峰，李仲轩．逝去的武林［M］．北京：人民文学出版社，2014：61.

满足师徒双方需要，只有符合上述条件，武术传统师徒关系才能产生。

## 第二节 武术传统师徒关系的历史流变

研究武术传统师徒关系的历史流变，我们先要对其历史进程进行分期。历史分期是通过揭示不同历史时期之间的差别，从中发现武术传统师徒关系在各个时期发展的特点及规律而得出的。纵观中国所有历史时期，武术传统师徒关系的发展与社会历史进程相伴相生。根据中国社会历史分期并结合武术传统师徒关系的实际情况，以史料为依据，把武术传统师徒关系分为六个时期：原始社会——武术传统师徒关系的萌芽时期；奴隶社会——武术传统师徒关系的雏形时期；封建社会——武术传统师徒关系的成熟时期；民国——武术传统师徒关系的分化时期；新中国成立至改革开放以前——武术传统师徒关系的停滞时期，改革开放至今——武术传统师徒关系的盛行时期。

选择原始社会作为武术传统师徒关系萌芽时期的依据在于：其一，《吴越春秋》中记载："黄帝之后，楚有弧父，……（弧父）以其道传于羿，羿传逢蒙，逢蒙传于楚琴氏，琴氏以为弓矢不足以威天下。"① "射"被视为武术的起源之一，材料中一代又一代的射艺传授过程，体现了原始社会武术传统师徒关系的萌芽状态。

选择奴隶社会作为武术传统师徒关系雏形时期的依据在于：其一，春秋战国时期的《谷梁传》中提道"羁贯成童，不就师傅，父之罪也"②，说明这一时期在各行各业中师徒关系已初步形成，其中包括武术传统师徒关系。其二，这一时期的"师傅"仅仅是作为技艺的传授者，故称之为"师傅"，还没有形成真正意义上的"师父"。因此，这一时期的师徒关系虽已具备师徒关系的雏形，但武术传统师徒关系并未形成。

---

① 崔冶. 吴越春秋 [M]. 北京：中华书局，2019：21.
② 白瑞. 时代变迁与称谓演化：以师傅为例 [D]. 南京：南京大学，2018：22.

选择封建社会作为武术传统师徒关系成熟时期的依据在于：其一，武术理论日臻成熟，如清代出现的《手臂录》《内家拳法》《苌氏武技全书》《太极拳谱》等标志着武术技艺上升到一定的理论高度。其二，这一时期有《鸣沙石室佚书：太公家教》，书中写道："弟子事师，敬同于父。……一日为师，终身为父。"这说明，在"一日为师，终身为父"的传统观念下武术传统师徒关系走向成熟。

选择民国作为武术传统师徒关系分化时期的依据在于：其一，在西方教育的渗透下，武术传统师徒关系向西方学校武术中的师生关系分化；其二，民国时期传统武术家大量出现，各拳种流派纷纷兴起并形成独立的技术体系，为了抵制外国人对国人"东亚病夫"的贬称，武术传统师徒关系向"师父与门徒"的关系分化，一致对抗外敌侵略。

选择新中国成立至改革开放之前作为武术传统师徒关系发展停滞时期的依据在于：通过对杨氏太极拳传人杨振铎、洪洞通背拳第八代传人樊汉武、查拳大师传人牛怀瑞等在这一时期有拜师经历的人进行深度访谈，发现这一时期师徒双方对建立传统师徒关系的谨慎与恐慌态度。

选择改革开放至今作为武术传统师徒关系恢复时期的依据在于：其一，《中华人民共和国非物质文化遗产法》中"提供必要的经费资助其开展授徒、传艺"的鼓励态度以及国家对弘扬中华优秀武术文化的政策支持；其二，社会上各拳种流派对拜师仪式的重视与恢复。

### 一、武术传统师徒关系的萌芽时期

武术传统师徒关系的萌芽时期具体是指原始社会。原始社会是人类第一个社会形态。马克思和恩格斯的社会交往理论认为，即使在人类社会初期的简单生产也离不开人与人之间的交往，如为了与猛兽做斗争而集体打猎。其中，狩猎被众多武术史专家认为是武术的起源之一，这表明早期的狩猎也已存在人与人之间的交往。《吴越春秋》中记载："黄帝之后，楚有弧父。弧父者，生于楚之荆山，生不见父母，为儿之时，习用弓矢，所射无脱。以其道传于羿，羿传逢蒙，逢蒙传于楚琴氏。琴氏以为弓矢不足以威天下。"① 材料中表明弧父将弓矢之道传于后羿，即与后羿建立师徒关系，羿与逄蒙又建立传统师徒关系，逄蒙又与楚琴氏建立传统师徒关系，这便是武术传统师徒关系早期的萌芽形态。萌芽时期武术传统师徒关系的特征有以下几点。

### （一）无等级性

原始社会武术传统师徒关系的无等级性特点是其与奴隶社会、封建社会中武术传统师徒关系的最大区别。就师徒交往双方而言，由于原始社会时期生产力低下，没有私有财产，实行生产资料公有制度。这一时期人与人之间是平等的，没有阶级划分。《礼记·礼运》记载："大道之行也，天下为公。选贤与能，讲信修睦。故人不独亲其亲，不独子其子，使老有所终。"这从一定程度上反映出原始社会伦理道德观念和和谐平等的人际关系。在这样的环境下，父与子之间的关系也是平等的，父亲在儿子面前没有任何优越权，他仅仅是将自己所拥有的狩猎技能教给儿子，父子之间没有尊卑、贵贱之分。

### （二）稳定性

原始社会时武术传统师徒关系的稳定性是相对于后世存在"教会徒弟，饿死师父"的不稳定性而言的。稳定性一方面是由以血缘为纽带的家庭关系所致。原始社会以家庭为基本单位，其内部人际关系稳定，家庭内部人员还没有开始扩散，均以血缘为重要的纽带建立家庭关系。另一方面是由原始社会生产资料公有制所致，因为生产资料公有制意味着父子之间没有利益争夺，人们获得的生产资料平均分配，这也就意味着父子之间不存在利益的牵扯，从而形成稳定的师徒关系。

### （三）单一性

原始社会武术传统师徒关系的单一性体现于三方面：首先，师徒关系

---

① 崔冶. 吴越春秋 [M]. 北京：中华书局，2019：21.

建立与维系手段单一，这个时期的师徒关系并不需要采取刻意的手段去建立与维系，师父与徒弟就是一种单纯的父子关系，仅仅依靠单一的血缘便得以建立与维系，是一种自然而然的维系方式。这与后期需要通过考察、拜师递帖等流程才得以建立的武术传统师徒关系有明显不同。其次，师徒交往目的单一，原始社会时期武术传统师徒关系建立的目的仅仅是为了满足一代又一代的生存需要。这一点从师徒双方的交往内容仅围绕单一的生活技能进行就可以看出。例如，从老猎人对儿童在狩猎、射箭方面的培养可以看出，即使是儿童进行玩乐的射箭、打靶比赛，以及大孩子的跳高、跳远以及滑雪比赛也是单纯为了提高自己的身体素质、获得更高捕猎技能，并没有对道德规范、武学知识等内容进行系统的授受，其唯一目的就在于满足整个部落的生存需要。再次，师徒双方传授方式单一，主要以口头传授为主，这与后来形成大量的剑术理论、兵法专著后出现的"口传"方式不同。这一时期都是由师父将一些直接经验传授给徒弟，在公共活动场所对徒弟进行指导。这些直接经验技术较为简单，师徒双方仅仅是进行单一的"口传"，而后期是通过"口传心授"的方式进行武艺传授，这二者有明显不同。

## （四）以父子关系为主要表现形式

根据相关史料记载与相关学者的分析，结合原始社会的社会背景，父子关系是武术传统师徒关系萌芽时期的主要表现形式。主要原因在于：第一，原始社会的师徒关系局限于家庭内部中的父（母）子关系。原始社会以血缘为基础，通过血缘维持着家庭内部的关系。学者张禹桐认为："（原始社会时期）师徒关系主要体现在同一家族的父（母）子之间。"① 可见，该学者在对原始社会师徒关系的梳理中，认为原始社会的师徒关系不仅表现为父子关系，还表现为母子关系。人们把从神农氏那里学到的相关技能，其中包括与武术密切相关的狩猎技能、制作兵器的技能，在家庭内部

---

① 张禹桐. 从身份到契约：我国学徒制中师徒关系变迁研究［D］. 济南：山东大学，2018.

之间传授，以家庭为生产的基本单位，在养育子女的同时，将这些技能传于子女，逐渐形成以家庭、血缘为纽带的师徒关系。第二，原始社会时期狩猎中存在的师徒关系具有明显的男性特征。狩猎作为原始先民获取重要生产资料的手段之一，它与武术的起源有着密切的关系。学者任海认为："狩猎是原始社会人类维持生存最重要的生产方式，因此，武术的萌芽与生产劳动有着直接的关系。"[1]《中国教育通史》记载："鄂温克族，新中国成立前尚处于原始社会末期父系氏族公社阶段。以游猎为主，儿童七八岁开始接受老猎人教育，培养狩猎兴趣，学习有关经验技能。"[2] 由此可以看出，在父系氏族公社时期，师徒关系的萌芽是由老猎人与儿童建立起来的，老猎人传授儿童的具体内容为狩猎、射箭、打靶等具有传统武术色彩的游戏项目。原始社会家庭内部分工明确，男性狩猎，女性进行采集和抚育小孩。所以，原始社会时期狩猎中存在的师徒关系表现出明显的男性特征。不仅如此，武术起源的方方面面均体现出男性特征。比如，武术起源于人与兽相搏、人与人相搏乃至战争，这些源流均以男性为主导。所以，狩猎中存在的师徒关系应是武术萌芽之时的师徒关系，主要表现出男性特征。这一时期所具有的师徒关系的萌芽往往发生在家庭内部，男性之间。也就是说，父亲会把自己的狩猎技能全部交给儿子。

因此，受原始社会血缘关系影响，师徒关系局限于家庭内部；再者受原始社会男性狩猎的分工特点影响，结合武术的起源，原始社会武术传统师徒关系萌芽之时主要表现为父子关系。此外，由于在母系氏族公社时期，历史文献中记载："遽氏之民，知母而不知其父。"[3] 这就说明，父子关系是在后来父系氏族公社时期发展出来的产物。也就是说，以父子关系为主要表现形式的武术传统师徒关系主要体现于原始社会后期。

①　任海．中国古代武术［M］．北京：中国国际广播出版社，2012：10.
②　毛礼锐，沈灌群．中国教育通史：第一卷［M］．济南：山东教育出版社，2005：5.
③　申笑梅，王举忠．中国人际关系［M］．太原：山西人民出版社，1989：122.

### 二、武术传统师徒关系的雏形时期

武术传统师徒关系的雏形时期具体是指奴隶社会。进入奴隶社会以后，随着社会生产力的发展、个人私有财产的积累，奴隶主为获取大量的劳动力建立早期以技艺为纽带的传统师徒关系。"鲁班学艺""程门立雪"这两则以师徒关系为视角的民间故事也在此期间产生。春秋战国时期的《谷梁传》中提道："羁贯成童，不就师傅，父之罪也。"① 说明这一时期在各行各业中已经形成师徒关系，其中包括武术传统师徒关系。这一时期的"师傅"仅仅是作为技艺的传授者，故称之为"师傅"，还没有形成真正意义上的"师父"。因此，这一时期的师徒关系虽已建立，但尚未正式形成武术传统师徒关系，因此处于雏形时期。雏形时期武术传统师徒关系的特征有以下几点。

（一）师徒双方对奴隶主具有依附性

随着私有制的确立，原始社会师徒平等的人际关系逐渐被人压迫人、人剥削人的人际关系代替。冯兰的《人际关系学》认为："奴隶社会人际关系的主要特征就是依附关系。"② 武术传统师徒关系在这一时期的依附性表现为师傅与学徒对奴隶主的依附。这与封建社会时期徒弟对师父的依附有明显的区别。这一时期师傅的社会地位并没有上升到天地君亲师的行列中，也没有与父并称为"师父"，而是单纯地作为一名技艺者，以技艺为载体建立师徒关系。这些师傅是奴隶主为了获取大量劳动力捕获而来的手工艺人，他们服务于奴隶主，社会地位较低。师徒双方剑术的习得与传授也仅为供奴隶主观赏。

（二）师徒传授以现场教学为主

这一时期的师徒关系交往环境以现场教学为主，注重言传身教。比

---

① 白瑞. 时代变迁与称谓演化：以师傅为例［D］. 南京：南京大学，2018.
② 冯兰. 人际关系学［M］. 沈阳：辽宁大学出版社，2005：65.

如，白猿与越女的传授是以比剑进行，甚至得到后世诗人杜牧的敬仰，写出"学剑白猿翁"的诗句。扁鹊向长桑君学医，也是通过长桑君十余年悉心指导、观察才得以学成。"比剑""指导""十年"等词语均是现场教学的具体事项，是这一时期师徒关系所具备的特点，也为后来武术中师父一对一、手把手地教徒弟奠定了基础。

（三）以师傅与学徒的关系为主要表现形式

与原始社会父子关系相比，进入奴隶社会后能工巧匠的师徒关系不再完全以血缘为纽带。因为在奴隶主的统治下，一切奴隶都要为奴隶主服务，被奴隶主实行强制性的师徒传授活动。其中就包括擅长狩猎的老猎人，他们和被奴隶主四处捕获的奴隶并不具有血缘关系。所以，在强制、被动的师徒传授过程中，武术传统师徒关系由过去的亲子关系向非亲子关系转变。师傅与学徒的关系是这一时期武术传统师徒关系的主要表现形式。"学徒"是指在商店里学做买卖，或在作坊工厂里学习技术的青年工人。"师傅"一词最早出现于春秋战国时期的《谷梁传》中，书中提道："羁贯成童，不就师傅，父之罪也。"这句话的意思是说年龄在8岁以上的儿童，如果不跟随师傅学习，那就是父亲的不对。从这句话可以看出，在奴隶社会后期已经有师傅的说法，人们也开始意识到师傅对子女的教育作用。师徒之间已经建立起师傅与学徒的关系。

这一时期，武术传统师徒关系之所以以"师傅与学徒"的关系为雏形，主要原因在于：第一，武术传统师徒关系中为师者主要以武术技艺传授为主，更符合"师傅"的概念。"师傅"一词在现代汉语词典中有两层意思，一层是指工、商、戏剧等行业中传授技艺的人。第二层意思是对有技艺的人的尊称。在这两层意思中，师傅的含义都具有一个共性特点，即对技艺的掌握。与"师父"不同，"师傅"单纯指具有纯熟技艺的人，即便不建立师徒关系，任何人都可尊称为"师傅"；而"师父"则是"师傅"与"父亲"双重身份的组合，有特定的称呼人群，即徒弟。这一时期，师傅还没有上升到师父的层次，武术传统师徒双方也更侧重武艺的交流与学习。

第二，武术传统师徒关系中为徒者主要处于学徒的阶段，更符合"学徒"的概念。在奴隶社会时期，特别是奴隶社会后期，随着社会生产力的提高，各种技艺得到了长足发展，如冶炼、陶瓷、中医等。学者韩翼在总结这一时期师徒关系时认为："为获取大量劳动力，奴隶主四处捕获奴隶，如羌人擅长田猎牧放，商人捕其为之……，于是，在生产劳动中涌现出大量能工巧匠，他们作为师傅传授技艺。……到春秋时期，传授某种专业知识技能的私学也在此时显浮于世，招收徒弟，徒弟随行于师傅，在实际环境中传授知识技能。"① 这段材料表明：这一时期，作为武术雏形的"田猎"已经成为一种专门的技艺，并由专业的田猎"师傅"进行教授。由于"学徒"和"徒弟"最大差别在于是否"正在"跟随师傅学习。"学徒"一定是"正在"跟随师傅学习，而徒弟则未必，既有学徒阶段的徒弟，也有出师阶段的徒弟。根据学者韩翼所言，这一时期"私学"的创办，"招收徒弟"的行为以及"徒弟随行于师傅"，更符合学徒的角色。师徒关系的建立仅仅是短时间内武艺的学习与指导，最终目的在于为奴隶主服务，而非建立长久、稳定的师徒关系。

第三，奴隶社会时期的武术传统师徒关系并未建立"师徒如父子"的社会秩序。白猿翁与越女的师徒关系在金庸所写的小说《越女剑》以及《吴越春秋·勾践阴谋外传第九》中均有提及，杜牧《题永崇西平王宅太尉想院六韵》中有"授符黄石老，学剑白猿翁"。"学剑白猿翁"所体现的便是白猿翁"师傅"的角色。可见，基于《吴越春秋》中越女与白猿翁比剑的这则故事，后世就把学习剑术和白猿翁联系在一起。越女与白猿翁剑术切磋的过程表明，二人单纯以武艺为载体进行相互的学习和交流，却并未产生父女间的情感，属于师傅与学徒的关系。

---

① 韩翼. 师徒关系结构维度、决定机制及多层次效应机制研究［M］. 武汉：武汉大学出版社，2016：10.

### 三、武术传统师徒关系的成熟时期

武术传统师徒关系的成熟时期具体指封建社会时期。进入封建社会时期，在尚武精神的影响下，"传统武术呈现出百家争鸣的现象，武术的发展也逐步走向成熟"①，尤其是在清代出现了《手臂录》《内家拳法》《苌氏武技全书》《太极拳谱》等。这意味着武术的技击性上升到了新的高度，具有较高的理论水平。与此同时，这一时期票号、镖局中都有大量的民间拳师存在，并建立了传统师徒关系。随着"师"的社会地位不断提高，最终位列"天地君亲师"的次序中。《旧唐书·崔融传》中记载："轻死重义，结党连群，暗鸣则弯弓，睚眦则挺剑。"这表明："汉代之时的习练剑技已讲究师承。"② 由此，武术传统师徒关系进入成熟时期。成熟时期武术传统师徒关系的特征有以下几点。

（一）奴隶社会时期以师傅与学徒为表现形式的师徒关系仍然延续

在"师为徒纲"的封建社会中，徒弟必须服从于师父，师父的社会地位得到绝对保障，形成师父与徒儿的关系。但在实际情况中，由于种种原因师傅与学徒的师徒关系仍然延续。比如，河南史阿信与魏文帝曹丕之间的师徒关系。曹丕在《典论·自叙》中记载："余幼学击剑，阅师多矣。四方之法各异，唯京师为善。……余从阿学之精熟。"③ 这段材料表明：其一，"阅师多矣"说明三国时期已经有许多专门教授剑术的师傅，曹丕与众多师傅建立了师徒关系。其二，"余从阿学之精熟"说明曹丕向史阿信学习剑术，二人建立了以剑术为载体的师傅与学徒的关系。曹丕即魏文帝，一方面他与史阿信是君臣关系，另一方面，史阿信与他是师徒关系，在封建社会"天地君亲师"的次序中，君臣关系在上，师徒关系在下。这

---

① 郭瑞. 古代武术历史分期及其特征 [J]. 郑州航空工业管理学院学报（社会科学版），2015，4（34）：79.

② 周伟良. 中华民族传统体育概论高级教程 [M]. 北京：高等教育出版社，2012：84.

③ 于志钧. 中国传统武术史 [M]. 北京：中国人民大学出版社，2012：113.

对师徒关系呈现徒尊师卑、徒主师从的特点。所以，史阿信与曹丕所建立的师徒关系是仅仅以武艺为载体的师傅与学徒的关系。这表明奴隶社会时期师傅与学徒的关系延续下来了。

(二) 原始社会时期的以父子关系为表现形式的师徒关系仍然延续

以父子关系为表现形式的武术传统师徒关系在原始社会中产生，在进入封建社会中依然存续。比如，祖辈相传的陈式太极拳，便是由陈卜开创，一代一代以父子关系传承而来。其中，陈氏太极拳第六代传人陈有本 (1780—1858) "受业其父"，表明陈有本与其父建立了师徒关系。以父子关系为表现形式的师徒关系之所以得以延续，一方面是因为在封建社会中，"如父亲做官到一定地位，达到封侯的地步，嫡长子可以世袭"①，于是在"子承父业"传统思想的影响下，父子关系成为这一时期武术传统师徒关系的表现形式之一。另一方面，武术作为一项作用于人体的技击术存在，有"教会徒弟，饿（害）死师父"的担忧。但是当直接以父子形式建立师徒关系之时，在血缘的进一步约束下，师徒双方则可以免去这方面的忧虑，为师的"父亲"可以放心地将自身的武艺毫无保留地教给为徒儿。由此，以父子为形式的武术传统师徒关系得以延续。

(三) 师徒双方形成明确的道德规范

成熟时期形成武术传统师徒关系的师徒双方已经具有明确的道德规范。一方面是对师父的道德规范。戚继光认为："师道不立，则言不信，教不遵，学之不习，习而不悦，师道废而教无成矣!"② 这说明"师道"在武术师徒传承中的重要性，师道包含了大量对武术中师父的道德规范。《太极拳谱》卷十三《陈谱：清末陈鑫太极拳论著》中讲道："理不明，

---

① 季乃礼. 三纲六纪与社会整合：由《白虎通》看汉代社会人伦关系 [M]. 北京：中国人民大学出版社，2004：165.

② 戚继光. 练兵杂记：卷二 [M]. 上海：上海古籍出版社，1990：13.

延明师。"① 其中，"理不明，延明师"意思是徒弟在拳理不明的情况下需要拜明师。在这里"明"是高明的意思，而非"名"师，是徒弟对师父在授徒时具体的道德规范。另一方面是师父对徒弟的道德规范，明代程真如提出"谈玄授道，贵乎择人"② 的主张，这表明师父在择徒时对徒弟的道德规范要求之高。

### （四）师徒关系盛行于民间秘密结社

乾隆三十九年（1774 年），山东巡抚杨景奏折中记载："王伦聚众谋为不轨，先由邪教而起，……学习棒拳，以至流为谋判。"③ 这一时期的秘密结社有白莲教、白阳教等，清政府将其视为邪教；其中"学习棒拳"说明武术盛行于秘密结社中。戚学标在《记妖寇王伦始末》中进一步说道："王伦以拳棒教授兖东诸邑……伦每出，辄弟子数十人从炼气，曰文弟子；拳棒曰武弟子。"④ 由此可以看出，王伦以棒、拳作为传授内容与文、武弟子建立师徒关系。武术传统师徒关系在民间秘密结社的盛行引起了清政府的重视，并颁布了《禁武令》将其视为邪教异端严加禁止，导致武术在晚清时期发展缓慢。

### （五）以"师父与徒儿的关系"为主要表现形式

在注重礼法的封建社会中，师徒双方被附上一层庄严的伦理色彩，师父与徒儿的关系成为这一时期武术传统师徒关系的主要表现形式。主要原因在于：

第一，父子情感注入武术传统师徒关系之中。与奴隶社会时期单纯的武艺交往相比，这一时期武术传统师徒之间产生父子般的情感。比如，《宋史·岳飞传》中记载："学射于周同，尽其术，能左右射。同死，朔望

---

① 任海. 中国古代武术 ［M］. 北京：中国国际广播出版社，2012：120

② 吴殳. 手臂录：附录卷（上）［M］. 北京：北京师范大学出版社，1989：37.

③ 于志钧. 中国传统武术史 ［M］. 北京：中国人民大学出版社，2012：409.

④ 于志钧. 中国传统武术史 ［M］. 北京：中国人民大学出版社，2012：409.

设祭于其冢。""每朔望则鬻一衣，设卮酒鼎肉于同冢上，奠之而泣。"①
这两段材料中"学射于周同"，表明岳飞与周同建立了师徒关系。在"同"
死后，"每朔望"是指每个月的初一和十五，朔望是古人拜祭先祖的时间
规定。"鬻一衣"则是卖掉一件衣服，目的是"设卮酒鼎肉于同冢上"，岳
飞的这些行为都体现出他对待周同如父亲一般的纪念，是岳飞对周同父亲
身份的认可。

　　第二，武术传统师徒关系中出现父子等级身份确认。等级是指按某一
标准区分的高下差别。这与奴隶社会中师徒双方对奴隶主的依附性不同。
在奴隶社会时期，师徒之间并无绝对的尊卑之分，却与奴隶主有着绝对的
等级差别。但进入封建社会以后，师徒双方呈现尊卑关系。宋明理学强调
"天地君亲师"，将师的地位与天、地、君、亲等同，成为需要人们顶礼膜
拜的对象。这就要求人们从理论和实践上对师的地位加以肯定。《鸣沙石
室佚书：太公家教》书中写道："弟子事师，敬同于父。"这表明，进入封
建社会以后，武术传统师徒关系以"一日为师，终身为父"的伦理价值对
师徒双方进行规约。不同于原始社会时期以父子关系为主要表现形式的武
术传统师徒关系，这一时期的武术传统师徒关系在血缘基础之上，增加了
拟血缘的父子关系，形成师父与徒儿的武术传统师徒关系。在"师为徒
纲"的规范下，师徒双方形成的尊卑关系得以长期存在。在等级森严的封
建礼法社会中，武术传统师徒双方开始出现等级划分，在师道尊严中师父
开始拥有了绝对的尊贵地位，相对地，徒弟处于彻底被动地位。

### 四、武术传统师徒关系的分化时期

　　武术传统师徒关系的分化时期具体指民国时期。这一时期，武术传统
师徒关系向两个方向发生分化。一方面，武术传统师徒关系向西方学校武
术中的师生关系分化。随着西方体育文化的入侵，西方学校体育与其他西
方组织开始在中国取得长足发展，1915 年武术正式成为学校体育课程的重

---

① 杨洋. 中华武术伦理精神和中华魂的塑造［D］. 北京：中共中央党校，2016：87.

要组成部分。1918 年 10 月，教育部要求："将原来师徒相承的传习法改变为课堂式的团体教练法。"① 这一时期武术教师的来源包括两个渠道："一是从民间习武团体中聘请的拳师，二是由各级武术馆及体育专门学校培养的学生。"② 上述材料表明，武术作为学校体育课程的组成部分，师徒相承转向课堂教学，民间拳师被聘请为学校武术教师。这标志着武术正式进入学校，武术传统师徒关系向学校武术中的师生关系分化。

　　另一方面，武术传统师徒关系分化为"师父与门徒"的关系。形意拳大家李存义在《形意真诠》序言中写道："余自学形意拳以后，入镖业谋生，兼授门徒。"③ 这段自序中出现"门徒"的说法。所谓"门徒"或"门人"均是指与师父建立师徒关系的入门弟了。它与"徒弟"的区别在于，徒弟不仅包括入门弟子，还包括入室弟子，而门徒仅仅是入门弟子。一般而言，门徒与入室弟子相比，其特点在于与师父交往时间较短，交往内容较少，数量远多于入室弟子。有的门派中，门徒的武艺学习是由大师兄代师授艺。自鸦片战争以来，列强对中国的欺侮日盛，我中华儿女被污为"东亚病夫"。一些爱国仁人志士致力于改变这一观念。这一时期武术界的口号有"强国强种""许多拳种在教授时一切趋于简化，向往能一教七八百人"④。同时也意识到"手把手地授徒来不及"⑤。于是便打破了以往一对一的传授方式，广收门徒，建立师父与门徒的关系。师父与门徒关系的建立不符合武术传统师徒关系中交往过程单一的特点，因此，成为武术传统师徒关系分化的形式，武术传统师徒关系由此进入分化时期。分化时期武术传统师徒关系的特征有以下几点。

（一）武术传统师徒关系中的"师父"不再是"师傅"

　　这主要是由于"师傅"一词的运用范围发生变化，"师傅"一词逐渐

---

① 国家体委武术研究院. 中国武术史［M］. 北京：人民体育出版社，2014：328.
② 王智慧. 我国学校武术百年嬗变的研究［D］. 北京：北京体育大学，2009：22.
③ 徐皓峰，李仲轩. 逝去的武林［M］. 北京：人民文学出版社，2014：217.
④ 徐皓峰，李仲轩. 逝去的武林［M］. 北京：人民文学出版社，2014：186.
⑤ 徐皓峰，李仲轩. 逝去的武林［M］. 北京：人民文学出版社，2014：256.

成为具有某一项技能的人的尊称。从奴隶社会遗留下来的"师傅与学徒"的关系从此成为工厂、企业中具有学徒制性质的师徒关系，这也是目前国内外研究中对师徒关系研究的主要领域。随着武术理论不断丰富与完善，人们对武术传统师徒关系的认识也逐渐加深，"师傅"一词已经不适用于武术传统师徒关系中对"师"的称呼。

### （二）封建社会时期"师父与徒儿"的关系仍然延续

相对于师傅与学徒的关系在武术传统师徒关系中的淡化，师父与徒儿的关系则依然延续。"一日为师，终身为父"已然成为拜师习武之人根深蒂固的观念。民国时期部分武术家与徒弟所建立的武术传统师徒关系延续着封建社会时期"师父与徒儿"的关系。如民国十大武术家尚云祥与其徒弟单广钦情同父子，单广钦称呼师母为"妈"。此外，由于这一时期，部分拳师为保家国平安广收门徒，所以，师父根据亲疏远近对众多徒弟进行划分。这一时期的徒儿一般是针对"入室弟子"而言。

### （三）由"一对一"的私授扩展为"一对多"的公开授受

民国时期，各类民间武术团体纷纷建立，如上海的"精武体育会"、天津的"中华武士会"等，可以说，"民国年间，几乎没有一个城镇无武术组织"[1]。受"西化"制度影响，"在武术教法方面，武术组织将学校体育教学的方法移植到武术教学中，如分级、分班教学"[2]。这表明这些民间武术组织"改变了武术原来单一的以家传或师徒传承为主的传播模式"[3]。又由于这些武馆、拳社大量聘请民间拳师，使得原本只在当地本族中建立的传统师徒关系冲破了地域限制，广泛传播开来。由原来"一对一"的私授方式转变为"一对多"的公开授受，并具有了现代教育的特色。

---

① 国家体委武术研究院.中国武术史［M］.北京：人民体育出版社，2014：327.
② 刘帅兵.民国时期武术教育的历史诠释［D］.上海：上海体育学院，2019.
③ 周伟良.中华民族传统体育概论高级教程［M］.北京：高等教育出版社，2012：103.

## （四）武术传统师徒双方交往需求从养家糊口转变为强身健体

武术强身健体之功效早在清代的《太极拳谱》中就有提及："详推此意终何在，延年益寿不老春。"① 但在这一时期，师徒双方建立武术传统师徒关系的初衷仍是将武术作为一项手艺，通过走镖、护院等形式实现养家糊口。进入战火缭乱、烽烟四起的民国社会以后，在列强的欺凌和的耻辱下，强身健体、保家卫国成为人们拜师习武的交往需求。在民间开展的各类武术组织也多以"避刀枪，保身家"② 为目的。

## （五）"师为徒纲"的封建师徒关系开始松动

这一时期封建社会所提出的"君君，臣臣，父父，子子"尊卑有序的封建人际关系遭到猛烈冲击。一有太平天国运动中"天下一家，共享太平"的平等思想，二有维新派主张"人性平等"的思想，三有辛亥革命反对君主专制，反对男权夫权的平等思想。在此背景下，武术传统师徒关系中"师为徒纲"的封建思想开始松动。比如，王芗斋在这一时期提出了武术传统师徒关系平等的思想，他认为："学术为千古人类所共有之物，根本不应有畛域之分，更不必曰一国之内，同族之中不当有异视，即于他国别族，亦须皆抱大同。"③ "共有之物" "皆抱大同"说明王芗斋武艺授受的平等思想，师徒相授时，不仅限于对徒弟的传授，还包括对非徒弟的传授。由此时起，武术传统师徒关系中，师父的地位开始从"天、地、君、亲、师"的绝对权威向师徒平等思想转化。

## （六）武术精英以及师徒对门户之见进行批判

明清之际，武术传统师徒关系存在于秘密结社，以拜师收徒的方式形成门户，进而产生门户之见，"见"取偏见之意。门户之见受到众多习武

---

① 马晓璐. 当代中国传统武术教育价值的研究 [D]. 苏州：苏州大学，2011.

② 李岩. 近代以来中国武术价值观的变迁研究 [D]. 苏州：苏州大学，2016.

③ 王芗斋. 拳学宗师王芗斋文集 [M]. 北京：中国广播电视出版社，2010：197.

者的批判。首先，在近代社会的武术精英看来，"门户是结'党'营私之果"①，是阻碍武术发展的罪魁祸首。河北李芳宸将军在山东省国术馆训话时说道："着18世纪服装的土把式们，开口便骂，举手便打，并且心存着门户宗派之见，互相妒忌，彼此不合，种种恶心，绝不是进化到20世纪的人所应有的。"② 可见，这一时期，这些武术精英对门户持批判的态度。其次，师父一方对门户之见进行批判，主要代表人物是王芗斋，他认为："余之学拳只有是非之分，不知有门户之派别，为使拳术昌明，愿将平生所得所知交代后人。"③ 材料中，王芗斋先生为扫除门派观念，不惜以舍弃"师徒之称"为代价。再者，徒弟一方对门户之见的批判。民国时期，一位名叫重远的作者，他在《我的练拳生活》一文中写道："吾们知道，社会的纷乱不安，大半都因着人们造势力、结团、分派别、立宗法、散布党羽的缘故，而我便不赞成老师使我成为他团体中的分子。所以我便永不去结团体。"④ 从重远的自述中可以看出，他把"师父"的称呼改为"老师"，"不去结团体"即不建立武术传统师徒关系。可见，重远作为学习武艺的一方，不建立武术传统师徒关系，以杜绝由此引发的分派别的后果，他的这些行为正是对门户之见的批判。

### 五、武术传统师徒关系的停滞时期

新中国成立至改革开放以前，武术传统师徒关系进入停滞时期。这一时期，"师"的地位从神坛跌入谷底。

访谈对象樊姓师父出生于1940年，是洪洞通背拳第八代传人。他谈到自己的习武经历：

我那时啥都不懂，就是听说哪有教武的我就去哪里，有一次听老

---

① 戴国斌．武术：身体的文化 ［M］北京：人民体育出版社，2011：145.
② 戴国斌．武术：身体的文化 ［M］北京：人民体育出版社，2011：140.
③ 王芗斋．拳学宗师王芗斋文集 ［M］.北京：中国广播电视出版社，2010：197.
④ 戴国斌．武术：身体的文化 ［M］北京：人民体育出版社，2011：158-159.

乡说老家洪洞县有一位叫许方庆的师父练得特别好，我就专门过去请师父教我。我那时在太原工作，就和师父商量后又把师父接到太原，师父在这期间的吃、住、行都由我和另一位兄弟负责。那时环境不好，每天下班回家后，我们就把窗帘拉起来，悄悄地在里面跟随师父习武，谁都不敢和谁说。①

对出生于 1948 年习练查拳的牛姓师父进行访谈，他谈到这一时期的拜师经历：

（我）跟随师父学了一段时间以后，师父建议我拜他为师，让我回去和我父母商量，就是要求递个帖子。我母亲听后不大愿意，害怕拜师帖引来批斗。所以又让我转问师父，如果不递帖，还能不能好好教？师父听后表达了理解，并且表示不管递帖不递帖都会好好教我。所以，我跟随师父习武就没有递帖的程序。②

从上述两则材料中可以看出，樊姓师父所谓的"环境不好"即指政治环境不好，为了跟随师父习武，他把师父接来太原，在习武过程中更是"把窗帘拉起来"，"谁都不敢和谁说"。牛姓师父更是不敢递帖，"害怕拜师帖引来批斗"。从这些行为可以看出，受当时政治环境的影响，这一时期武术传统师徒关系的建立与维系之艰难，甚至都不敢以师徒之名进行武艺传授。这也说明这一时期武术传统师徒关系的建立与发展陷入停滞阶段。

### 六、武术传统师徒关系的恢复时期

武术传统师徒关系的恢复时期具体是指改革开放至今。改革开放以后，武术发展进入一个崭新的历史时期。1982 年 11 月，国家体委在北京召开了新中国成立以来的首次全国武术工作会议。1987 年 8 月，国家体委

---

① 2020 年 8 月 4 日山西临汾樊姓师父家中，笔者对樊姓师父进行的访谈。
② 2020 年 7 月 3 日牛姓师父家中，笔者对牛姓师父进行的访谈。

又做出了"关于加强武术工作的决定"。在国家政策的支持下，竞技武术逐渐形成并被视为中国武术的最高技术水平。由此武术传统师徒关系开始向竞技武术中的教练员与运动员关系分化。2011年通过的《中华人民共和国非物质文化遗产法》中"提供必要的经费资助其开展授徒、传艺"的鼓励态度，2017年中共中央办公厅、国务院办公厅印发的《关于实施中华优秀传统文化传承发展工程的意见》中对中华武术作为中华传统文化代表性项目的支持态度，使得武术传统师徒关系由之前的停滞阶段进入恢复时期。

武术传统师徒关系在一代代的传承过程中延续下来，它继承了原始社会的父子关系、封建社会的师父与徒儿的关系、民国时期师父与门徒的关系。其中，奴隶社会师傅与学徒的关系转向于现代工厂、企业领域。武术传统师徒关系也逐渐分化出了学校武术师生关系以及竞技武术教练员与运动员关系。相比较而言，武术传统师徒关系则依然奉行着传统社会遗留下来的"师如父"的规定，师父扮演着父亲的角色，徒弟则是对子女、徒儿、门徒的统称，形成师父与徒弟的关系。今天各拳种门派对拜师仪式的复兴、拜师仪式的隆重举行便是对武术传统师徒关系的肯定。但也由此出现一些不良的社会现象，如一些师父借机敛财，一些徒弟借机扩大人脉资源等，呈现出有名无实的师徒关系。这些问题将会在后文中进行详细的分析。

# 第五章

# 武术传统师徒关系的当代价值

当代价值是指人或事物在当今时代下的运动过程中所显示出来的积极作用。"天时不如地利，地利不如人和"充分说明人际关系的作用与地位，武术传统师徒关系亦不例外。习近平总书记强调："中华优秀传统文化是中华民族的精神命脉，是涵养社会主义核心价值观的重要源泉，也是我们在世界文化激荡中站稳脚跟的坚实根基。"武术文化是中华优秀传统文化的重要组成部分，武术传统师徒关系是武术传统文化传承的重要基础。在中华优秀传统文化亟待弘扬的今天，我们应结合现代社会发展的需求，以社会主义核心价值观为参照，对武术传统师徒关系的当代价值进行梳理。

## 第一节　有利于促进拳种深度传承

"拳种"是指流传有序，内容系统独具运动特点的武术拳术。其中，"流传有序"表明，拳种传承是以建立武术传统师徒关系为条件的。早在20世纪80年代初期，国家体委就组织了一次大范围的拳种挖掘、整理工作，并认定了129个拳种。从2006年开始，国家通过《非物质文化遗产名录》将拳种作为一项珍贵文化遗产进行保护，如太极拳、邢台梅花拳等。结合弘扬中华优秀武术文化的时代背景，拳种在今天面临更加迫切的深度传承需求。深度传承是相对学校武术师生关系与竞技武术教练员与运动员关系这种一般性传承而言的，具体要求师父将自身本领毫无保留地传授于徒弟。武术传统师徒关系之所以有利于促进拳种深度传承，原因有以下几点。

### 一、师徒交往时间的永久性有利于拳种深度传承

交往时间的永久性是武术传统师徒关系的特点之一。永久性的交往时间为拳种深度传承在时间上提供保障，师徒双方在日复一日、年复一年的武艺授受过程中，通过反复的纠正、指导、训练促进拳种深度传承。在武术传统师徒关系的维系中，有"太极十年不出门"的要求，这里门即为"师门"，这句话表明习练太极拳需要在师门内刻苦习练至少十年的时间，才能有所收获。这些显然是师生以及教练员与运动员在有限交往时间内所难以收获的。因为在有固定教学时间的学校武术师生关系中，师生双方交往时间一般仅限于固定的三年或四年的学制中，仅限于每周若干次课的教学活动中，师生关系会随着学制的结束而结束。所以，在师生有限的交往时间中，拳种传承难以达到师徒"深度"的层级。另外，对比竞技武术教练员与运动员的关系，由于"运动成绩"是教练员与运动员能否建立关系的唯一考核指标，双方交往目的以提高运动成绩为主。如果运动员当前的运动成绩与预期相去甚远，运动员本人会很快被其他运动员替代。换言之，当教练员与运动员的关系不能满足当前的预期运动成绩时，这段关系必须予以解除。所以，教练员与运动员双方的交往时间并不固定，难以达到拳种的深度传承。因此，武术传统师徒关系中师徒交往时间的永久性更有利于拳种的深度传承。

### 二、师徒单线式交往过程有利于拳种深度传承

李仲轩认为："凡是武师真传的，人数一定不会很多，三五个人，才能忙得过来，教得透。"[1] 这句话中，"真传""教得透"都是深度传承的体现，是学校武术师生关系难以具有的价值。受高校班级授课制所限，当前学校武术教学主要按照"统一性"原则，实行大一统的教学方法。具体表现为统一的武术技术动作、统一的武术技术规则、统一的武术教学时

---

[1]　徐皓峰，李仲轩. 逝去的武林［M］. 北京：人民文学出版社，2014：185.

间、统一的武术教学进度、统一的武术教学评价，等等。虽然可以使学生"很快掌握动作要领，增强了教学的可行性，使教学有序而不紊乱"①，但是，由于现行的班级授课制面向全体，更加侧重拳种在面上的推广与传播，对拳种传承虽有一定的促进作用，但难以达到如武术传统师徒关系一般深度传承的作用。

### 三、师徒自觉自愿的态度有利于拳种深度传承

深度传承即要求师父一方将自身看家本领使出来，徒弟一方将这些本领悉数掌握。这必须建立在师徒双方自觉自愿的基础之上。在学校武术师生以及竞技武术教练员与运动员授受关系中，授受的双方在关系建立之时并非完全自觉自愿，教师与教练员只要完成学校或运动队布置的工作即可，并没有义务将一身武艺毫无保留地传授于学生或运动员。这种义务只能依靠师父通过自觉自愿的收徒授艺态度履行。与此同时，徒弟一方也必须具有自觉自愿的拜师求艺态度，即数十年如一日的苦练、跪地求师的决心等，这些是学生、运动员在现有的教学条件下难以达到的。

### 四、武术传统师徒关系的建立有利于拳种深度传承

武术传统师徒关系的建立即意味着师父可以将毕生"绝技"放心授予徒弟。"绝技"传承正是深度传承的具体形式。"绝技"既是师父安身立命之本，亦是徒弟毕生所求之武艺，更是拳种传承与发展的关键所在。这样一个具有历史价值的传统技艺要想传承必须以建立武术传统师徒关系为条件，即要求师徒双方必须进行父子身份确认。这是因为：师父作为绝技传承的垄断者，为避免祸患，于公于私，这项技艺是不轻易相传的。只有通过父子身份确认，才能放心地将绝技进行传承。否则"宁可失传，绝不妄传"。王芗斋提道："学之者，若不拜师难得其密；教之者，亦以不拜师不

---

① 王岗，刘帅兵.中国武术师徒传承与学院教育的差异性比较［J］.武汉体育学院学报，2013，47（4）：58.

足以表现其亲，更不肯授之以要诀。"①　由此表明：徒弟获得师父"密"与"要诀"的前提是必须建立武术传统师徒关系。这一规定流传至今，在笔者访谈过程中，不少师父说起："他又不是我徒弟，我凭什么教他？"②也有不少徒弟谈道，"在没有拜师以前，师父什么都不会教，只是在旁边看着，在拜师以后，师父才开始点拨我。"③ 对此王芗斋先生批判道："诚陋矣哉！"④ 我们不同意该观点。师徒双方以武术传统师徒关系建立为条件进行绝技传授，在父子身份确认下为绝技传承提供稳定、有序的环境，更有利于绝技传承。所以，武术传统师徒关系的建立不仅不能称之为"陋"，而且更有助于师徒双方进行拳种的深度传承。

## 第二节　有利于增强师门内部凝聚力

师门内部的人际关系是指以武术传统师徒关系为中心而延伸出来的师兄弟、师叔伯等人际关系。凝聚力是指人的力量、能力的有机结合。人际关系形成的"凝聚力"是人类生存下来的重要基础。常言道"团结就是力量""人心齐，泰山移""众人拾柴火焰高"，均是合力产生的功效。从古至今，产生合力价值的方式多种多样，武术传统师徒关系的建立与维系便是方式之一。这是因为受中国传统文化的影响，武术传统师徒关系具有向内凝聚、向外排斥的特点。其中，向外排斥的结果便是门户之见，进而成为门户之偏见，出现相互诋毁、谩骂的不良风气。向内凝聚的结果便是促使门派内部产生凝聚力，带来门派内部的安定团结。因为随着拜师仪式的完成，师徒双方的父子身份得以确立，徒弟成为师门内部的一分子，得到师父以及其他同门的共同认可，在"自家人"观念的作用下凝聚力由此产

---

① 王芗斋．拳学宗师王芗斋文集［M］．北京：中国广播电视出版社，2010：198.
② 2020 年 9 月 12 日电话，笔者对 LFG 进行的访谈.
③ 2020 年 5 月 25 日 ZXG 的收徒仪式上，笔者对 ZXG 的新收徒弟 DWB 进行的访谈.
④ 王芗斋．拳学宗师王芗斋文集［M］．北京：中国广播电视出版社，2010：198.

生。正如学者杨建营所说："受中国文化'内向凝聚与外向排斥'的宗法结构特点影响而形成的以师徒传承为核心的武术拳派，既有值得继承发扬的精华，也有不得不排斥的糟粕。当今要发扬的是内向凝聚的师徒传承，要抑制或摒弃的是外向排斥的门户之见。"① 这表明武术传统师徒关系促使门派内部产生的凝聚力是值得继承与发扬的优秀传统文化。

在访谈过程中，一位武术协会主席谈道：

> 在这个问题上，我也经常在思考。收徒弟到底对还是不对？对的一点呢，是可以形成一种凝聚力。大家有事可以聚在一起，不仅是说练武，你练你的，我练我的，大家在一块儿有一个促进。而且谁有事儿另外一个还可以帮帮忙，你有这个本事你可以给他跑一跑。比如，你家里有事了，大家过去一起帮帮忙。就像我跟我的徒弟们，我们只要有事儿，大家都是统一行动。我有一个徒弟，前几年的时候他的父亲不在了，我让我的徒弟们统一过去，烧香磕头，统一去祭奠老人。这样呢，就有了凝聚力了。大家坐在一起都是师兄弟，有了问题，大家坐在一起解决。②

这段话表明，武术传统师徒关系的凝聚力既体现于武术技艺的传授与交流之中，还体现于师父与徒弟生活之中；既体现于武术传统师徒关系中，同时也扩展到整个师门内部的师兄弟关系、师叔侄关系中。这些由武术传统师徒关系衍生出的师门内部的师兄弟关系、师叔伯关系，是实现师门内部安定团结，产生凝聚力的基础条件。

---

① 杨建营. 武术文化之"瑕瑜"的深度剖析 [J]. 北京体育大学学报，2015，38 (12)：42.
② 2020 年 8 月 7 日宾馆，笔者对当地武术协会主席 ZZL 进行的访谈。

# 第三节　有利于加强习武者道德规范

习武者即习练武术的人，具体可以分为已拜师的习武者与未拜师的习武者。武术不同于其他技艺，技术高低直接作用于自己或他人身体，道德规范在习练武术的过程中起着至关重要的作用。武术传统师徒关系的建立有利于加强上述两类习武者的道德规范。原因有以下两点。

第一，武术传统师徒关系道德规范的决定性有利于加强已拜师的习武者的道德规范。对已拜师的习武者来说，在师徒双方反复、长久的道德考察与道德教育中，已拜师习武者的道德规范得以进一步加强。一方面，师徒双方一旦建立武术传统师徒关系，即意味着师徒双方增加了一份关于人品的担保。武术界在介绍某人时通常会提到他"是哪个门的"，"师父是谁"，"徒弟是谁"。这类介绍在很大程度上被当作对其人品的背书，由此得到武林的认可。因为在"虎父无犬子"的传统文化价值观中，进行父子身份确认的武术传统师徒关系使得师父在道德规范上对徒弟背书。另一方面，师徒双方建立武术传统师徒关系，意味着不仅具有师徒之间的关系，还有师兄弟之间的关系、同门师叔伯之间的关系等，也就是进入了以师父为中心的武术人际关系圈。在这个以武术传统师徒关系搭建的圈子中，由于对彼此的身份背景互相了解，这成为"熟人社会"的一种形态，此时道德约束在其中起着隐形的作用，没有人敢越过道德底线，否则便被圈子所不容。此外，武术传统师徒关系交往时间的永久性有利于加强未拜师的习武者的道德规范。交往时间的永久性是在"一日为师，终身为父"的传统价值规约中体现的，这意味着师徒双方的道德规范的决定性也是永久的。

第二，武术传统师徒关系道德规范的决定性有利于对未拜师习武者道德规范的不足提供借鉴、警示作用。未拜师的习武者是指未曾建立武术传统师徒关系的武术习练者。前文提及，道德规范的相互性与决定性是武术传统师徒关系区别于学校武术师生关系与竞技武术教练员与运动员关系的一大特点。其中，在教练员与运动员关系以及学校武术师生关系中的授受双方均没有举行拜师仪式，均属于未拜师的习武者。此外，还有一些社会上未拜师的武术爱好者，亦属于未拜师的习武者。这类未拜师的习武者由于缺少武术传统师徒关系中道德规范的决定性作用，容易产生道德规范不足的问题。比如，访谈对象某高校武术教师郝老师既有拜师收徒的经历，也有带队训练的经历。他以自己的亲身经历来说明二者之间的差别：

> 这个是不一样的。因为徒弟和运动员对师父和教练员的态度根本不一样。前几年因为爱喝酒，有一个拳击队员家里是卖酒的，也经常看他发朋友圈，然后我就向他买了点酒，结果他卖给了我假酒，当时就被我给喝出来了。我就问他这是怎么回事，他这才告诉我那个酒就是他们地方小厂给灌的。当时他想的是如何从我这里多挣点儿钱。但是，这样的事情在师徒里面就不可能存在。师父的话，徒弟给他钱他都不可能要。①

从这份材料中可以看出，该运动员与教练员进行交往活动时，传统的尊师重道在这样的关系中并未得到体现，某些人甚至会以次充好坑骗其他人。这主要是因为在教练员对运动员进行选材时，道德水平高低并没有作为决定性因素，这就导致容易选择到品行不佳的运动员。在建立教练员与运动员关系之后，部分教练员"唯运动成绩论"，运动成绩的提高也成为教练员与运动员关系建立的唯一目的，导致运动员的道德规范被忽视。从郝老师的回答中发现，相对而言在武术传统师徒关系中，在道德规范的决定性制约下这类情况则较少发生。因为在传统文化价值观中有"儿不嫌母丑，子不嫌父穷"的道德规约，很大程度上避免了"唯运动成绩论"下

---

① 2019年11月12日中北大学体育场，笔者对中北大学郝老师进行的访谈。

"功高德不高"的现象。

作为以父子身份确认为实质的武术传统师徒关系，在师徒道德规范决定性、相互性以及交往时间永久性的约束下，强调父子的情感，讲求重义轻利的义利观。这些师徒之间的道德规范，在人际关系疏离的现代社会中，有助于对相关的习武者起到借鉴、警示的作用。

## 第四节  有利于弥补学校武术教学之不足

不论是武术传统师徒关系，还是学校武术师生关系，二者均是在武术技艺传承与发展过程中所建立的人际关系。当前学校武术师生"一对多"的教学模式虽然有助于提高学校武术教学工作效率并保证学生有计划、系统地学到武术基础理论以及基本技战术的知识。但是，随着武术人才市场的多元化需求，学校武术教学的局限性也日益凸显。比如，班级授课制导致武术教师难以做到因材施教；固定的教学时间、教学内容等导致难以调动武术专业学生的积极性；标准化、统一化的武技动作限制了部分有习武天赋的学生水平提高等问题。许多学者在此背景下，提出民间武术传承与学校武术教育优势互补的思路。这一思路得到大多数学者的认可，但对于"为什么可以进行优势互补"的问题却一带而过。笔者在这一思路的启发下，认为民间武术传承与学校武术教育之所以能够进行优势互补，其中一部分原因在于民间武术师徒教学之长可以弥补学校武术师生教学之短。由此揭示出武术传统师徒关系有利于弥补学校武术师生教学现状不足的价值观，促进武术技艺授受关系的共同发展。

### 一、有利于弥补学校武术教学内容脱离学生生活实践之不足

就武术技能而言，有学者认为："武术的传承由师徒式教育转变为学校教育。在这个转变中，武术技能及相关知识脱离了学生的生活世界，不

能转化为他们实际生活中的思想和行为，它的意义无法得到理解。"① 这使得本身极具实战性的武术技艺远离实践生活，缺乏了实战训练，阻碍了武术技艺的传承与发展。就武术道德教育而言，有学者认为："高校武术专业面临的问题是对学生的道德教育仅仅局限在道德知识的传授的层面上。"② 这说明，道德教育本应该深入落实在每一位学生身上，但在高校武术教学内容中关于道德的教学仍然停留在表浅的阶段，学校仅仅将其作为知识进行传授，脱离了关于生活实践的道德教育。道德教育表浅带来的后果便是："大批以武术为业的青少年，特别是由众多民间武校源源不断地输出的数以百万计的毕业生，更多的是以保镖、打手或黑社会帮凶为业。"③ 可见，作为一名具有强身自卫武术技艺的学生来说，当学校道德教育背后的意义不被理解时，不仅可能危害社会安全，武术专业学生个人发展也受到了限制。杜威认为，"从间接的教育转到正规的教育存在明显的危险，即教育脱离了人们的生活世界。……这种危险带来的后果则是，教育的社会必要性被忽视"。即当前正规的学校武术教学，不论是在武术技能，还是在道德教育方面都存在脱离学生日常生活实践的问题，这是由原本间接的教育转化为正规的教育带来的风险。长此以往，武术教育的必要性反而被忽视了。

武术传统师徒关系的建立有助于解决学校武术脱离学生生活实践的问题。正如学者周伟良认为："以口传心授为特征的传统武术，奉行的是一种实践哲学。"④ 在以父子身份确认为实质的武术传统师徒关系中，受交往时间永久性特点的影响，徒弟在师父以身作则武术文化的熏陶下，以及"师父身边睡"的耳濡目染下，徒弟所求的武术之"知"既有"知其然"

---

① 张国栋. 中华武术现代传承困境研究：基于梅花拳的考察 [D]. 重庆：西南大学，2011.

② 张海冰. 高校武术专业武德教育与西点军校德育教育的比较研究 [D]. 长春：东北师范大学，2008.

③ 杨建营. 武术文化之"瑕瑜"的深度剖析 [J]. 北京体育大学学报，2015，38（12）：42.

④ 周伟良. 中华民族传统体育概论高级教程 [M]. 北京：高等教育出版社，2012：129.

的具有基础性质的武术理论与技能知识，也有"知其所以然"的具有深度性质的拳种文化与独门秘籍。尽管师父可以将自己习武的经验体会传于徒弟，但徒弟对这些经验的领悟未必能达到预期的程度。因为这是师父时时操演，招招运化的结果，徒弟若想将师父的武学造诣转化为自身技艺，"非亲拟不能悉"①。武术传统师徒关系在师徒朝夕相处中难以脱离生活，并且在师徒双方日积月累的相处中，师父对徒弟学业、婚姻、事业等方方面面起到指导作用，这是短暂的学校师生关系无法涉及的。因此，就建立在实践经验基础之上的武术传统师徒关系而言，既有师父不断喂招、拆招的武术实战技能训练，又有日常生活中德行的考察与培养。这些内容都是当前学校武术师生教学内容所难以包含的。

**二、有利于弥补学校武术教学方法之不足**

学校武术师生教学方法之不足主要表现为难以实行因材施教的教学方法。受高校班级授课制所限，当前学校武术教学主要按照"统一性"原则，实行大一统的教学方法。具体表现为统一的技术动作、统一的技术规则、统一的教学时间、统一的教学进度、统一的武术教学评价，等等。虽然可以使学生"很快掌握动作要领，增强了教学的可行性，使教学有序而不紊乱"②，但是，由于现行的班级授课制面向全体，难以照顾到每一位学生的特点，使部分学生的武术发展受到限制。因此，武术教师仅凭借学校武术教学现有条件难以对学生进行因材施教。

因材施教具体要求："针对学生的特点进行有区别的教学，采取有效措施使有才能的学生得到充分的发展。"③ 武术传统师徒关系正是在高校"统一性"困境下应运而生的"有效措施"。因材施教的教学方法在武术传统师徒关系中具有一定可行性：其一，武术传统师徒关系中"一对一"的

---

① 卞人杰. 国技概论·国术理论概要 [M]. 太原：山西科学技术出版社，2011.
② 王岗，刘帅兵. 中国武术师徒传承与学院教育的差异性比较 [J]. 武汉体育学院学报，2013，47（4）：58.
③ 王道俊，郭文安. 教育学 [M]. 北京：人民教育出版社，2012：230.

交往过程为因材施教提供了外部条件。民间武术中历来有"宁可失传，不可妄传"的严格传武要求。因此，在民间师徒传承中，师父收徒的数量是有限的，不会出现高校师生传承中"一对数十人"的交往过程，从而使得因材施教成为可能。其二，徒弟的个体差异为因材施教提供了内在动力。不同于高校生源的统一性，习武者社会群体基础广泛，习武者无论是年龄、体格，还是悟性，都存在很大差异。由此，在武艺授受过程中师父必须根据徒弟的个体差异因材施教。这样的外部条件与内在动力是学校武术现有教学条件所难以保障的，所以武术传统师徒关系可以对学校武术师生教学方法的不足进行弥补。

就武术传统师徒关系弥补学校武术师生教学不足的具体方式来说，主要针对高校武术专业学生提出采用"校外拜师"的方式，原因在于：一方面，武术专业学生拥有较高的武术理论素养与身体素质，还有大量的习练时间，备受民间拳师青睐。另一方面，学校武术专业学生道德教育内容表浅，脱离生活实践，易被社会不法分子利用走向违法犯罪的道路。武术专业学生通过"校外拜师"的方式，经历师父严格的道德考察、长久的道德教育与武艺传承，逐渐成长为有利于拳种传承、社会稳定的优秀青年。

所谓"校外拜师"是指高校武术专业学生结合自身兴趣并利用课余时间，与民间优秀拳师，在双方自觉自愿的条件下，建立武术传统师徒关系。校外拜师有以下三层含义：其一，所谓"校外"不仅在空间上表示"高校以外"之意，还在时间上表示"课堂时间以外"之意。之所以提出"校外"的概念，一则为了增加高校武术专业学生的武术文化习得方式，二则为了区别于校内单一的师生传承，进而对其进行弥补。其二，所谓"拜"是古人表示敬意的一种礼节。"校外拜师"中的"拜"是针对"高校武术专业学生"提出的要求。进而言之，"拜"对"高校武术专业学生"提出三方面要求。第一，"拜"要求高校武术专业学生对其所拜的民间优秀拳师心怀敬意。第二，"拜"要求高校武术专业学生对结合自身兴趣所选择的拳种心怀敬意。这既是对各拳种流派的保护，也是对高校武术专业学生敬畏之心的培养。第三，"拜"要求高校武术专业学生对拳种背后蕴含的中华优秀武术文化心怀敬意。在西方竞技体育文化的强势入侵与中华优秀武术文化备受质疑的现实困境下，在面对高校武术专业师生传承越来越脱离中华优秀武术文化，朝着高、难、美、新方向发展的趋势下，高校武术专业学生更需要对中华优秀武术文化心怀敬意，从而树立中华优秀武术的文化自信。其三，所谓"师"指民间优秀拳师，是民间武术中武德与武技并举的师父。于高校武术专业学生而言，民间优秀拳师虽是沿用传统社会中"师父"的称谓，但又区别于传统社会中的"师父"。校外拜师中的"师"要求对传统社会武术师徒传承中的"师父"进行创新性发展与创造性转化，从而形成既符合现代社会发展需求又起到弘扬中华优秀武术文化传承作用的"师父"。所以，通过高校武术专业学生"校外拜师"的方式，可以弥补学校武术师生教学现状之不足。

## 第五节　有利于弘扬中国传统感恩文化

知恩图报是中华民族的传统美德，知恩即感恩。武术传统师徒关系的建立与发展可以催生出这种感恩文化。这是因为：其一，在武术传统师徒关系中有"亲"的规范，"亲"在武术文化传承中作为师父的待徒规范，要求师父待徒时做到"见面、亲近以及亲爱"[①]。与"亲"对应的"孝"是徒弟待师的规范，在视师若父的文化环境下，孝文化同样要求徒弟对传授给自己武艺的师父心怀感恩，形成师亲徒孝的师徒关系，由此产生出报恩文化。其二，在严格的武术传统师徒关系的建立与维系过程中，徒弟对于传授自己武艺的师父，本身怀有敬畏之心。由于长时间的师徒交往以及严苛的训练，徒弟一方知道如果自己不付出，就学不到真正的技艺，天上不会掉馅

---

① 李金龙，宿凤玲，张晨昕. 传统武术文化传承中师之规范及其传承价值审视 [J]. 武汉体育学院学报，2018，52（3）：58-59.

饼，由此对师父心存感恩与敬畏。其三，"一日为师，终身为父"的价值观同样是倡导武术传统师徒关系感恩文化的原因之一。自古以来被人津津乐道的师徒关系中都存有感恩的文化属性，如岳飞对师父周同死后"朔望设祭于其冢"；单广钦在师父尚云祥家中安电灯称"咱不能比旁人差"；车毅斋离世后，徒弟刘俭以儿子的身份让师父入土为安……这些行为都是由武术传统师徒关系催生出来的感恩文化的现实表现。

　　然而，就现实层面而言，在一个时期内，"人性、人伦的起码准则在所谓的'阶级斗争'的冲击下荡然无存。忘恩负义、反目成仇、过河拆桥、落井下石的事随处可见"①。后期受独生子女的政策、功利主义等多因素的制约，"精致的利己主义者"成为年轻一代的代名词，部分学生或徒弟对传授给他们文化、技能的老师、导师、教练、师父等，难怀感恩之心。就如相声界郭德纲与其徒弟曹云金等人师徒关系情感破裂一事，其中原因不乏报恩文化的缺失。所以，在今天功利主义、享乐主义盛行的社会背景下，在中国传统孝文化淡化的前提下，具有感恩文化属性的武术传统师徒关系有助于师徒双方人格修养方面潜移默化的塑造，师徒之间多一份感恩之心，有助于形成良好的社会伦理道德秩序。

　　武术传统师徒关系中感恩文化的弘扬也有助于国家文化自信的建设。武术传统师徒关系是基于对中华武术文化充分肯定下的积极践行。千百年来一直随着社会变迁而延续至今，一方面，它为了适应各个时期的需求，不断调整着自身的文化内涵；另一方面，它受历史文化的沉淀，保留着自身独有的文化魅力。可以说，武术传统师徒关系所带来的感恩文化是提升中华民族文化自信的重要渠道。文化自信并非空洞的理论，武术传统师徒双方作为"土体育"文化的坚守者与践行者，正是树立中华民族文化自信的主体。师徒双方通过互择阶段、互访阶段具有了自觉自愿的属性；通过拜师仪式明确了父子身份；通过父子身份认可阶段加强了师徒之间的父子情感；师徒具体相处包含着做人与做事、工作与生活等方方面面的内容。

――――――――

　　①　程大力．中国武术：历史与文化［M］．成都：四川大学出版社，1995：32.

这些都是西方体育文化"一分为二"思维下所不具备的内容。在今天世界各地的孔子学院中，凡是武术教师都会被外国学生尊称为一声"师父"，这是武术传统师徒文化在世界各国的彰显，是对当前以西方体育为主导的体育文化的猛烈冲击，是文化自信的具体表现。

第六章

# 武术传统师徒关系的缺陷与当代困境

武术传统师徒关系从历史中走来沿传至今，它所涵盖的技法、道德规范具有中国传统文化的影子，并在师徒传承的方式下一代代延续下来。然而中国传统文化既有精华，又有糟粕。同理，流淌着中国传统文化血脉的武术传统师徒关系发展并非始终一派祥和，它萌芽于奴隶社会，在封建社会达到顶峰，随后又急转直下甚至在一个时期中停滞不前，而今它重归高速发展的轨道，但其发展方向并不尽如人意。承接上一章对武术传统师徒关系的当代价值研究，本章在传统与现代的融合过程中，立足于当下，通过大量的访谈材料以及相关史料文献，以现代社会主义价值观为参照标准，借助人际关系学相关理论，深入武术传统师徒相处实地，经过长时间的观察、思辨，对武术传统师徒关系的缺陷与当代困境进行研究。

## 第一节　武术传统师徒关系的缺陷

所谓缺陷即欠缺、不够完备之处，是武术传统师徒关系本身所具有的不足。本节根据武术传统师徒关系的概念、特点及其历史流变，结合中国传统文化相关理论，以现代社会主义核心价值观以及当代武术文化传承与发展需求为依据，梳理出武术传统师徒关系的缺陷。

### 一、"师为徒纲"有碍于现代社会人际关系平等价值观的建立

在儒家人伦关系中"父为子纲"强调父的权威，武术传统师徒关系长久以来受儒家人伦关系"父为子纲"的影响，模拟父子关系形成"师为徒

纲"的传统道德规范，是武术传统师徒关系本身存在的不足。所谓"师为徒纲"，在武术传统师徒关系中，强调师父一方的绝对权威以及徒弟的彻底被动地位。正如学者周伟良所言，"必须'遵师命，守师训'的'师为徒纲'，是传统社会宗法制条件下以父为绝对权威的'父为子纲'的伦理翻版"①。

"师为徒纲"体现于相关书籍、谚语以及徒弟拜师习武的具体过程中。比如，《国术一元说》的文章中曾提道："徒视师若父。遵师命，守师训，忠心耿耿，绝不能有三心二意。"② 这段材料说明，在"师为徒纲"的武术传统师徒关系中，要求徒弟对师父的一切命令与训诫言听计从，不得违背。这肯定了师父的绝对权威，将徒弟置于彻底被动地位。再如，学者程大力介绍道："过去学拳，每学一手，都要跪地求师，等师父高兴了才教你，韩其昌虚心好学，把膝盖当脚走。"③ 材料中这种"跪地求师"以及"把膝盖当脚走"的行为表明他为了习武做出了人格尊严上的牺牲。直至今天，程大力一位视武如命的朋友，颇费周折才拜在一位声名赫赫的老武师门下，但一个月后他却再也不去练了，程问其缘由，"他说实在忍受不了那种环境，老师是爷，徒弟是孙，老师若放个屁，全体学生会异口同声地说是香的"④。可见，这位视武如命的朋友把与老武师的师徒关系比喻为"爷孙关系"，主要是在师徒等级身份上凸显"爷"的绝对尊贵地位与"孙"的彻底被动地位。"师为徒纲"的问题在于"过分"强调师父的权威，这种"过分"体现于徒弟为了得到师父的真传，不惜以牺牲自身的人格尊严为代价，成为师父的奴仆，形成"师为徒纲"的师徒关系。

"师为徒纲"之所以有碍于现代社会人际关系平等价值观的建立，原因在于：

---

① 周伟良. 师徒论：传统武术的一个文化现象诠释 [J]，北京体育大学报，2004，27（5）：585.
② 周伟良. 师徒论：传统武术的一个文化现象诠释 [J]，北京体育大学报，2004，27（5）：585.
③ 程大力. 中国武术：历史与文化 [M]. 成都：四川大学出版社，1995：32.
④ 程大力. 中国武术：历史与文化 [M]. 成都：四川大学出版社，1995：32.

　　其一，由于传统社会父子尊卑等级身份遵循"长者本位"的原则，有"父为子纲"的明文规定，父为长，子为幼，一切以父为中心。同样武术传统师徒关系要求一切以"师父"为本位，形成"师为徒纲"的等级身份。由此，师同父一样具有绝对权威，徒弟同儿一样处于彻底被动地位。这与现代社会所倡导的"以人为本""人格尊严平等"的主流价值观相违背。传统社会要求儿子绝对服从父亲，如果儿子苛责父亲，将被视为大逆不道。因此，在"父为子纲"的父子关系总格调下，传统社会的父子关系中也自然赋予了父亲对儿子的体罚权力。在这样一种规范的约定下，师父对徒弟的体罚权也是得到社会公认的，甚至是合法化的。直至今天，从武术传统师徒关系中遗留下来的体罚权依稀可见。传统武术中"只有不对的徒弟，没有不对的师父"一语表达了武术传统师徒关系中师父的绝对权威性。正如王芗斋先生曾说过，"师徒之名分一定而尊卑观念以起。徒对师说，即觉有不当。常恐有犯失之尊严而不敢背。即背之，而师自保尊严计。亦痛加驳斥而不自反。"① 意思是，一旦建立师徒关系，便产生了师尊徒卑观念，当徒弟发现师父不当的言辞时，也常常担心冒犯师父的尊严而不敢违背。即使违背，师父为了保住自己的尊严，也会痛斥徒弟而不是自己反省。这说明，在武术传统师徒关系中，师徒之名与尊卑观念具有因果关系，并且这种尊卑观念是对师父权威的绝对肯定，是"师为徒纲"带来的严重后果。

　　其二，在"父为子纲"父子关系的背景下，"师为徒纲"的武术传统师徒关系产生了徒弟对师父的人身依附关系。人身依附关系是指徒弟将自己个人命运完全寄托于师父身上的师徒关系。同样违背了现代社会人际关系平等价值观的建立。一方面，在武术传统师徒双方父子血缘身份确认过程中，受师徒交往环境职业性与家庭性的双重影响，师父不仅承担着徒弟的教学责任，还要对徒弟的职业发展乃至婚姻生活承担一定责任。也就是说，徒弟的个人命运本身就与师父绑定在一起。另一方面，在武术传统师

---

① 王芗斋. 拳学宗师王芗斋文集［M］. 北京：中国广播电视出版社，2010：199.

徒双方父子等级身份的确认过程中，由于师父掌握着绝技，是武学知识的垄断者，拥有对徒弟绝对的控制权。比如，民谚中有"徒弟徒弟，师父的奴隶"。作为给予徒弟第二次生命的师父掌握着徒弟武学生涯的"生杀大权"，是否具有"遵师命，守师训"的奴性意识成为衡量一名徒弟合格与否的重要标准。由此，传统武术中徒弟以个人尊严为代价，希冀得到师父的真传。这种人身依附关系意味着徒弟意志的自由、存在和发展的自由都受到了师父的裁量。

### 二、武术传统师徒关系部分规矩阻碍师徒武艺授受

不可否认，师徒传承是中华武术主要的传承方式之一，武术传统师徒关系也为武术文化传承起着重要作用。但正是由于自身对武艺传承近乎垄断的历史地位，以及由此产生的部分规矩，使得武术传统师徒关系在某些时候反而阻碍了师徒武艺习得与传授，成为武术传统师徒关系的缺陷。

其一，不允许师父早传的规矩。访谈对象洪洞通背拳传人樊姓师父谈道："过去洪洞通背拳对师父的要求是不允许多传，不允许早传；对徒弟的要求是不允许对传。"① 其中，不允许早传是要求师父不要过早地将武艺传授给徒弟。在镖局、护院等职业中，武艺是师父安身立命的本领，这一规矩原本是对师父利益的保护，因为在武术技艺中师父有"教会徒弟，饿死师父"，甚至"教会徒弟，害死师父"的风险。所以，师父轻易不会将毕生绝学过早地传授，因此有了不允许师父早传的规矩。但是，武术传统师徒双方在实际传授过程中却犯了矫枉过正的错误。有的老一辈师父为了保证自身的利益，直到久病在床才口授绝技，但因身体机能退化无法进行示范，而至绝技沦为"绝迹"。"民国年间号称中原大侠的王效荣，其叔父在病得日渐不支时，才将他唤至床前，口授了一套齐眉棍。"② 本还想传他口中吐镖的绝技，却在吐了两发之后便气微力竭，再也吐不出来了。还有戳脚翻子名师吴楼斌，晚年卧床不起后才想起传授徒弟"双撑子"的绝

---

① 2020 年 8 月 4 日山西临汾 FHW 家中，笔者对 FHW 进行的访谈。

② 程大力. 中国武术：历史与文化［M］. 成都：四川大学出版社，1995：29.

技，可惜病情突变，吴楼斌很快去世了，"双撑子"便就此失传。可见，"不早传"这一规矩带来的严重后果便是"失传"。

进入现代社会以后，一方面，随着社会安定团结以及相关法律的健全，师父不再有"教会徒弟，害死师父"的担忧，为具有一定武艺水平的师父"早传"提供了安定的外部条件；另一方面，在武艺传承中部分拳种已经成为非物质文化遗产，并且需要实行抢救性措施，师父"早传"的规矩已然成为武艺传承的迫切诉求。对具有一定武艺水平的师父来说，"不早传"的规矩阻碍其武艺的传授。违背国家传承优秀武术文化的初衷。王芗斋先生认为："姑不论肤浅者流，根本无技之可密，即或有之，则彼密势必将拳道真义密之于乌有之乡矣。甚至门墙之内，亦自有其密而不传者，余实不解其故。"意思是，"姑且不说面对一些武艺尚浅者，根本没有什么绝技需要秘而不传。就算是有，师父秘而不传就是将珍贵的拳道真义藏在了什么都没有的门墙之内。这样一些秘而不传的人，我着实想不明白。"这句话说明，王芗斋先生不同意师父将所拥有的武术技艺秘而不传或者直至临终才传。随着现代社会的发展，武术传统师徒关系中不允许师父早传的规矩已经成为武术传统师徒关系的缺陷。

其二，不允许徒弟另拜他人为师的规矩。《国术一元说》的文章中曾提道："徒视师若父。遵师命，守师训，忠心耿耿，绝不能有三心二意。"① 其中，"忠心耿耿，绝不能有三心二意"要求徒弟对师父忠心，没有二心，暗含着"不可另拜他人为师"的要求。在深度访谈过程中，今天依然有少部分师父坚持着这一点，要求徒弟若要拜他人为师，先要与其解除师徒关系。这固然有师父一方害怕徒弟因拜他人为师而带来武术技艺"博而不精"的后果，但更多是为了巩固师父的地位，保证徒弟的忠心。因为武术技艺的习得并非仅仅需要依靠师徒关系的建立，特别是在现代社会，学校武术、竞技武术、社会武术均可通过建立各类武艺授受关系进行武艺习得与传授。而"徒弟另拜他人为师"则意味着师父的绝对权威受到

---

① 周伟良．师徒论：传统武术的一个文化现象诠释［J］，北京体育大学报，2004，27（5）：585.

威胁。

武术传统师徒关系之所以有不允许徒弟另拜他人为师的规矩，深层原因在于"唯长者尊"的家庭伦理。唯长者尊的家庭伦理即是对年长的、辈分高的人绝对地遵从。这主要是受传统价值观中"长者先幼者后，长者尊幼者卑，长者贵幼者贱"的等级身份观念所致。自汉代以"孝"治天下以来，家国同构成为上至国家下至各行各业的主要纲领，唯长者尊的家庭伦理也适用于社会方方面面。武术传统师徒关系在这样的背景下逐渐形成以父子身份确认为实质的武艺授受关系，同样遵从于"唯长者尊"的家庭伦理，形成以师父为尊，徒弟为卑的尊卑地位。"唯长者尊"的家庭伦理意味着尊者的绝对权威。这种绝对权威体现在君臣关系上便是"君要臣死臣不得不死"；体现在父子关系上便是"生尊死从"；体现在武术师徒关系上便是"恐有犯失之尊严而不敢背"。所以，在"唯长者尊"的家庭伦理的背景下，武术传统师徒关系有不允许徒弟另拜他人为师的规矩，以此保证师父绝对权威。

师父不允许徒弟另拜他人为师的规矩之所以成为缺陷，是因为这一规矩与武谚中"人经三师武艺高，井淘三遍吃清水"的规定相悖，阻碍了徒弟武艺深造与交流学习。纵观武术史上赫赫有名的武学大师，诸如李小龙、霍元甲、黄飞鸿、李洛能等，哪一位的成就不是博采众家之长才取得的呢？这样闭关自守、敝帚自珍的态度最终导致武艺失传。所以，对那些已拜师父需要继续深造的徒弟来说，武术传统师徒关系中"不允许徒弟另拜他人为师"的规矩反而阻碍了徒弟武艺的习得。

其三，基于辈分的考量，不允许徒弟再收徒的规矩。比如，形意拳大师尚云祥收李仲轩为徒一事，当时年事已高的尚云祥坚决不同意，虽然最后因李仲轩是忠良之后才勉强收他为徒，但出于辈分的考量，即对"老师傅，小徒弟，以后给人当祖宗"①的担忧，尚师让李仲轩立下"学成后不收徒"的誓言，李仲轩一生也恪守着这一规矩。

---

① 徐皓峰，李仲轩. 逝去的武林 [M]. 北京：人民文学出版社，2013：35.

武术传统师徒关系中一直存有"唯辈分论"的现象。"唯"促使一些武术传统师徒关系中的师父单纯在"辈分"的考量下，不允许徒弟再收徒。师父将辈分视为唯一的要素决定徒弟是否可以进行武艺传承。这主要受传统价值观"辈分优先性"所影响。辈分的优先性是在"唯长者尊"的家庭伦理中体现出来的。辈分的优先性是相对个人道德品质而言。在孔子提倡的孝悌观念以及"子为父隐，直在其中"都在暗示着辈分的优先性。学者翟学伟认为："从面子的运作上来讲，身处这一矛盾中的长者，从优先性上则已经不在乎自己的德行如何，却只关注自己的名声。"① 这句话表明，在"唯长者尊"的家庭伦理中，长者更关注自己的名声而非德行。所以，武术传统师徒关系中师父唯辈分的考量，有了不允许徒弟再收徒的规矩。这条规矩在传统社会中，对维护形意门辈分次序以及尚师的尊严而言，是具有一定积极意义的。但是，在鼓励武术文化传承的现代社会中，在武术"到底能不能打"的质疑声中，这一规矩违背了武术传统师徒关系中师徒双方武艺传承的交往目的，反而阻碍了师徒双方武艺的习得与传授，甚至带来因"唯辈分"而忽视德行的后果，成为武术传统师徒关系的缺陷。

### 三、武术传统师徒关系容易引发门户之见与师承之别

门户具体指武林中各拳种门派，见是偏见的意思。师承之别多指同门之间因师父不同而互相看不起的习气。武术中门户之见、师承之别是在师徒文化传承中产生并沿传至今的一大社会问题。

武术传统师徒关系所引发的门户之见与师承之别主要体现于两方面：其一，体现于相关者的研究当中。学者周伟良认为："在这种门派之争的背后，传统的师徒传承起到了相当大的作用。"② 王芗斋先生认为："何况

---

① 翟学伟.中国人的关系原理 [M].北京：北京大学出版社，2011：156.
② 周伟良.师徒论：传统武术的一个文化现象诠释 [J].北京体育大学学报，2004，27（5）：587.

门派之争，常以师徒制之流行而益烈。"① 由此说明，武术传统师徒关系是构成门户之见的主要原因。其二，体现于现实的武林世界之中。门户之见是制约武术文化传承与发展的原因之一，在今天的师徒传承中依然可见其影响。有的徒弟因不忍师父受辱，师兄弟们成群结队上门大打出手，为师父鸣不平。这一行为便是由武术传统师徒关系引发的争端。

武术传统师徒关系之所以容易引发门户之见与师承之别，原因在于：

其一，武术传统师徒关系的排他性特点引发门户之见与师承之别。如前文所述，排他性是武术传统师徒关系区别于其他武艺授受关系的基本特点之一。武术传统师徒关系以父子血缘身份确认为基础，由此划分出了"自家人"与"外人"。在门派内部，形成了师父名下的"自家人"与其他师父名下的"外人"。在门派外部，形成了同门的"自家人"与其他门派的"外人"。武术传统师徒关系的排他性具体体现于门派内部中对师父的盲目尊敬，以及门派外部对本门功法的盲目推崇。如"徒对师说即觉有不当，常恐有犯师之尊严而不敢背"② 的行为以及"喜师之所喜，恶师之所恶"③ 的态度。在传统师徒关系中，如果有人不具备排他性，就会被视为叛师，遭受其他同门的排挤以及道德谴责。排他性造成的后果便是师徒双方自身武艺故步自封，难以受到新的拳理的刺激；徒弟"叩头三千，呼师八万，而于学术根本茫然"④。最终出现自吹自擂，对别门、别派、别人评头论足，评论他人功夫好坏，逐渐形成门户之见与师承之别，造成武林不团结，代代争斗。可见，武术传统师徒关系的建立原本是为了拳种传承，但由于师徒关系中所存有的排他性形成了门户之见，反而不利于拳种传承，成为武术传统师徒关系引发的又一大问题。

其二，以师徒方式延续的江湖陋习引发门户纷争。中国武术与江湖一

---

① 王芗斋．拳学宗师王芗斋文集 [M]．北京：中国广播电视出版社，2010：199.
② 王芗斋．拳学宗师王芗斋文集 [M]．北京：中国广播电视出版社，2010：199.
③ 周伟良．师徒论：传统武术的一个文化现象诠释 [J]．北京体育大学学报，2004，27（5）：587.
④ 王芗斋．拳学宗师王芗斋文集 [M]．北京：中国广播电视出版社，2010：199.

直有着密不可分的关系，武侠小说的畅销、武侠电影的热映，其故事情节均从江湖展开。可以说，"没有江湖化，便没有武侠崇拜"①。拳脚功夫和义气，是立足江湖的两样法宝。武术传统师徒关系是获得这两样法宝的主要途径，在获取过程中不免沾染上江湖习气。诚然江湖中有许多令人称赞的优良风气，但也存在不少江湖陋习，这些江湖陋习由于延续时间持久，以师徒相授的方式相传几代甚至几十代人，影响深远且范围极广。具体包括：其一，徒弟们只认自己的师父，忽略同门师伯、师叔；传播他人家隐私，评论他人功夫好坏，由此带来师承之别与门户之见的问题。其二，年轻人爱与人较，年长者实少虚多。学者张大为认为，"年轻人争强好胜，习了武术便不可一世，总想在与人较量中出头露面。这也是痼疾"②。一些徒弟一旦较量输了便抱怨自己的师父不如别人的师父，而改拜他人。还有一些年长者，往往有着较丰富的江湖经验，爱惜自己的名声，所以不肯轻易出手，实少虚多。今天社会中频频上演的比武、约架事件与年轻人爱与人比武的陋习相关，因比武输掉比赛对师父怀恨在心也是造成师徒关系决裂的重要原因之一。今天社会公众对武术所提出的"能不能打"的质疑多与一些师父实少虚多的江湖陋习相关。其三，踢场子。所谓"踢场子"就是找碴和其他人比武较量，使其不敢在自己的地盘活动。一般而言，这些踢场子的人代表着地方势力，是当地称霸一方的人。今天社会上出现的一些以武术传统师徒关系为基础形成的黑恶势力往往与此江湖陋习相关。此外，江湖陋习还不止于此，学者张大为还揭示出"正辈分，攀高枝，拉帮结派，互相诋毁，现学现卖，据为己有，师不尽责，徒不敬孝，吹牛"③等。这些江湖陋习都直接或间接地引发了门户之见与师承之别。

其三，师徒双方社会公德弱化引发门户之见。学者费孝通认为："在差序格局中并没有一个超乎私人关系的道德观念，这种超己的观念必须在

---

① 于阳. 江湖中国 [M]. 北京：当代中国出版社，2016：25.
② 张大为. 武林丛谈 [M]. 北京：当代中国出版社，2013：94.
③ 张大为. 武林丛谈 [M]. 北京：当代中国出版社，2013：95.

团体格局中才能发生。"① 在武术传统师徒关系中，师徒之间更注重私德，但进入团体格局的现代社会以后，这种对私德的注重成为武术传统的缺陷，容易引发门户之见。

　　社会公德与私德相对，师徒双方作为社会的人，生活在社会公共空间之中，理应遵守社会公德。社会公德要求每一位公民应该"文明礼貌、助人为乐、爱护公物、保护环境、遵纪守法"②。师徒双方亦是如此。《太极拳门规》有"文明礼貌、遵纪守法、见义勇为"的社会公德；宋氏形意拳在《入门拜师帖》上有"遵纪守法，讲求社会公德"的具体要求，如图6-1。这表明，社会公德是建立师徒关系的关键所在。在师徒交往中，师

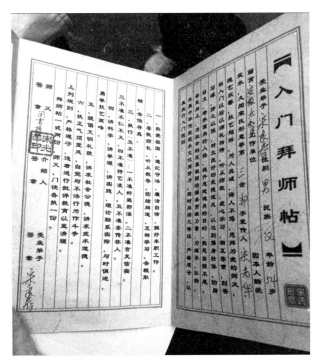

**图 6-1　拜师帖中关于社会公德的要求**

（拍摄于 2020 年 8 月 8 日，山西太谷宋良春先生的拜师帖）

---

① 费孝通 . 乡土中国 ［M］. 北京：人民出版社，2016：39.
② 王泽应 . 伦理学 ［M］. 北京：北京师范大学出版社，2015：246.

父有责任、有义务对徒弟进行社会公德的教育，从而维护良好的师徒关系。然而，受"私德"观念的影响，现实中部分师父自吹自擂，标榜自身武艺正宗、嫡传，排斥别家拳种。这类师父通过建立师徒关系，由此引发了武林中长久以来争论不休的矛盾——门户之见，严重影响拳种之间的交流和传承。这与现代社会"文明礼貌，助人为乐"的公德要求严重不符。

# 第二节　武术传统师徒关系的当代困境

　　当代困境不同于缺陷，缺陷是与生俱来的，当代困境则是后天形成的。武术传统师徒关系的当代困境是指其在当代社会环境中形成的困阻，而这些困阻在过去的社会文化土壤下是行得通的。根据武术传统师徒关系的概念，符合武术传统师徒关系的条件在于：第一，父子身份的明确，即拜师仪式；第二，父子身份的认可，即道德规范；第三，武艺授受。本节关于武术传统师徒关系的当代困境是以上述三点为依据，以其结构要素为理论框架，并结合武术师徒关系的现状比较得出的，以此保证对该问题研究的全面性与科学性。

## 一、师徒交往目的的当代困境

　　武艺传承是武术传统师徒双方的交往目的。与其他武艺授受关系相比，武术传统师徒关系更有利于拳种的深度传承。但是，随着社会的发展，武术传统师徒交往目的陷入困境，即师徒双方假借武术传统师徒关系的名义，实际并未进行武艺传承。

（一）师徒交往目的当代困境的表现

1. 师徒双方交往目的变为片面追求名气

　　名气即名声，正所谓"名师出高徒"，拜得名师是多数习武者的价值追求。因为名师既是"明师"，可以对徒弟的武技、拳理进行指导，又是名气大的师父，可以为徒弟提供更多的资源。反过来说，徒弟的名气也是对师父的肯定，比如，影视明星李连杰与师父吴彬的师徒关系。可见，名气的大小直接关系着师徒双方武术事业发展的好坏，也由此引发出现一些以片面强调名气作为交往目的的师徒。

就师父一方而言，一些师父为了扩大自身的知名度，打响自家拳种的名气，以广收徒弟的方式建立师徒关系。比如，太极拳陈姓师父在全世界有 30 万弟子，访谈对象武校校长也有几百名徒弟。李仲轩认为："凡是武师真传的，人数一定不会很多，三五个人，才能忙得过来，教得透。"① 过去徒弟的数量以三五人为限，今天却已演变为如此庞大的数字。这些师父之所以收数量如此惊人的徒弟，是因为大量的徒弟可以助其声名远播、扩大名气。但就武技传承而言，师父与这些徒弟所建立的武术师徒关系显然是难以实现的。

就徒弟一方而言，有些徒弟仅仅通过给师父磕头、请师父吃饭、跟师父合影、请师父签名，就标榜自己是某某门派几代"正宗"传人、名家或宗师。一些开武馆、办武校的徒弟，由于具有一定的经济基础，为了扩大自己武校的名气，而选择到处拜有名的师父。访谈对象王姓徒弟谈道："武术传统师徒关系中为名的现象很多，如有人今天拜这个人为师，明天拜那个人为师。拜完之后再也不见人了，如果有人认识他拜的某一位名气较大的师父，此人会用骄傲的语气说：'那是我师父！'，如果别人不认识他拜的某位名气较小的师父，他提都不会提此人是他的师父。"② 这句话揭示出名气已经成为这些徒弟择师的唯一标准，因为他们既不跟所拜师父学拳，也没有与师父的日常互动，只看师父的名气大小选择拜师与否，形成片面追求名气的师徒关系。访谈对象张姓师父在收徒前一定会反复地向徒弟确认一件事，他说："如果拜我为师后，不能满足你习武以外的要求，请你不要因此对我有意见。因为我就是个教拳的，搞不了其他。"③ 张姓师

---

① 徐皓峰，李仲轩. 逝去的武林 [M]. 北京：人民文学出版社，2014：185.
② 2019 年 12 月 22 日山西交城中学，笔者对高姓师父的徒弟等人进行的访谈。
③ 2020 年 5 月 25 日张姓师父的收徒仪式上，笔者对张姓师父进行的访谈。

父之所以有如此说法并进行反复确认，就是因为当前有一些徒弟仰慕他的名声，单纯以名声为交往目的拜张姓师父为师。这类徒弟本以为可以打着张姓师父的名号干其他事情，但由于事情没办成因此对张姓师父怀恨在心，并在外到处败坏师门的名声。

2. 师徒双方交往目的变为片面追求辈分

辈分作为师徒双方社会权威的一种体现，在武术中历来受到习武之人的重视。辈分一般由各个门派按照各自的字辈来排列，如形意拳辈次是按照"华邦唯武尚社会统强宁"的字辈排列的。在传统社会中，不论年龄大小，均按照辈分高低论长幼尊卑，即先入门者为长。在"长者为尊"的传统文化中，每高一辈分或高一等级即意味着其社会地位相较下一辈更高一层，可以受到更多的尊重。也由此引发出现一些以片面强调辈分作为交往目的的师徒。具体体现在以下几种情况中：

第一，拜已逝师父为师。武林中流传的"坟前递帖"以及"代父收徒"便是徒弟拜已逝师父的证明。其一，"坟前递帖"即是在师父死后，徒弟在坟前递帖拜已逝的师父为师。比如，武学大师王芗斋曾向已故的郭云深"坟前递帖"。有学者针对这一事实认为，王芗斋因"不曾拜过师"于郭云深，"深深感受到'身份'这一问题的困扰"[1]。在此，我们进一步认为，王芗斋"坟前递帖"不单纯是因身份的困扰，深层原因在于提高自身的辈分，提升自己的名气。徒弟与已经故去的师父建立师徒关系，师徒双方失去了对个人权威的关注，无法进行武艺授受，这种做法显然是不可取的。其二，所谓"代父收徒"是指师父代替父亲收徒。这往往是由于师父的父亲已逝而进行师徒关系的建立。比如，山西太极拳名家高姓师父因父亲仙逝，在面对年龄较大的徒弟时往往选择"代父收徒"。

第二，拜年老体弱辈分高者为师。这些老师父虽辈分较高，但难以施展灵活多变的拳术或自身的绝活，难以通过手把手教授将真正的技术授之以徒。虽仍受到拜师之人的追捧，但徒弟的真实目的就在于对辈分的片面

---

① 李洋. 王芗斋武术人生与拳术思想之研究 [D]. 上海：上海体育学院，2018.

追求。比如，在访谈过程中遇到的一种拜师现象，即一位徒弟平时习武是跟随一位武技水平高但辈分较低的师父，却在拜师时选择了辈分较高但武技较低的师父。徒弟之所以有如此做法是因为后一位师父可以帮助他提高辈分。还有武林中的"代父授徒"现象。"代父授徒"是指师父的儿子代替父亲教授徒弟。这种情况往往是师父还健在，但身体大不如前，所以由师父本人完成收徒仪式，之后的武艺传承是由师父的儿子与徒弟进行。如形意拳非遗传人宋姓师父以89岁的高龄举办了收徒仪式，这些徒弟拜师以后其主要教拳人实则是其长子。宋姓师父长子便是"代父授徒"。

上述这些表现既有从历史中延续而来的，也有发生于当代社会的。不论是拜已逝师父为师，还是拜年老体弱辈分高者为师。它们的共同特征在于师徒双方只是建立名义上的武术师徒关系，并未进行实际意义的武艺传承。师徒双方的交往目的在于让徒弟虚长一个辈分，提高徒弟在武林中的地位。其中，"代父收徒"与"代父授徒"的初衷是针对师徒双方年龄相差小，甚至徒弟年龄大于师父而产生。这样做不仅是为了追求辈分，也是为了便于师徒二人日常相处。但是武术传统师徒关系发展至今天，在"三人行，必有我师焉"的传统文化熏陶下，"代父收徒"与"代父授徒"后所建立的表面的师徒关系均属于有名无实的师徒关系，既不符合武术传统师徒关系概念中"武艺授受"的条件，也不符合"实事求是"的现代社会价值观，成为武术传统师徒关系的当代困境。

3. 师徒双方交往目的变为具有传销组织性质的敛财

传销是指组织者通过发展人员或者要求被发展人员以交纳一定费用为条件取得加入资格非法获得财富的行为。今天部分名声较大的拳种在武艺传承过程中具有传销的色彩。原因在于：第一，具有如传销组织一般发展人员的需求。武术传统师徒关系的建立便是发展一条条下线的有效途径。而且组织者对被发展人员还有一定的要求，有的拳种规定徒弟必须具备"三百人到五百人"的影响力。这一条规矩在过去是没有的。第二，具有如传销组织一般交纳一定费用的需求。在部分拳种中，有高昂的拜师费、学费、交流费等名目繁多的费用。比如，在访谈过程中了解到自幼家传习练武艺的杨姓师父就是这样。杨姓师父自幼习武，在国内国外市场都颇受弟子、同行的追捧。但其罗姓女徒弟说：

> 别听他们说什么拜师不收钱看心意，师父在收徒时需要至少 3 万元的拜师费，拜师以后，我每年还要参加师父 2~3 次的培训课，每次课程大约 3000 元到 5000 元不等，拜师后每年还需给师父交 2 万元左右的学习费用。此外还包括演出费用、表演费用等等。①

据罗姓女徒弟介绍，师父教的内容与付出的钱财并不成正比，每次培训都打着"这次要教真功夫"的旗号，但实际上并非如此。还有就太极拳来说，由于该拳种的名气较大，面对辈分较高的师父，拜师费有时可高达数万元，而这笔学费有时仅可以用来进行为期 2 周的学习。这让我们不禁反思，当武术传统师徒关系的一切以金钱衡量，以课时计费时，那些从历史中走来的武术传统师徒关系是否还有存在的价值与意义？与今天的音乐、美术等其他培训中心的师生关系，与武术场馆中的教练员与运动员关系相比是否还有差别？第三，具有如传销组织一般的洗脑作用。访谈对象中有一位于 2019 年拜师的徒弟。虽然拜师时间尚短，但在访谈过程中这名徒弟花费大量时间竭尽全力讲述着自己对师母的喜爱之情与对师父的崇拜之情。奇怪的是，这些深厚情感并没有体现在武艺传承或其他具体事例中，仅仅是通过"师父站在那里的姿态""师母讲的笑话"而产生的浓厚情感。另外一名访谈对象对其笑谈："这些拳都有一套哄人的办法。"② 可见，这类拳种的传授过程披着弘扬中华优秀传统文化的华丽衣裳，仿佛进行着拳种文化的传承工作，实则具有传销组织性质，是非法获得财富的行为。虽然这只是在武术传统师徒关系中存有的极个别现象，但也使我们不由担忧：武术传统师徒关系若要以如此形式发展，未来又该何去何从？本应具有促进拳种深度传承、弥补学校武术师生教学不足等价值的武术传统

---

① 2020 年 8 月 3 日在山西临汾罗姓女士家里，笔者对罗女士进行的访谈。
② 2020 年 8 月 7 日宾馆，笔者对当地武术协会主席 ZZL 进行的访谈。

师徒关系是否将会沦为笑谈？

4. 师徒交往目的变为扩大具有黑社会性质的组织的影响

一些黑恶势力为了扩大组织影响，假借武术传统师徒关系名义进行非法活动，为社会带来安全隐患。20 世纪 50 年代初期，肃反运动中，北京一家位于地安门附近的有名武术社，被公安机关查处，其中师父徒弟无一漏网。据说他们是在武术社的幌子下从事反革命活动，并被当时报纸揭露。还有已被安徽省阜阳市太和县警方成功侦破的以邢丙军、王成斌为首的黑社会性质组织。根据媒体报道，"这一黑社会组织崇尚暴力，成员多为武校毕业生，具备一定的武术功底，相互之间多为师徒、师兄弟关系，为了扩大组织影响、树立非法权威，大肆进行暴力活动"①。这段材料说明，该黑社会组织人员具有一定的武技水平，又假借武术传统师徒关系的名义，形成具有黑社会性质的"武术师徒关系"，给社会带来安全隐患。可见，原本具有除暴安良价值，在"强国强种"的号召下所建立的武术传统师徒关系被社会黑恶势力利用，反而危害社会治安。

（二）造成师徒交往目的当代困境的原因

1. 师徒双方对个人权威与社会权威认知不明

当前部分武术师徒双方以片面追求名气、辈分以及敛财作为交往目的的原因在于师徒双方对个人权威与地位权威不明。权威是武术传统师徒关系深层结构的要素之一，是评价师徒关系和谐与否的重要标准。美国教育家韦布将"权威"分为"地位权威"与"个人权威"。其中，地位权威是指"由教师在学校组织中的地位所被赋予的权威，学生仅仅因为教师是'老师'而被要求尊敬之，师生之间因一定的社会距离而相互分离"②。个人权威则是"由于学生对于教师的判断、经验及专业知识等方面的信任而产生的权威"③。学者丹尼斯·朗对个人权威进一步解释："在个人权威关

---

① 武术教头搭建的黑色王国覆灭记［N］. 安徽商报，2019-04-26（4）.
② 吴康宁. 教育社会学［M］. 北京：人民教育出版社，2016：208.
③ 吴康宁. 教育社会学［M］. 北京：人民教育出版社，2016：208.

系中，对象出于愿意、讨好或效劳另一个人的服从，仅仅是由于后者的人品，个人权威可以看作'纯粹'型权威。"① 而丹尼斯·朗所定义的地位权威是基于掌权者的社会角色或广义的规范品质，源于掌权者的强制、奖励或提供的专家咨询的资源。

结合两位学者对个人权威与地位权威的认识认为，武术传统师徒双方权威的获得均需具备个人权威与地位权威。武术师父的"个人权威"指师父的武术专业知识、性格以及个人品德等方面；徒弟的"个人权威"具体包括徒弟的个人品质、性格和悟性、能力等。根据韦布"教师权威"理论可知，地位权威是在武术组织中的地位所被赋予的权威。所以，地位权威需要以个人权威为基本条件，而非自己凭空捏造所得。其中，名气、辈分、钱财作为地位权威的外延，是需要以个人权威为条件，被武术组织、徒弟所赋予的。部分武术师徒双方正是由于对个人权威与地位权威概念的认知不明导致相关问题出现。自以为通过地位权威便可获得个人权威，忽视了师父一方的武学水平、道德涵养以及徒弟一方的悟性、品质等。

2. 师徒双方对师徒"关系"的认知偏差

所谓师徒"关系"中的"关系"有两种理解，为了进一步区分"关系"与"关系"在定义上的区别，我们尝试用英语进行区分。第一种"关系"是指中国人日常所说的人情，更直接的说法是"能办事"②。这种关系可以翻译为"Connection"。这是根据学者于阳在请教了一位讲授英美文学的美国华裔教授之后得出的答案。"Connection"表示联结、衔接的意思，"这恰是关系在江湖语境中的准确含义——一个人联结到另一个人"③。在英文的表达中，许多字典和语言表达也倾向于 Connection 的表达，如单词 Well-connected person，意思是人脉广的人。第二种"关系"可以理解为"Relation"，这是因为在《牛津词典》中"Relation"表达的是一种内在的血缘关系。就以父子身份确认为实质的武术传统师徒关系而

---

① 翟学伟. 中国人的关系原理 [M]. 北京：北京大学出版社，2011：156.
② 于阳. 江湖中国 [M]. 北京：当代中国出版社，2016：74.
③ 于阳. 江湖中国 [M]. 北京：当代中国出版社，2016：74.

言，他们的关系更符合"Relation"的含义。所以，"Relation"是在师徒父子身份确认的基础上产生的武艺授受关系，"Connection"则单纯是以办事为目的的一种人脉关系。基于以上对两种关系的认知，武术传统师徒关系交往目的的当代困境，是对师徒关系中"关系"理解的偏差，即将武术传统师徒关系中的"关系"（Relation）错误地理解为"关联"（Connection）。

在访谈过程中发现：部分武术师徒双方仅仅是为了建立"关联"（Connection），而对这种"关联"（Connection）的盲目攀附导致师徒传承沦为形式，师徒关系成为利益往来的工具。比如，盛行在武林中的"坟前递帖"，作为一对终身无法进行拳种传承的师徒，却仍要在师父死后与其建立师徒关系，就是为了建立一种"关联"，更进一步说是为了建立高一辈分的"关联"。因为在传统观念辈分优先的机制下，"坟前递帖"所建立的师徒"关联"可以保证徒弟在武林中至高的等级地位。还有当前部分师徒双方假借武术传统师徒关系的名义，实现具有传销性质的敛财、扩大名气、形成黑恶势力等交往目的，这也是因为将师徒"关联"的建立作为习武者的必经之路。这也是王芗斋先生力主"师徒制之解除也"的根本原因所在，他说："由师承而成门户，由门户而成派别，更由派别之分歧而至学理之庞杂。"① 事实上，他并非是对武术传统师徒关系的反对，因为在他提出师徒制的解除之后，仍以先生自居进行武术教授。王芗斋先生真正反对的是这种"关联"的建立，使得单纯的学理追求掺杂进复杂的人情，致使拳理难明。

现如今建立师徒"关联"的社会现象还有很多种，如一些非习武出身，也并不以武术为爱好且从事于其他行当之人，只因为其所需要攀附、联结的人在武术圈之中，他便在此武术圈中选择一位师父，建立师徒"关联"，通过这份师徒"关联"联结到其所需攀附之人达到自己扩大名气或敛财的交往目的。还有一些开武馆、建武校的习武者，为了打响自己武馆、武校的名气访遍名师，但在参加完拜师仪式之后从不跟随师父进行武

---

① 王芗斋. 拳学宗师王芗斋文集［M］. 北京：中国广播电视出版社，2010：199.

艺学习，师徒之间也不存在武术技艺的传授与交流，只是建立一种师徒"关联"。这些导致本应该建立以武艺传承为交往目的的武术传统师徒关系，在人情、面子加持下变成了师徒"关联"。正如高姓师父对当前武术圈的评价："现在的传统武术圈与老一代相比有很多的不足，不像你们拳击见了面是实战，很多传统武术的圈子见了面论资排辈得厉害，更像是社交圈，难以发展。"① 这表明，在高姓师父看来，当前武术之所以难以发展，是由其"社交圈"的性质所致。而该社交圈实则是以武术传统师徒"关联"的建立而出现的，因师徒"关联"助长了武术论资排辈的风气，削弱了武技能力的传承与发展，使得武术传统师徒关系流于形式，造成武术传统师徒交往目的的当代困境。

3. 历史中糟粕文化的制约

早在清朝末年，就有王伦与"武弟子"假借建立武术传统师徒关系的名义，聚众谋反。清政府借此颁布了《禁武令》将其视为邪教异端严加禁止。民国时期，一位名叫重远的作者，他在《我的练拳生活》一文中写道："每跟随一位老师学拳，只限于口称老师，或趴在地下向着老师磕头，但是绝不递帖。……如其递帖，唯恐终身受他的牵制。……吾们知道。社会的纷乱不安，大半都因着人们造势力、结团、分派别、立宗法、散布党羽的缘故，而我便不赞成老师使我成为他团体中的分子。所以我便永不去结团体。"② 从重远的自述中可以看出，他把"师父"的称呼改为"老师"，以及他不递帖的行为，都是对门派之间的批判，并且肯定"社会的纷乱不安"正是因为师徒相称、递帖行为而成门派，由门派而产生纷争。他通过自身不与师父建立武术传统师徒关系的行为来减少由此引发的社会治安问题。所以，在历史发展过程中，就已经存有别有用心之人假借武术传统师徒关系的名义危害社会治安。

---

① 2020 年 3 月 31 日电话，笔者对高姓师父进行的访谈。
② 戴国斌. 武术：身体的文化［M］北京：人民体育出版社，2011：158-159.

### 4. 礼治的消失与法治的缺失

学者费孝通认为："乡土社会是'礼治'的社会。"① 礼治是通过社会公认的、合适的行为对人的行为进行规范和约束。在武术传统师徒关系中，师严徒敬、师亲徒孝等行为规范便是在礼的规范下实行的。然而由于"礼治社会并不能在变迁很快的时代中出现"②，由此导致当代社会的礼治逐渐消失，武术传统师徒道德规范中那些约定俗成的规矩失去生存的文化土壤，呈现消散之势。与此同时，法治取代礼治，成为现代社会的主要行为规范体系。遗憾的是，目前我国缺乏专门的法律法规来制约武术传统师徒关系的相关问题。当前社会比武、约架之风盛行，如马保国因自身技艺不精还在互联网平台大放厥词的事件，严重损坏了武术的师者形象，还有一些师父通过建立师徒关系对徒弟进行利益的骗取，甚至将一些涉世未深的徒弟引入犯罪道路。

相较而言，其他行当的师徒关系在面对纠纷时可以从《中华人民共和国劳动法》《职业教育法》等其他相关法律中寻求解决办法，比照劳动关系和劳务关系来处理。如传统相声行当中，郭德纲与徒弟们建立的师徒关系实则是一种劳务关系，所以当师徒关系发生纠纷时有相对法可依。还有职业教育中的师徒关系纠纷可以《职业教育法》为依据进行调节。但是，当前武术传统师徒关系的建立多以趣缘为纽带，许多师父教武与徒弟习武不是为了糊口，而是单纯出于兴趣爱好，趣缘纽带下的师徒双方既不属于劳务关系又不属于劳动关系，一旦师徒双方发生纠纷，或损伤到师徒任何一方利益时，受损失的一方往往无处申辩。因为武术传统师徒关系一方面脱离了乡土社会下的礼治，导致师徒双方的道德规约难以起到作用，另一方面在法治不健全的背景下，师徒双方的权利与义务难以得到保证。所以，正是由于礼治的消失和法治的不健全导致当代社会的师徒关系被一些不法分子利用从事危害社会治安、扰乱社会秩序的活动。

---

① 费孝通. 乡土中国 ［M］. 北京：人民出版社，2016：60.
② 费孝通. 乡土中国 ［M］. 北京：人民出版社，2016：65.

## 二、师徒道德规范的当代困境

社会生活有三大领域：家庭生活、职业生活、社会公共生活。武术传统师徒双方的伦理维度正是围绕这三大生活领域展开的，"伦理生成的道理是以道德的形式表现出来的"①。如"师徒如父子"的家庭美德，"严师出高徒"的职业道德，"路见不平拔刀相助"的社会公德，这些都被涵盖在道德规范的范畴之中。此外，在武术师徒道德规范中，既有对师的道德规范，如名师出高徒中对"名"师的要求："教武要认真，不能把人误"等。也有对徒的道德规范，如"遵师命，守师训"，各门派中门规戒律等。还有对师徒双方共同的道德规范，如"一日为师，终身为父"等。如前文所述，武术传统师徒关系的一大特点便是将道德考察贯穿于师徒交往过程始终，具有决定性作用。具体而言，授受双方道德水平的高低可以决定是否建立师徒关系，是否维系师徒关系等。然而，受市场经济等多方面因素的制约，武术传统师徒道德规范面临当代困境。

（一）师徒道德规范当代困境的表现

1. 道德考察弱化

在武术传统师徒关系的道德考察中，道德考察既有对师父的考察，又有对徒弟的考察。就师父一方而言，师父至少从"择徒之规范——慎，待徒之规范——亲，授徒之规范——严"② 这些方面进行道德考察。就徒弟一方而言，徒弟至少按照明末思想家黄宗羲提出的"师道尊严"，在训练意义与伦理意义上做到"敬重师道"③，从敬师的维度进行道德考察。但是，在深度访谈中发现武术传统师徒关系对师徒双方的道德考察呈现弱化的趋势。从师父一方而言，有的师父择徒时不仅没有做到慎之又慎，还到

① 王泽应. 伦理学 [M]. 北京：北京师范大学出版社，2015：2.
② 李金龙，宿凤玲，张晨昕. 传统武术文化传承中师之规范及其传承价值审视 [J]. 武汉体育学院学报，2018，52（3）：55.
③ 周伟良. 师徒论：传统武术的一个文化现象诠释 [J]. 北京体育大学学报，2004，27（5）：585.

处乱收，甚至给钱就收，出现了父子三人同拜一人为师、师徒互不相识等乱象。还有的师父待徒不亲，将徒弟作为奴隶使唤，最终造成师徒反目成仇。就徒弟一方而言，有的徒弟不仅没有做到尊师，还在背后说师父坏话，败坏师门风气；有的徒弟跟随原来的师父习得一身武艺，但考虑到师父在武术圈的影响力较弱而自行选择另拜同一拳种但影响力较大者为师，缺少对原有师父的感恩之心；还有不少徒弟在未经师父允许的情况下擅自拜他人为师，甚至为了巴结后一位师父的欢心，不惜诋毁前一位授业恩师。这类原本在过去受到排挤、打压的不尊师行为，在今天却被看作见怪不怪、习以为常之事。可见，尊师的约束力呈弱化的趋势，成为伦理维度下武术传统师徒关系的当代困境之一。

2. 重利轻义

在武术传统师徒关系伦理维度下有"重义轻利"的价值准则。此处的"利"指物质利益。"轻利"即在传统价值准则中，与"义"相比，物质利益应该是被弱化的。然而，在当代充满诱惑的物质世界中，武术传统师徒关系的建立越来越难以摆脱物质利益的诱惑，物质利益的满足与否逐渐成为衡量师父或徒弟合格与否的关键，形成重利轻义的师徒关系。具体表现为，一方面，金钱的多少成为武术传统师徒关系建立、维系、解除的唯一指标。有些武术传统师徒关系的建立与维系完全以给钱多少权衡，徒弟给钱就收，不给钱则不教，甚至没有及时给钱也不教，而不看人品好坏、悟性高低等。一些师父之所以选择建立师徒关系，是想通过拜师仪式、过寿、教学等形式敛财。一些徒弟拜师不学艺，而是通过与师父建立师徒关系，为自己的武术事业或者其他行业的事业获取物质利益。另一方面，以金钱的多少作为衡量徒弟武技水平高低的唯一指标。访谈对象杨姓师父说："我们这里就是谁给的钱多，谁的技术就好。"[1] 这些行为违背了武术传统师徒关系的道德规范，问题的根本还是在于对物质利益毫无底线的追求。

---

[1]　2020 年 7 月 25 日电话，笔者对杨姓师父进行的访谈。

物质利益的不断强化，必然导致对精神利益的忽视。然而，按照武术传统师徒关系的本质来讲，师徒不是应该情如父子吗？从这个角度讲，上述师徒关系的义利观与武术传统师徒关系"重义轻利"的价值取向相悖。在深度访谈过程中，不少被访师父纷纷表示，"今天的师徒关系已经不可能产生师徒如父子的情感了。如果非要按照父子的情感去和徒弟交往，最后的结果只能是伤害师父自身，我只能劝师父们自己想开点"①。这说明当前"重利轻义"的师徒关系隐隐有成为主流之势，并得到许多师父的默认。这在一定程度上腐蚀着武术传统师徒关系的价值内涵，使得武术传统师徒关系逐渐被其他武艺授受关系替代。过去师父择徒慎之又慎，而今天的部分徒弟想拜谁就拜谁；过去要求徒弟拜师前首先要征得原来师父的同意，而今天的部分徒弟不仅未征得师父的同意，甚至为了自身利益去拜师父的对手，出卖原来师父。这些违背传统伦理价值观的社会现象值得深思。

## （二）造成师徒道德规范当代困境的原因

### 1. 物化时代的道德虚无主义

在现代化的飞速发展过程中，物化原则渗透到社会生活的各个方面，并成为一些人的生活目标及行为准则。曾经具有统摄作用的尊师重道的伦理价值规范，则被"有钱就是爷""谁给的钱多谁练得好"的拜金观点所淹没。物化时代把一切社会关系都变成一种交易关系，或者一种金钱关系，把一切社会价值都变成了交换价值。在"经济利益至上"观念的肆虐下，武林中的伪"大师"、假"掌门"，通过"约架"等方式进行商业炒作，不惜损害中华武术形象来获取经济利益，类似令人不齿的卑鄙行径开始大行其道。武术传统师徒关系的建立同样变成一种"一切向钱看"的交易关系。徒弟拜师不再是单纯的技艺习得，而可能是拜师后可以"省点学费"，同样师父授徒也不再是单纯的技艺传承，而是为了赚取更多的物质

---

① 2020年6月5日电话，笔者对HXL进行的访谈。

利益。"人们的需要和欲望，梦想和渴望，都被囿于对物质利益的追求之中了。"① 对"金钱"的"如饥似渴"，妨碍了人们的正常交往与沟通，导致尊师重道道德信念的扭曲与变形。

物质利益至上带来了"去道德化"的后果。在道德虚无主义以摧枯拉朽之势冲击下，人们头脑中原来关于"道德"和"至善"的信念一步步退却，被尊崇的核心价值体系一点点坍塌。追名逐利的狂热躁动、物欲追求取代了崇高信仰，伦理缺场和道德退隐成为不争的事实，"金钱第一"的价值取向把道德物欲化。传统道德规约——"君子喻于义，小人喻于利"的义利观被转化为"重利轻义"；"尊师重道"逐渐被边缘化；"路见不平拔刀相助"以及"舍生取义"的武侠精神在"人不为己，天诛地灭"面前日益失去竞争优势。在物化时代道德虚无主义的影响下，崇高的师徒关系被拉下神坛，成为一些人有利可图的方式。最终"事不关己，高高挂起""人人为自己，上帝为大家"被一些人奉为处世哲学，在武术传统师徒关系中出现片面追求名气，道德考察弱化、社会公德缺失的问题。

2. 师徒双方对师严徒敬的传统道德观念淡化

严与敬是对武术师徒双方在道德规范中的两个基本要求。从师父一方来说，古语中有"严师出高徒"的说法，"严师"是指严谨的师父、严格的师父、严厉的师父以及威严的师父。从徒弟一方来说，"敬师"即要求徒弟尊敬师父。荀子的"礼三本"问世以来，将"师"并列到"天地君亲师"的神圣地位中，逐渐形成了尊师的传统。由此，师严徒敬成为师徒关系中对师徒双方的基本要求。然而，由于一个时期内对教育的忽视，致使师的地位一落千丈。"在第七届政协会议上，连李先念主席都感到'天地君亲师'中的'师'的地位尤其下降。"② 由此破坏了"师严徒敬"的传统道德观念。再加之西方师生文化的渗透，以及西方所谓"平等"的提倡，将师徒双方视为同等武艺水平、武学理论基础，导致徒弟不服、轻

---

① 里夫金. 熵：一种新的世界观 [M]. 吕明，袁舟，译. 上海：上海译文出版社，1987：10.

② 申笑梅，王举忠. 中国人际关系 [M]. 太原：山西人民出版社，1989：202.

视、慢待师父，打破了"尊师"的传统。事实上，"平等"仅仅是针对师徒双方人格尊严上的平等，师之所以为师是因为其拥有徒弟学习之处，亦有值得徒弟尊敬之处。从武学造诣的角度来说，师徒双方并非处于平等地位，需要贯彻"师严徒敬"的传统价值观。当前社会之所以存在道德考察弱化的问题，其中一方面原因正是师父一方不再具有严师的资格，徒弟一方也没有继承尊师的传统。比如，武林中存在不少虚假师父，他们或与一些假徒弟建立师徒关系后配合表演"隔空打人"等虚假招数，或与一些虔诚徒弟建立师徒关系后坑骗虔诚徒弟的钱财。还有一些徒弟偷盗师父财物，背后胡乱议论师父，因师父没有满足其预期价值对师父不满等现象。这些行为正是由一些师父收徒、授徒不严，徒弟拜师不敬，违背传统道德规范所致。

### 3. 师徒双方义利观的转变

义利观是对义利关系的看法，以义为先，重义轻利是中国传统美德。比如，孔子曾经说过：君子喻于义，小人喻于利。孟子也曾说：不义之利"不苟得"。大义面前连死都不怕，更不会贪利避祸。在武术侠义精神中，更是将"义"至于"利"之前，如劫富济贫、路见不平拔刀相助等武侠精神。在武术传统师徒关系中，于徒弟而言，师父有授业之恩；于师父而言，徒弟有孝敬之情。按照重义轻利的传统观念，师父的恩义与徒弟的情义均是立于物质利益之前，重于物质利益的。换言之，徒弟在面对师父的恩义与自身利益发生矛盾时，应重义轻利；师父在面对和徒弟的父子情义与自身利益发生矛盾时，同样重义轻利。所以，在过去重义轻利的价值规约下，徒弟不会为了眼前的物质利益就与师父发生争执，师父同样不会霸占本应属于徒弟的财产。然而，在现代社会物质利益的冲击下，义利观由重义轻利向重利轻义转变，导致武术传统师徒关系存在物质利益强化、利益分配不均等问题。

重利轻义导致部分师徒对物质利益的无限追求。当前部分武术传统师徒关系完全建立在物质利益之上，有的师父拜师费高达人民币三万或五万元不等，这笔费用仅仅是敲门砖，之后还有数不清的培训费、过寿费、游学费等。原本既离不开师父手把手教，也离不开徒弟几十年如一日训练的武技水平，现阶段仅仅依靠钱财便被人认可。因此，义利观的转变导致利益维度下武术传统师徒关系重利轻义的当代困境。

### 三、师徒拜师仪式的当代困境

拜师仪式是武术传统师徒关系进行父子身份明确的标志，是成为正式师徒关系必不可少的环节。根据前文分析，武术拜师仪式具体包括自然的仪式与正式的仪式。武术拜师仪式应具备身体在场、相互关注、对局外人设限、共同的情感体验四个要素。但是，结合当代社会武术拜师仪式现实情况分析，师徒拜师仪式的当代困境表现为以敛财为目的的拜师典礼。

中国武术协会发布《关于加强行业自律弘扬武术文化的倡议书》，其中提道："不得以'拜师收徒''贺寿庆典'等为名敛财。"[1] 这一倡议便是针对当前以敛财作为交往目的所建立的师徒关系提出的。近年来部分武术门派、拳种兴起的拜师典礼，特别是一些武术名家的拜师典礼上出现动辄三万元、五万元甚至十万元的拜师费，通过与这些名人师父合影留念进行身份确认之后再无下文，造成内容与形式的严重背离。访谈对象范姓师父谈道："1985 年收徒就是扣头，简单吃吃饭。现在入门复杂了，扯横幅，递拜师帖，敬师礼，证明人，敬师祖，……现在太注重仪式，浪费太大，也牵扯精力，我认为还是务实最好。"从他这段描述可以看出，范姓师父对今天隆重、复杂的拜师仪式，即我们这里所讲的拜师典礼的现实境况进行了描述，并表示质疑。学者张大为也曾谈道："这种三拜九叩的拜师礼在民国后期、解放初期，早已退出了历史舞台，取而代之的是行鞠躬礼、师徒合影等新礼仪。近年来，'三拜九叩'礼仪大有死灰复燃之势。"[2] 由此可以看出，当前武术拜师仪式有向着拜师典礼方向倾斜的趋势。武术拜师仪式的举行意味着正式的武术传统师徒关系的建立刚刚开始，在今后的

---

① 武术运动管理中心. 中国武术协会关于加强行业自律弘扬武术文化的倡议书［EB/OL］. 国家体育总局网站，2020-07-09.
② 张大为. 武林丛谈［M］. 北京：当代中国出版社，2013：76.

师徒交往活动中，师徒双方需要履行各自的责任与义务，而今天部分习武者反而是将其作为毕业典礼的形式。

就武术拜师仪式当代困境的原因而言，以敛财为目的的拜师典礼是师父一方为了获取更多不义之财。主要原因在于受物化时代道德虚无主义影响，部分师父形成唯利是图、重利轻义、一切向"钱"看的价值观。这些内容前文已经提及，这里不再赘述。

### 四、师徒父子身份的当代困境

父子身份确认是武术传统师徒关系的实质。父子身份既有师徒双方社会地位上的要求，也有师徒双方情感上的期许。师徒双方可以产生像父子一样，甚至超出父子的情感，这种现象在武林中屡见不鲜，如范应莲在海灯法师生前一直长侍左右，情同父子；形意拳大师刘俭1914年在师父车毅斋离世后，披麻戴孝，以儿子的身份为师父出殡，让师父入土为安等。这些行为均是师徒父子身份的体现。然而，武术传统师徒关系在进入商品社会之后，本应拥有父子深厚情感的师徒双方面临当代困境。

（一）师徒父子身份当代困境的表现

1. 师徒情感疏远甚至决裂

其一，师徒双方情感疏远。情感疏远是指师徒情感难以达到过去父子般亲密的情感，甚至形同陌路。古人用"親"表示情感亲密，而"親"由"亲"与"见"两部分组成，意思是见面即为亲，见面的频率决定师徒双方情感的深浅。武谚中有"要想学得会，师父身边睡"的说法，如此师徒双方可以达到时时见面的频率，从而形成亲密的师徒情感。然而，随着现代社会的发展，武术传统师徒关系不再是过去朝夕相伴的师徒情谊，取而代之的是一年见一两次甚至若干年见一次的师徒相处模式。师徒交往过程中师徒双方日常生活的维系逐渐减少。比如，访谈对象王姓师父说道："我的徒弟还没有我的学生对我好，逢年过节不用说来看我了，就是短信都不知道发一个。"① 由此可以看出，武术传统师徒关系中逢年过节相互问候的传统已经被部分师徒所忽略。习练咏春白鹤拳的访谈对象谈道："我们师兄弟现在很少聚在一起学拳了，做生意的，当兵的，工作的。可以说，目前还在找师父练的，帮忙带学员的，只有我一个了。"② 而这一情况不只在咏春白鹤拳中发生，受经济、政治以及武术自身发展等多种因素的制约，这是当前在各个拳种中普遍存在的现象。

其二，师徒双方情感决裂。情感决裂是师徒情感疏远之后的进一步恶化。师徒情感决裂意味着师徒关系就此断绝，不复存在，相互之间不再有任何来往。武术传统师徒关系中，师徒情感一旦决裂会采取如下方式表明态度：从徒弟一方而言，有的徒弟会以撤帖的形式断绝师徒关系。撤帖即撤回徒弟的拜师帖，如山西平遥一位习武者因无法忍受师父对徒弟的敛财行为而选择撤帖。有的徒弟会选择不再参加门内任何活动的行为表示断绝师徒关系。比如，一位习武者在拜师后发现门内有参加不完的婚丧嫁娶典礼、开业典礼、师父寿辰等，每次巨额的开销使其不愿与师父继续保持师徒关系，故此脱离师徒关系的圈子，他在访谈中无奈表示："那个圈子我真的参加不起。"③ 就师父一方而言，有的师父会在本门内部宣布与某某某徒弟解除师徒关系。比如，浑元门内的一位徒弟在拜师之后，在师父背后散播谣言，到处说师父的坏话，被师父得知后在门内宣布与其解除师徒关系。有的师父会用较为婉转的话语拒绝承认其徒弟的身份。总之，不论师徒双方采取何种方式，一旦有撤帖或者逐出师门的事件发生，就意味着武术传统师徒关系走向决裂。进入现代社会，原本应具有超强稳定性的武术传统师徒关系出现了师徒情感决裂的现象。比较出名的事件是形意拳姚宗旭与王选杰这对师徒，二人反目的原因众说纷纭，一种说法是由于姚宗旭没有教王选杰真功夫，王便趁姚不备出手报复，造成师徒情感破裂；第二种说法是姚因为王到处惹事受到牵连将其逐出师门。孰是孰非外人无从判

① 2019年10月18日武术学校，笔者对王先生进行的访谈。
② 2020年12月28日微信，笔者对ZJS进行的访谈。
③ 2020年5月17日电话，笔者对CCL进行的访谈。

断，但这两种说法造成的共同后果是姚宗旭与王选杰师徒情感走向决裂。

2. 师徒间的父子关系变为多元关系

多元关系是指包括父子关系在内的多种纽带下的武术传统师徒关系。一直以来，武术传统师徒关系以"一元"的父子关系进行建立与维系，但是，随着社会的发展、人们习武需求的变化，这种"一元"的父子关系变为多元关系。具体转变为：第一，师傅与徒弟的关系。这类师徒单纯进行武术技艺的习得与传授，不涉及双方的私人生活。此时的师父应称之为"师傅"，师傅只是在徒弟的武术职业发展生涯进行引导、规划，并未涉及工作领域以外的交往活动。第二，师生关系。今天部分武术师徒双方通过举行拜师仪式建立师徒关系。师徒交往活动主要集中于某个固定时间。采取集中授课的形式。此时的师父应称之为"老师"，这类武术传统师徒关系更符合师生关系的概念，即在学校领域内，单纯进行武艺授受的关系。第三，兄弟、爷孙关系等。这类师徒关系因师父双方性别、年龄等方面因素的影响，呈现出不同形式下的拟血缘关系，并非仅仅局限于父子关系。比如，在访谈过程中被访者描述自己所建立的师徒关系时，有人用"爷孙关系"表达，有人用"兄弟关系"概括等。以上多元师徒关系的客观存在表明，以父子身份确认为实质的武术传统师徒关系正在面临向多元师徒关系转化的当代困境。多元师徒关系的特征在于为师者不再参与徒弟的除武术授受以外的家庭生活与工作指导，徒弟一方无须履行对师父的赡养义务。当代社会中存有的这种多元关系的变化正在向传统师徒关系提出疑问，即以父子身份确认为实质的武术传统师徒关系可否被其他关系所取代？由此使得武术师徒父子身份陷入当代困境。

3. 师父主导地位发生变化

在武术传统师徒关系中遵循着"师为徒纲"的传统规约，师父等同于父亲，占据绝对主导地位，是武术传统师徒关系中的交往主体。但通过对43位访谈对象进行深度访谈，发现今天师父的绝对主导地位发生了变化，根据变化的程度具体分为以下三类：

第一，具有相对主导地位的师父。这类师父在师徒交往活动中，仍具有主导地位，只是相比传统社会中具有完全主导地位的师父而言，其主导的程度呈现弱化。例如，访谈对象以电工为职业的任姓徒弟，他跟随师父习练形意拳多年，他谈道："师父家里有什么事需要帮忙，一喊我就过去了，师父让我干什么我就干什么，我也比较听师父的话，很崇拜师父。"① 在这对武术传统师徒关系中，徒弟仍以师父为交往主体，但与历史中的师徒关系不同之处在于，任姓徒弟有自己的生活与工作，并不以习武为生，也非完全依附于师父。所以，作为交往主体的师父稍显弱化。

第二，与徒弟互为主导地位的师父。此类师父不以"父亲"的角色扮演师父，而是以"兄弟""朋友""老师"等角色与徒弟相处。比如，访谈对象冀姓师父谈道："我和我的徒弟相处起来就像兄弟一样。"② 在互为主导地位的师徒关系中，往往更突出徒弟的主动性与能动性。武术学校教练王姓徒弟前后拜了两位师父，他拜高姓师父是为学习形意拳，拜黄姓师父是为学习推手。在与这两位师父建立师徒关系的过程中，王姓徒弟首先产生交往动机并与两位师父产生交往行为，由于他明确自己的学习内容，在传统师徒关系中处于主导地位，属于关系中的交往主体。而在随后高姓师父和黄姓师父对其具体指导过程中，两位师父又成了这段传统师徒关系的交往主体。所以，王姓徒弟与师父高姓师父、黄姓师父互为交往主体。

第三，不具有主导地位的师父。此类师徒关系意味着师父在这段师徒关系中完全听命于徒弟。访谈对象周姓师父说："之前有一位徒弟跟着他学了很久，但后来在他未知的情况下，又拜了周姓师父的师父，从此以后和周姓师父成了同一辈分。"③ 这类行为在过去的武术传统师徒关系中是为人所不齿的，但在今天也成为部分习武者提高辈分的途径之一。这也说明周姓师父在这段传统师徒关系中的被动地位，周姓师父对这份师徒关系的走向、发展失去了控制，甚至对徒弟"欺师"的行为也无可奈何。再如，访谈对象刘姓女徒弟谈道："今天的徒弟想拜几个就拜几个，师父根本管不着。

① 2019 年 11 月 2 日山西榆次一汽集团，笔者对电工任姓徒弟进行的访谈。
② 2019 年 10 月 14 日，笔者通过电话对冀姓师父进行的访谈。
③ 2021 年 1 月 15 日，笔者通过电话对周姓师父进行的访谈。

有的徒弟才和师父学了几天就想另立门户。"① 这表明，这种在过去会受到整个行业，甚至整个社会唾弃的行为在今天却有了立足之地，"尊师"的价值观在武术传统师徒关系中发生了天翻地覆的变化。总之，随着师徒双方主体地位的转变，受现代社会平等价值观的思想的影响，师徒之间尊卑不平等的情况越来越少，甚至在部分师徒关系中隐隐有颠倒的趋势。

## （二）造成师徒父子身份当代困境的原因

### 1. 社会环境的变化

在熟人社会中有"一日为师，终身为父"的传统观念以及"事师若父"的规约，使得传统社会师徒如父子的情感得以存续。但是从熟人社会进入陌生人社会以后，当旧有的传统观念逐渐被打破且不再成为强制性的要求时，武术师徒父子身份表达失去了文化土壤。

随着 5G 时代的来临，现代科学技术的迅猛发展促使人们的交流方式由过去的面对面、书信等逐渐变成新媒体。新媒体的不断发展，使那些真正热爱武术的习武之人可以向更多的人展示自己，也为那些难觅严师的徒弟提供了更广阔的平台，为武术传统师徒关系的建立带来更多可能，与此同时，在新媒体的冲击下出现了师徒情感淡漠、师徒双方信任度低、弄虚作假等问题。日本学者林雄二郎提出"电视人"的概念，他指出随着电视的普及，"电视人"在性格上较为孤僻、内向，以自我为中心，不善于与人沟通并且缺乏责任感。受新媒体的冲击，与"电视人"相近的"手机人""电脑人"成了现代人的真实写照。无论何时何地，到处都有低着头滑动手机屏幕的人，导致人与人之间的距离逐渐拉大，情感交流逐渐减少。同样，在武术传统师徒交往中，过去需要在交往时间保持极高的频率，在交往空间距离上需要极近的距离，在新媒体的冲击下，师徒双方不再以面对面的方式进行情感的维系，取而代之的是微信、微博等远程沟通方式，这些新兴的传播方式降低了师徒双方见面的频率。师徒交往时间和交往距离

---

① 2019 年 12 月 3 日山西太钢老年大学，笔者对刘姓女徒弟进行的访谈。

受到了挤压，师徒双方见面的频率也大大降低，师徒间的朝夕相处与手把手的教学逐渐减少甚至难以实现，就此师徒如父子的情感表达已经难以实现，最终出现师徒情感日渐疏离的问题。

2. 武艺功能的变化

长久以来"师徒如父子"是武术行业乃至整个传统技艺行业对师徒关系的一种形象比喻，本研究更是将父子身份确认视为武术传统师徒关系的实质。但是，随着社会的发展，"师徒如父子"的传统观念已然开始淡化。在访谈过程中发现一个有趣的现象：在问及"您是否认可师徒如父子的说法？"时，43 名被访者都对其表示认可。但问到"您是用'师徒如父子'的要求来要求自己的吗？"时，43 名被访者均回答"不是"，并且表示这是一件"不可能"的事情。这样一句话，形成观念上认可、行为上否定的截然相反的结果引发深思。而引发这一现象的原因在于：武艺功能的变化。

武术传统师徒关系之所以建立父子关系，是因为师徒之间不仅有"武艺授受关系"的存在，还有赡养与教养的责任与义务。师父不仅承担着徒弟的武艺教学任务，还对徒弟的事业、生活负有一定责任。这是受到武术传统师徒关系交往环境的职业性与家庭性双重因素影响。因为武艺作为一项防身自卫的民间技艺，徒弟通过建立武术传统师徒关系，既可以凭借镖师、护院等职业实现"安身立命"的目的，又可以凭借武术"技击"的属性实现"保命"的目的。对徒弟来说，师父是给予徒弟"第二次生命"的人，有的师徒情感甚至超越父子情感。然而，伴随着现代社会的稳定、快速发展，镖师、护院等职业随之没落，又加上其他拳击格斗等新兴职业的兴起，武艺不再完全成为师徒双方的饭碗，师父对徒弟的生命参与程度随之降低。越来越多的武术师徒双方通过建立武术师徒关系实现强身健体、建立和谐人际关系等一般性目的，这类武术师徒关系的建立已然不需要进行父子身份的确认。

3. 师徒交往过程的变化

交往过程的单一性是武术传统师徒关系的特点，但是，今天武术师徒交往过程中还出现了放射式交往。放射式交往指"交往主体出于同一交往目的经过不同的交往路线而达到统一交往结果"①,如图 6-2。近代以来,一些武术名家在"强国强种"思潮的影响下,开始进行一对多的放射式交往。还有近年来一些师父通过培训班的形式以放射式交往对徒弟进行教导。比如,在习练太极拳的 D 女士谈道:"我还记得我们在江苏培训那次,师父一个人站在台上讲,下面一片人,都是他的徒弟。"② 这显然与过去仅收 3~5 位徒弟的师父所进行的"一对一"的交往过程有所不同。这种师徒交往过程已然不符合武术传统师徒关系的概念,更符合学校武术的班级授课制。由此导致师徒父子身份变化为多元身份,其中尤以师生身份为重。

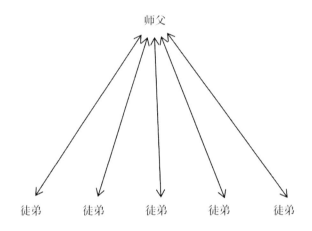

图 6-2 放射式交往过程

① 冯兰. 人际关系学〔M〕. 沈阳:辽宁大学出版社,2005:108.
② 2020 年 8 月 4 日在 DL 的学校,笔者对 DL 进行的访谈。

第七章

# 武术传统师徒关系的创造性转化与
# 创新性发展策略

习近平总书记强调："没有文明的继承和发展，没有文化的弘扬和繁荣，就没有中国梦的实现。"我们对武术传统师徒关系的继承与发展就是为了弘扬中华优秀武术文化，是为了实现中国梦所做的具体努力。在武术文化的师徒传承过程中，武术传统师徒关系的历史发展与当代价值证明了其在当前社会背景下需要继续传承与发展。然而，武术传统师徒关系带来的诸多问题又阻碍着其传承与发展。为此，就武术传统师徒关系的继承与发展问题，目前学界存在三种主流观点。有学者认为"应严格执行传统的师徒关系"①。与之对立的观点是"解除师徒制"②。武术传统师徒关系是依照师徒制形成与发展的，解除师徒制意味着解除武术传统师徒关系。此外，还有一部分学者认为建立"新型师徒关系"是"武术传承之根"③。基于以上三种有争议的观点，武术传统师徒关系的传承与发展之路究竟走向何方成为亟待解决的问题。

现有研究中主张解除武术传统师徒关系的代表性学者是王芗斋先生。具体表现为：在师徒称呼上，他主张不拜师，让徒弟叫他"先生"④；在形式上，他主张"放弃'拜师礼仪'"；在制度上，他"力主师徒制之解除也"⑤。由此师徒制下所建立的武术传统师徒关系被彻底解除。根据

---

① 曾桓辉.文化自觉视域下武术传承方式的反思与整合 [J].广州体育学院学报，2010, 30 (6)：102.

② 王芗斋.拳学宗师王芗斋文集 [M].北京：中国广播电视出版社，2010：199.

③ 姜霞.新型师徒关系：武术传承之根 [N].中国体育报，2016-04-01 (6).

④ 李洋.王芗斋武术人生与拳术思想之研究 [D].上海：上海体育学院，2018.

⑤ 王芗斋.拳学宗师王芗斋文集 [M].北京：中国广播电视出版社，2010：199.

《拳学宗师王芗斋文集》中"解除师徒制之商榷"一文分析，王芗斋解除师徒制的原因主要有三点：其一，师父"秘而不宣""以异拳瞽说以欺世"的行为；其二，尊卑观念下徒弟"恐犯师之尊而不敢背"的行为；其三，门派之争。武术传统师徒关系是依照师徒制建立与维系的，王芗斋指出的师徒制的弊病正是武术传统师徒关系的弊端。由此，王芗斋认为应解除师徒制，即解除师徒制下存有弊病的武术传统师徒关系。但是，我们认为，武术传统师徒关系不应被解除。这一方面是由前文中武术传统师徒关系的当代价值所决定，另一方面是因为解除武术传统师徒关系未必能解除武术传统师徒关系所带来的弊端。比如，王芗斋认为传统武术师徒制所带来的弊端，也就是他力主解除师徒制的原因之一是尊卑观念下徒弟"恐犯师之尊而不敢背"。然而这一行为在部分学校武术师生关系中依然存续。具体表现为武术教师的绝对权威与武术专业学生的彻底被动地位，学生如徒弟一样不敢冒犯老师的尊严、违背老师的意愿。武术教学内容由学校或教师进行规定，学生没有选择权。还有竞技体育中教练员与运动员的地位，部分教练员对运动员实施的体罚、贪没运动员奖金等行为，都体现着教练员对运动员的绝对控制权，运动员在教练员的掌控下敢怒不敢言。这种尊卑等级观念虽是以父子尊卑等级身份为实质的武术传统师徒关系所带来的，却并不一定随着武术传统师徒关系的解除而消失，也并非可以用另一种形式替代。所以，单纯地解除武术传统师徒关系只是治标不治本的办法，我们必须以现代社会主流价值观为参照，对武术传统师徒关系进行合理的继承与发展。

与此相反，还有一部分学者认为应完全执行过去"分尊卑"的传统师徒关系。现有学者认为："对这些入室弟子要严格要求，严格执行传统的师徒关系，分尊卑，立威严，重礼仪。"① 其中"严格执行传统的师徒关系""分尊卑"的观点便是对武术传统师徒关系的全面肯定。对此，我们也并不认同。首先，不论是入室弟子，还是非入室弟子，都不应照搬历史

---

① 曾桓辉. 文化自觉视域下武术传承方式的反思与整合 [J]. 广州体育学院学报，2010，30（6）：102.

遗留下来的师徒之间"分尊卑"的观念。如前文所述，武术传统师徒关系在今天存在的问题之———师为徒纲，正是基于"分尊卑"的观念形成的。"分尊卑"的不合理之处在于将师徒各自地位绝对化，形成"只有不对的徒弟，没有不对的师父"的极端观念。在倡导人格尊严平等、多元文化交融的现代社会中，"严格执行传统的师徒关系"不具备可行性。其次，前一章曾对武术传统师徒关系的缺陷进行研究，如部分规矩阻碍师徒武艺授受，引发门户之见与师承之别等。这些问题都是"严格执行传统的师徒关系"可能带来的。

综上所述，习近平总书记在十九大报告中提出，要"推动中华优秀传统文化创造性转化、创新性发展"，这句话为今后武术传统师徒文化的发展指明了方向。武术传统师徒关系是武术文化传承中的重要文化事象，关乎着武术未来发展的前景。然而，这一文化事象中良莠共存。封建文化的烙印加上西方文化的渗透，让我们明白单纯做到取其精华、去其糟粕仍不足以对其弊病进行根治。所以，武术传统师徒关系势必要在扬弃的基础上进行创造性转化与创新性发展，以此满足中华武术文化的传承与发展需求。

## 第一节　武术传统师徒关系的创造性转化策略

所谓"创造性转化"是在原有师徒文化的基础上，以社会主义核心价值观为指导，针对武术传统师徒关系的价值、缺陷与当代困境提供传承与发展的解决思路。

### 一、拜师礼向拜师仪式转化

如前文所述，当前武林与学界中存在"拜师仪式"与"拜师礼"混淆的现象，将"拜师礼"认为是拜师典礼或拜师礼节。由此出现在建立武术师徒关系之时，强调声势浩大的场面、复杂烦琐的拜师程序、强制性的跪拜礼等社会乱象。本研究借助"互动仪式"，将拜师礼视为"正式的仪式"，除此之外还有"自然的仪式"。武术传统师徒关系的建立，应将拜师礼转化为拜师仪式，是否有浩大的场面、复杂的程序因人而异，这只是方法层面的考虑，而非本质的界定。只要具备仪式的条件，即建立了师徒关系。由此避免当前因建立武术传统师徒关系而出现的师父借机敛财、徒弟借机攀附等行为。

拜师仪式是非常重要和必要的传承内容。因为举行拜师仪式的真正目的在于进行礼仪文化教育，还可以起到广而告之和相互监督的作用。中国传统社会历来重视礼仪文化教育，中国也历来被称为礼仪之邦。中国的礼文化非常发达，礼的基本作用是对人在处理人际关系、人群关系、人社关系等方面所应该有的行为规范和心理要求，长幼之间有长幼之间应该具有的心理要求和行为规范。跪拜礼是传统社会感恩祖先和父母所要实行的礼节，是人与人之间最隆重的礼节，表达了最为深挚的感情。古人根据感情深浅的不同制定出了不同形式的礼节，一般的关系可以表现为握手，再深一点的感情可以表现为鞠躬、拥抱等，有了这样的划分方便了人们的选择和表达。礼节是为人们的感情服务的，礼节是形式，感情是内容，有什么样的感情就应该采用什么样的形式，尽可能做到内容与形式的统一。对父母下跪之礼表达的是对父母养育之恩的敬意，无可厚非。因为父母在养育儿女的过程中做到了全身心的投入和无私的奉献，德配天地，传统社会将"天地君亲师"的地位并列在一起，其原因就在于这五者都发挥了重要的作用。武艺授受关系中师父在培养徒弟的过程中尽到了父亲和老师的责任和义务，也理应受到徒弟的跪拜。

当然，礼仪文化也会伴随着社会的发展而变化，在今天的社会里照样会制定适合表达各种人际感情关系的礼仪形式，与时俱进是合时宜的选择。完全地照搬过时的礼仪就会产生不合时宜的结果。也就是说，只要师徒双方都认可的拜师仪式，徒弟即使不行跪拜之礼也是无可厚非的。是否举办拜师仪式是原则性的问题，如何举办是可以灵活掌握的方法形式问题。就像今天婚礼的举办是必需的，但举办的形式却多种多样，因人而异，非常多元而非统一。

## 二、门户之偏见向门户之卓见转化

从字面理解，以武术传统师徒关系引发的门户之见应有两层意思：其一，表示门户之偏见，意思是由宗派情绪产生的不公正的意见。其二，表示门户之卓见，意思是针对不同门派拳种特点产生的高明见解。门户之偏见向门户之卓见的创造性转化策略可以尽可能避免由其在武术传统师徒关系中引发的一系列问题。

其一，在武术传统师徒关系下引发的门户之偏见不应该传承。"门户"具体指武林中各拳种门派，"见"是偏见的意思。偏见是一种私见，是不能客观公正、光明正大地进行辩论的看法。王芗斋先生即作如是观，他说："又何况门派之争，常以师徒制之流行而益烈，入主出奴，人附出污，纷纭扰攘，由师承而成门户，由门户而成派别，更由派别之分歧而至学理之庞杂。如此，则拳道真义将永无昌明之日矣！"① 当代学者周伟良也认为："在这种门派之争的背后，传统的师徒传承起到了相当大的作用。"② 在这里，他把武术传统师徒关系视为门户之见背后最大的助力。门户的建立本身并无过错，而且是应该鼓励的事情。如果没有创新性、实际价值和社会影响力，门户是难以真正建立起来的。遗憾的是很多所谓的门户并非来自正途，也并没有得到社会的承认，是一种为了私心受利益驱使而产生的行为。其结果便自然产生了自以为是的偏见。所以，门户之偏见是传统武术文化传承中制约武术发展的原因之一，在今天的传承中依然可见其影响和表现。

其二，门户之偏见应该向门户之卓见转化。在我们看来，能够形成门派并不是一件坏事和容易之事，没有独立见解和独门秘诀的人是不可能开宗立派的。试看我国春秋战国时期诸子百家的诞生，就可以明白只有具备

---

① 王芗斋. 拳学宗师王芗斋文集［M］. 北京：中国广播电视出版社，2010：199.
② 周伟良. 师徒论：传统武术的一个文化现象诠释［J］. 北京体育大学学报，2004，27（5）：587.

了自圆其说的理论之后才能形成某一种派别，如儒、墨、道、法、兵、佛、纵横、医、农等。就连武术界的很多拳种也有类似的现象，如太极拳，也被后人分为陈、杨、武、吴、孙、和等各氏。能够开宗立派本来是极好和难能可贵之事，是应该鼓励的事情，也不应是自封之事，但现代社会中很多沽名钓誉之人和自命不凡之徒毁坏了门派的声誉和美名。门户之见最大的特点就是排他性，排他性也是传统社会人际关系的显著特点。比如，武术传统师徒关系规定徒弟不能未经师父允许而拜他人为师，否则会被视为叛师，遭受道德的谴责。这一规定具有浓重的排他性意味，由此导致师门内部一旦有人不具备排他性便难以在师门立足。

历史发展的规律和经验启示我们，开放才能交流，交流才能比较，比较才能鉴别，鉴别才会选择，才会取长补短，才会从门户之偏见转化为卓见，才会促进发展。而闭关自守、敝帚自珍则无法进步。反观武术大师，诸如李小龙、霍元甲、黄飞鸿、李洛能等，其成就的取得之路哪一个不是博采众家之长的结果，哪一个不是虚心学习、形成卓见的结果。"老王卖瓜，自卖自夸"的时代已经过去，世界和社会发展的大势就是各美其美，美人之美，美美与共，天下大同！人类命运与共！开放、包容的心胸才能建设世界武术事业的百花园。所以，门户本无过错，而门户之偏见却是错误的，应该摒弃。这就要求现代的武术师徒要怀有开放、包容的心态，见贤思齐，虚心学习，取长补短，形成门户之卓见，共同促进武术文化事业的繁荣和发展。师父不再将徒弟仅仅局限在自己的门户之内，而应鼓励其向其他门派的明师请教学习。只要把握住门派不是自封和主观的标准，门派之争就可归入正流，与师徒制的干系也就可以脱离。因此，真正的武术门派的形成是功成名就自然而然的事情，也应该是大力提倡和鼓励的事情，正所谓成名成家，这样才能极大地促进武术技艺的发展，成就百花齐放春满园的美丽图景。

### 三、师徒"关联"向师徒关系转化

通过前文分析可知，造成武术传统师徒关系缺陷与当代困境的一大原因在于师徒双方对师徒"关系"的认知偏差，即将"关联"认作"关系"。"关联"是师徒双方通过建立师徒关系，由一方关联到另一方，从而获得更多的人脉资源，是向外扩散的。"关系"是师徒双方通过建立师徒关系，培养师徒深厚情感，是向内凝聚的。由师徒"关联"向师徒"关系"转化可以尽可能避免当前武术圈存在的假借武术传统师徒关系名义实现非武艺传承交往目的的乱象。

有的学者和武术家看到了"人情社会"的弊端，特别是武林中人存在的"唯情是重，不讲理法"的弊端，进而建议取消师徒关系。这一现象便是由师徒"关联"所导致的。如民国初年的形意拳大师王芗斋曾撰有"解除师徒制之商榷"一文，文中指出："师徒之名分一定，而尊卑观念以起，徒对师说即觉有不当，常恐有犯师之尊严而不敢背，即背之，而师为自保尊严计，亦痛加驳斥而不自反，此尚有何学术道义之可言？师徒制之无补拳道，可概见矣。"① 王芗斋先生的这番言论当辩证地看待，因为语贵适境，文贵适体。王芗斋先生看到的多是当时的武林中师父不像师父，徒弟不像徒弟，师徒之间没有父子之情的局面，故而恨其不幸，怒其不争，但完全解除师徒制难免有矫枉过正之嫌。从王芗斋先生所言："师徒之制，誉为美德，然往往极美满之事，行之于我国则流弊丛生，丑态百出，而拳界为尤甚焉。"② 可见，王芗斋先生的此番心情。尽管发表了解除师徒制的观点，王芗斋先生也依然不能免俗，收了王选杰等若干弟子。可见，阻碍武术传统师徒关系发展问题的根本原因并非在于"师徒"，而是由"师徒"引发的"关联"作用。

武术传统师徒"关联"向武术传统师徒关系转化，强调师徒双方必须以武艺传承为根本目的，以此避免部分师徒双方假借武术传统师徒关系名义，实现敛财、提高辈分、扩大名气等交往目的，从而违背社会公德、危害国家与人民利益等，避免武术师徒关系沦为人情社会的工具、社交的手段，游走于法律的边缘，失去武艺传承的重要职责。

---

① 王芗斋. 拳学宗师王芗斋文集 [M]. 北京：中国广播电视出版社，2010：199.
② 王芗斋. 拳学宗师王芗斋文集 [M]. 北京：中国广播电视出版社，2010：197.

### 四、礼治向法、理、情三者并举转化

在中国传统的观念中，情、理、法三者是人们判断善恶的根本依据，"是中国传统法律区别于西方传统法律最重要的特征"①。作为根植于中国传统文化土壤下的武术传统师徒关系，单纯离开"礼治"依靠法治对武术传统师徒双方进行约束是行不通的。然而，在礼治的消失与法治的缺失条件下，武术传统师徒关系应该朝着法、理、情三者并举转化。

其一，法即国家之法是武术传统师徒关系在当代社会传承与发展的制度保障，可以有效惩治假借武术传统师徒关系名义危害社会治安的不法分子。正如学者张晋藩认为："国无法而不立，民无法而不安。"② 早在人类形成稳定的集体时，就已产生一定的行为准则。一旦有人违反，大家都以事先约定的明确手段对其进行惩罚。这便是法的最初形态。在传统社会中，人们习惯用礼来约束个人行为，也就是常说的"礼法"。这是法的演变。随着西方文化的渗透，社会变迁速度加快，国家之法以法律的形式呈现出来。当代武术传统师徒关系必须遵循中华人民共和国相关法律条例，建立法律契约身份，并将国家之法置于父子之情与师徒之理之上，才能保障武术传统师徒关系的有效传承与和谐发展。

英国学者梅因在《古代法》一书中提出"所有进步社会的运动，到目前为止，是一个'从身份到契约'的运动"③。契约是指个人可以通过自由订立协定而为自己创设权利、义务和社会地位的一种社会协议形式。学者张永和对这句话进行了更加准确的分析，他认为："如果以梅因的契约理论来理解，我们可以说，那种存在于国家法产生之时以致后来相当长一段时间的身份关系实际上又是通过契约形式完成的。同时我们也注意到，在今天的社会，起码在一个健全的市场经济环境中，人与人之间的关系更

---

① 丁敞洋. 以情理法为切入点的中国传统综合法思维 [D]. 北京：中国人民公安大学，2020.

② 张晋藩. 重塑中华法系的几点思考：三论中华法系 [J]. 南京大学法律评论，1999（1）：74-78.

③ 梅因. 古代法 [M]. 郭亮，译. 北京：法律出版社，2016：96.

多的是通过契约形式联结起来的身份关系。"① 该观点是在学者梅因的基础上对"契约"与"身份"进行更深入的分析。该观点表明,契约同样是以身份的形式表现出来的,形成"契约身份"。特别是在现代社会中,人与人之间的关系主要以契约身份为主。在契约身份的基础上,按照契约的内容划分,契约可以分为法律契约身份与心理契约身份。有学者认为:"当今劳动关系的发展趋向是法律契约和心理契约并存。"② 所谓"法律契约"是指依照法律法规形成的有形契约。"心理契约是对无形的心理内容的期望。"③ 结合学者张永和对"契约身份"的提出,我们认为,在武术传统师徒关系中同样需要法律契约与心理契约并存,从而形成法律契约身份与心理契约身份并存,特别是法律契约身份。学者费孝通认为:"在一个变迁很快的社会,传统的效力是无法保证的。尽管一种生活的方法在过去是怎样有效,如果环境一改变,谁也不能再依着老法子去应付新的问题了。……就得有个力量来控制各个人了。这其实就是法律,也就是所谓'法治'。"④ 这句话从理论上说明,武术传统师徒双方以父子身份进入现代社会以后,随着传播渠道的多样化,人际关系的多元化,单纯依靠传统社会中的"礼治"已经难以对传统武术师徒双方进行规范,武术传统师徒关系必须建立一套法律契约身份与现代社会相契合。正如学者费孝通所言:"在契约进行中,一方面有信用,一方面有法律。法律需要一个同意的权利去支持。……这一切是现代社会的特性,也正是乡土社会所缺的。"⑤ 这句话表明传统武术师徒双方法律契约身份是传统社会所缺的,是在现代社会变迁过程中需要进行现代性转化的方向。

① 张永和. 血缘身份与契约身份:梅因"从身份到契约"的现代思考 [J]. 2005, 31 (1):117.
② 张雷全,李红. 法律契约与心理契约并存,留住企业核心员工 [J]. 法制与社会, 2009 (24):260.
③ 马金,库帕,考克斯. 组织和心理契约 [M]. 王新超,译. 北京:北京大学出版社, 2000:3.
④ 费孝通. 乡土中国 [M]. 北京:人民出版社, 2008:64.
⑤ 费孝通. 乡土中国 [M]. 北京:人民出版社, 2008:94.

　　单纯的心理契约身份难以保障传统武术师徒双方的权利与义务。"心理契约大多是非正式的，并且是隐含的。"① 武术师徒双方的父子身份虽然没有以文字形式形成书面契约，但在传统社会中成为人们默认的事实，在"亲亲，尊尊"的传统社会架构中延续而来，具有心理契约的特点。进入现代社会以后出现"拜师不学艺，收徒不授徒"的社会现象，这就需要在原有的心理契约身份基础之上增加法律契约身份。所谓"拜师不学艺"是指徒弟支付了拜师费用，却没有享受习武的权利。主观原因在于徒弟希望拜得一位社会资源广、武林中辈分高的师父，以提升自己的名气，所以拜师不学艺。"收徒不授徒"是指师父收取徒弟拜师的费用，却没有履行授徒的义务。主观原因在于师父希望通过收取徒弟的拜师费获得更多的经济利益。还有一些虚假大师，以"隔山打牛"等怪力乱神的招式诓骗徒弟，以致弟子练残练废，不仅有"收徒不授徒"，而且有"收徒乱授徒"的现象。可见，单纯依赖心理契约身份规范武术师徒双方是远远不够的，特别是针对目前师徒关系中所存在的不利于现代社会发展的事实，只有以法律契约身份，根据相关法律法规对怀有不当目的的师徒双方进行规范，才能保障师徒双方各自的权利义务。

　　其二，情即师徒之情，是武术传统师徒关系在当代社会传承与发展中的核心要素。通过上面的论述，我们已经知道，武术传统师徒关系的建立，是在自觉自愿的条件下进行的，而自觉自愿是需要建立在师徒之间情感之上的。不论父子关系，还是爷孙、兄弟关系，任何形式下的武术传统师徒关系都是一种伦理关系，伦理关系说到底是人与人之间的感情关系。其中，师徒之间的感情关系极大地影响着师父是否会向徒弟传授武术绝技。武术作为一项存有绝技的活动，并非人人都会，如同音乐、绘画、杂技、制瓷、皮影、剪纸、雕塑、川剧变脸等其他技艺类活动一样，无论古今中外都存在着师徒传承的现象。这种传承不同于商品买卖，绝技的传承是不能用金钱的多少来衡量的，武谚"万两黄金不卖艺""宁送一定金，

---

① 马金，库帕，考克斯．组织和心理契约［M］．王新超，译．北京：北京大学出版社，2000：5．

不传半句春"便充分说明了这一点。绝技的传承也不同于学校里老师对学生的教育，因为，学校里教师与学生的关系可以不以感情作为基础，教师也就没有必须把绝技传给学生的责任和义务。因为老师与学生之间的关系是以学校为基础建立的，并受教学制度的约束和规范，并不由教师本人单方面决定。教师与学生关系的解除与否也不取决于教师是否传授了武术绝技。武术运动员与教练员的关系也是如此。武术传统师徒关系是纯粹建立在师徒个人感情关系上的产物，是两相情愿的事情。

武术传统师徒之情在现代社会也并非一无是处。师徒如父子的情感是人际关系趋于疏远、情感趋于冷淡的商品社会中的一股清流，是对当前物化时代道德虚无主义的无声抗议。据李仲轩在《逝去的武林》中的介绍，他的师兄单广钦称呼师母为"妈"，"他与尚师情同父子"①。形意拳大师刘俭在 1914 年师父车毅斋离世后披麻戴孝，以儿子的身份为师父出殡，让师父入土为安。这些行为均是师徒如父子一般深厚情感的体现。特别是在打着师徒名义的旗号却感情淡漠的当今武术界，这样感情深厚的师徒之情更弥足珍贵。访谈对象某武术学校王教练讲述自己曾求师于北京高校某位武术师父，但因自己没有及时足额缴纳师父学费，师父不顾往日情谊拒绝教授，心中颇为感慨。将传统武术技艺视为牟利工具进行买卖交换的事例越来越多，武术传统师徒关系中最为珍贵的情感成分在逐渐减少。缺少了师徒之间的真情实感，武术传统师徒关系将失去其根本，武术绝技的师徒传承之脉也将不复存在。所以说，只有师徒之情客观存在才能成就师徒之间的这份关系。今天应该传承的武术传统师徒关系的实质，就是师父与徒弟之间的这份珍贵的师徒之情。

其三，理即师徒之理，是武术传统师徒关系传承与发展的道德规范。"理"在"情理法"观中主要指儒家所提倡的伦理道德。所以，师徒之理即指武术传统师徒关系的道德规范。具体说来，武术传统师徒关系应该由师为徒纲向师严徒敬、师亲徒孝的道德规范进行转化。受篇幅所限，本研

---

① 徐皓峰，李仲轩．逝去的武林［M］．北京：人民文学出版社，2013：118.

究将这一部分内容作为单独的一部分进行研究，以期更加详细、具体、明确地说明武术传统师徒关系的创造性转化内容。综上所述，随着现代社会的发展，单纯的"礼治"已逐渐失去文化土壤，武术传统师徒关系应向"法、理、情"三者并举转化。

### 五、师为徒纲向师严徒敬、师亲徒孝转化

我们应将师为徒纲向师严徒敬、师亲徒孝的道德规范进行转化。原因在于：单纯对师为徒纲进行摈弃容易从一个极端走向另一个极端。换言之，会使得师的地位从绝对主导地位变为彻底被动地位。今天的社会倡导"平等"，但仅仅是人格尊严的平等。在武术传统师徒关系中，就武学造诣甚至生活感悟而言，师徒双方的地位是具有相对不平等性的，否则师父何以被称为"师父"？有的习武者在"平等"的倡导下，自以为跟随师父学几天武艺，便可另立门派，与师父分庭抗礼抢夺生源，实则是不尊师的体现，是没有看到自身与师父在武学造诣上的"不平等"。武术传统师徒关系最大特点在于师父既是师又是父的双重身份。其次，师的身份要求师徒双方在武术技艺传承过程中遵循师严徒敬的道德规范；父的身份要求在师徒双方日常相处中遵循师亲徒孝的道德规范。这两点在否定师为徒纲的绝对化与被动性的同时，却继承了尊师、敬师的传统美德。这既是对师徒双方人格尊严平等的肯定，又是对师徒双方在武学造诣、生活感悟上相对不平等的表达，符合现代社会主义核心价值观"平等"与中华优秀文化"尊师"的具体要求。所以，我们倡导将师为徒纲向师严徒敬、师亲徒孝的道德规范进行创造性转化。就创造性转化的具体内容而言：

其一，师为徒纲转化为师严徒敬的具体内容包括：第一，道德品质和身体条件的考察应该被继承，由此体现师徒双方的严谨。由于师徒授受关系往往并不只基于家传的血缘父子关系，还可能基于血缘之外的拟血缘父子关系。也就是说，血缘关系的父子双方无法选择，但大量拟血缘关系的父子之情的建立是徒弟和师父双方相互选择的结果。在拜师之前师徒双方的关系权且可以称作老师和学生的关系，师父对徒弟的考察过程也同时伴

随着徒弟对师父的考察过程。考察的过程就是双方相互了解和取得信任的过程，没有了这个过程就无法取得对方的信任。这个过程是不可或缺的，这在所有类型的师徒关系中都存在。接下来就是考察什么的问题，概括起来不外乎考察两个方面的内容，即人品和身体条件。人品考察即是对道德品质的考察，身体条件考察即对是否满足学习武术这样一个技艺所要求的基本身体结构、机能、素质及其发展方向的考察。这两个方面的考察都是应该传承的内容。至于具体内容的考察则应该随着时代发展的变化而有所变化，如传统社会所倡导的仁义礼智信、温良恭俭让等道德品质范畴，或者说孔子所谓君子应该具备的三达德，即智仁勇，在今天也应作为考察弟子道德品质的标准。当然，这是一个终极的目标，全部达到非常不容易，但作为一个考察方向是可能的。在今天，我们国家提出了每一个公民应该具有的核心价值观，其中的爱国、敬业、诚信、友善等这几个方面的内容也应该纳入徒弟拜师前道德品质考察的范围。

第二，慎之又慎的择徒态度也应该继承，由此体现师父一方的严谨。因为，对一个人的道德品质的判断不是一件非常容易的事情，"画龙画皮难画骨，知人知面不知心"，一个人的道德品质会随着外界的影响和年龄的增长而产生变化。《国技概论·国术理论概要》中有："世之具绝人之艺者，类多深自秘惜，择人弥谨。"① 这句话表明，传统武术中有"绝活"的师父，大多数都自己私密地珍藏起来，在选择徒弟的时候是相当谨慎的。再如，《孟子·离娄》载："逢蒙学射于羿，尽羿之道；思天下惟羿为愈己，于是杀羿。"这句话表明，逢蒙为了实现成为天下第一射手的野心，要谋杀师父。《查拳·醉八仙拳谱·武艺精华》也有记载："武人与文人异，文人授徒，类皆悉心指导，不留余地；武人则不然，其以拳术授徒者，确亦根据《易筋经》或少林派等手术依次相授，惟耳提面命之时，多不肯以独得之杀手诀举以示人，尽恐所授之徒或有逢蒙之心者，则无法以制之也。"② "独得之杀手诀"是传统武术中师父有别于其他技艺中师父的

---

① 卞人杰．国技概论·国术理论概要［M］．太原：山西科学技术出版社，2011：163.
② 卞人杰．国技概论·国术理论概要［M］．太原：山西科学技术出版社，2011：56.

"绝活","尽恐所授之徒或有逢蒙之心者"便是师父对"教会徒弟,杀死师父"的担忧。今天的社会也不例外,对待择徒古人采取了慎之又慎的态度,这一点也是今天应该继承的。

第三,必要的考察时间规范应该继承,由此体现师父一方的严格。俗话说"路遥知马力,日久见人心",必要的时间投入是应该的。但究竟应该考察多长时间和如何考察是非常个性化的问题,不应该强调完全一致。因为有的师父鉴别人的能力强,有能力在较短的时间里识别出学生的人品和身体条件;有的师父却需要较长的时间去考察。识别的难易程度也因人而异。所以,要想解决这个问题只能采取因人而异,因师而异、因徒而异的针对性措施。

第四,徒弟尊敬明师的规范应该传承,由此体现徒弟一方对师父的尊敬。十八大以来,习近平总书记也多次强调"尊师重教"的传统文化。其中,"尊师"即要求徒弟尊重师父,"重教"即要求师父重视对徒弟的教导。"师道尊严"是传统师徒关系中对师父个人权威与社会权威的认可。徒弟尊敬明师,即要求徒弟对具有个人权威的师父予以尊重,而非当前那些沽名钓誉的虚假师父。传统社会中徒弟对师父的尊敬往往较少考虑师父的个人权威,造成的后果是"叩头三千,呼师八万,而于学术根本茫然"①。所以,今天武术传统师徒关系应该继承的是徒弟对明师的尊敬。

此外,师徒双方有权解除师徒关系的规范应该传承下去;徒弟有权学习特殊内容的规范应该传承下去;师父传道授业解惑的责任、重义轻利的价值观、因材施教的教学关系都应该传承下去。这些都是一位严师应该具备的道德规范。

其二,师为徒纲转化为师亲徒孝的具体内容包括:第一,师父关爱徒弟应该传承。《礼记·曲礼》中记载"宦学事师,非礼不亲","亲"是对传统师徒关系的要求,在武术传统师徒关系中就要求师父关爱徒弟。关爱的方式有两点:一是师徒相互亲近。亲的繁体书写为"親",左"亲"为

---

① 王芗斋.拳学宗师王芗斋文集[M].北京:中国广播电视出版社,2010:199.

形，右"见"为意，暗含"见面"之意。"要想学得会，师父身边睡"更加体现了武术传统师徒双方高频见面的必要性。面对今天在血缘维度下，情感日渐疏远的武术传统师徒关系，师徒双方增加见面、互动频率可以有效缓解这一危机，更有利于手把手的武术教学。二是师父对徒弟日常生活的关照。武术传统师徒关系中师父之所以为"师父"，是因为师父不仅对徒弟的武艺习得与否负有责任，还对徒弟的日常生活乃至婚姻大事进行约束与教导，从而形成"师如父"的深厚情感。这一点对今天仍以武术为职业的拜师习武之人来说，是需要继承和弘扬的。

第二，徒弟孝顺师父的规范应该传承。传统父子关系对子有"孝"的明确规定，如《盐铁论·孝养》中有，"上孝"在于"养其志"，使父亲精神得到愉快；"上孝"以下，"其次养色，其次养体"①。武术传统师徒关系以"孝"来约束徒弟。子女对父母尽孝的方式是多种多样的，有了孝心就需要用一定的形式表现出来，但又不能拘于一格。虽然划分出了养志、养色、养体三重境界，但其共同点强调的都是一片孝心。因为子女的赡养能力有大小，有多大能力办多大事，只要尽了力就是满足了孝心的标准。日常生活中我们依然是按照这样的标准去评判子女是否履行孝道的。之所以会出现"教会徒弟，饿死师父"或"教会徒弟，杀死师父"的担忧，是因为师父择徒不慎、不准，徒弟不孝的结果。如果师父在择徒之时把握住了"不可误传"这一关，徒弟品德良善，那就不会出现这样的担忧。反过来看存有这样担忧的师父自然也就不是一位合格的师父，徒弟也就不是合格的徒弟。还有武林中盛传"师父总要留一手"的做法，其根本原因也在于师父对徒弟的不信任，徒弟对师父的不孝敬。对徒弟不信任的师父也自然不是一位合格的师父。师徒之间的关系表现为真诚深厚信任，这虽然是一种属于师徒关系理想化的要求，但从理论上讲，武林中的师徒之间既然建立了师徒关系，那么就应该成为理想的父子关系。一切师徒之间的不和谐，其原因皆在于师父或徒弟没有尽到各自的本分，没有扮演好

---

① 季乃礼. 三纲六纪与社会整合：由《白虎通》看汉代社会人伦关系 [M]. 北京：中国人民大学出版社，2004：168-169.

师父和徒弟的角色。父子之情建立和维持的具体表现：为师者要像父亲般对待徒弟，徒弟要像儿子般对待师父。传统为父之道在于养育，如"养不教，父之过"；传统为子之道在于行孝。如果实现了真正的父子之情，就会避免师父产生"教会徒弟，饿死师父"或"教会徒弟，害死师父"的担忧。

值得注意的是，对现代社会依然需要进行父子身份确认的武术传统师徒关系而言，现代社会背景下的父子关系不同于传统社会的父子关系，取消了传统社会"父为纲"的角色规范，进一步肯定师徒双方的养育与赡养义务。以 2021 年施行的《民法典》为参照，《民法典》第三章第二节对"父母子女关系和其他近亲属关系"的责权利等方面做出了非常明确的规定。其中明确规定了父母对子女有养育的义务，而子女亦有赡养父母的义务。这一点与传统社会要求子女对父母尽孝道一致。换言之，不论是传统社会还是现代社会，对那些享受师父如父亲一般的关系、继承师父的毕生心血、凭借武艺安身立命的徒弟来说，应当对师父进行赡养。这既符合当下父子关系中养育与赡养的要求，也继承了中国敬老、爱幼的传统文化。

## 第二节　武术传统师徒关系的创新性发展策略

所谓创新性发展是要求武术传统师徒关系由过去简单的、存有不足的模式向复杂的、优质的模式进行创造性的转化，是在创造性转化的基础上的进一步发展，与创造性转化是层层递进的关系。因为，单纯对武术传统师徒关系进行扬弃，并对其进行创造性转化，仍然偏重于理论，缺乏实践操作，还会有不可避免的问题出现。所以武术传统师徒关系还要进行创新性发展。在本研究中，造成武术传统师徒关系的缺陷与当代困境的原因既有内部因素又有外部因素。同理，内在与外在是传统武术现代转型的两个向度。基于此，武术传统师徒关系的创新性发展也将包括内在向度与外在向度两方面。

## 一、内在向度：创建新型师徒传承模式

师徒传承是武术传统师徒关系建立与维系的核心价值。可以说，师徒持续传承并保持良好的传承效果是武术传统师徒关系保持和谐的关键，也是武术传统师徒关系建立与维系的最终目的。所以，从内在创新的角度来说，武术传统师徒关系的创新性发展策略需要以创建师徒传承模式为主要指向。新型师徒传承模式是针对旧有的师徒传承模式的不足进行改进的。旧有的师徒传承模式中如"唯师命、守师训""恐犯师之尊而不敢言"等均属于武术传统师徒关系存在的缺陷，但其存在于弘扬"尊师重道"的优秀武术文化中也存有一定的合理性。可见，单纯对武术传统师徒关系进行扬弃不足以解决武术传统师徒关系的缺陷，仍然难以从根本上规避由武术传统师徒关系引发的问题。因此，武术传统师徒关系在内在创新时需要吸取过去师徒传承之不足，创建新型师徒传承模式。

### （一）创建师徒对话交流模式

师徒对话交流模式即要求师徒双方通过对话的形式进行武艺交流。之所以创建师徒对话交流模式是为了进一步明确师徒双方对个人权威与社会权威的认知。具体表现在以下两方面：其一，"对话是个体与个体之间以一种共同可理解的方式分享理念、信仰、思想和情感的过程"①。这就要求武术传统师徒双方需要在相对平等的地位上进行对话，才能形成一种"共同可理解的方式"并进行"分享"。"交流"则意味着师徒双方在传承时并非由师父一方进行单向的传授，而是双方相互的。过去的传承内容由师父单方决定，授艺多少全看师父脸色，师父具有绝对的权威，徒弟成为师父的依附者、被动的顺从者。而对话交流模式克服了武术传统师徒关系中师徒交流不平等的问题。其二，师徒对话内容应包括武艺理念、武术文化信仰、师徒情感融合等。这表明师父难以单纯用身份、地位、职位、权力

---

① 杨捷．走向"对话"的师生观 [J]．当代教育科学，2006（11）：27．

等社会权威与徒弟进行交流，而是在尊重徒弟的前提下，以自身的武学知识、人格魅力等个人权威展开交流，从而规避当前部分师徒对个人权威与社会权威认知不明而导致的一系列问题，最终形成平等、民主、和谐的武术传统师徒关系。

结合社会建构论者杰根对"有效对话"① 的理论研究，武术传统师徒关系的有效对话需要师徒双方具备以下几种能力。其一，师徒双方需要从与对方的对话或行为中筛选出与对话内容相关的因素。这就要求在师徒武艺对话交流过程中，徒弟具有一定的悟性，可以迅速抓住师父传授的重点，进而习得武艺；同时要求师父对徒弟的言行有一定的判断，进而因材施教。这些都是基于个人权威基础上的能力体现。其二，徒弟需要承认师父说话内容的权威性与连贯性。这一方面要求师父必须具有个人权威，才能使徒弟从内心承认师父的说话内容。另一方面要求徒弟对师徒武艺传授内容本着接纳、吸收的原则进行传承，也包含了对师父的尊敬之意。其三，师徒之间应增加武艺对话交流之后的反馈环节。这有助于师徒双方进行下一次的武艺对话交流，增强师徒双方的交流互动，避免师徒传承中只有师父单向的传授。其四，师徒双方应避免终止对话的行为。这些行为具体包括师父利用社会权威对徒弟的威胁、侮辱，或者徒弟仗着自身的外在势力出现不尊师的行为等。在"有效对话"的理论要求下，师徒双方可以进一步明确各自的职责所在，从而构建有效的师徒对话交流模式。

师徒对话交流模式表现为两种形式，其一，显性对话交流。显性对话交流存在于师徒双方武艺问答之间，师父和徒弟既可以做问题的提问者，也可以做问题的回答者。在一问一答之间，师徒双方进行拳理的阐述与技能的传授，从而加深拳理与技能的认知。在李仲轩与尚云祥的对话中，李问："唐师只让我一个人练，不能让人看见，说是古法，这是什么道理?"② 尚师回答："没什么道理，不搞得规矩大点，你们这帮小青年就不

---

① 斯特弗，盖尔. 教育中的建构主义 [M]. 高文，等译. 上海：华东师范大学出版社，2002：27.

② 徐皓峰，李仲轩. 逝去的武林 [M]. 北京：人民文学出版社，2014：153.

好好学了。"① 这段问答是围绕师徒传承的交往环境来说的，在一问一答中，李仲轩深刻地认识到师父在拳种传承时的初衷。其二，隐性对话交流。隐性对话交流并非要求师徒双方进行明显的问答，而是存在于情感的交流与心灵的互动过程中。在师徒传承过程中，徒弟常常通过观察师父的眼神和动作，就可以轻易判断出自己的动作正确与否，师父满意与否，这样就实现了师徒双方更深层次的对话与交流。李仲轩在自己武艺初成之时就想找薛颠比武，这一想法被师父尚云祥知道后，对李仲轩说："你要能把这南瓜打碎了，你就去比吧。"② 李仲轩说："他（尚师）的眼神一下就将我镇住了。南瓜很软，一个小孩也能打碎，我却无法伸出手来打碎南瓜。"③ 这里师徒双方并非在进行单纯的显性对话交流，而是师父用"一个眼神"将徒弟"镇住"，从李仲轩的自述中表明，即使是他能做到的事情，但在师父"眼神"的交流中也不敢有进一步动作，这更侧重于隐性对话交流方式。在实际师徒对话交流过程中，这两种方式并未割裂，而是相互交杂在一起，最终目的在于实现武术传统师徒关系平等的对话与双向的沟通。

（二）师徒互动合作模式

师徒互动合作模式是指师徒双方通过互动的形式进行武艺合作。师徒互动合作模式来源于约翰逊提出的"合作学习"理论。该理论从20世纪90年代前后引进中国并取得较好的效果。"合作学习"理论被人们誉为"近十几年来最重要和最成功的教学改革"。"合作学习"的提法在世界各国略有不同，在美国称之为"合作授课"，俄罗斯称之为"合作教育"，在我国被称为"合作教学"。但是，不论哪种提法，其共同点在于"合作"。

之所以将"师徒互动合作模式"作为武术传统师徒关系的改革方式之一，也是为了提倡"合作"的观点。进而言之，是为了规避由武术传统师

---

① 徐皓峰，李仲轩. 逝去的武林［M］. 北京：人民文学出版社，2014：153.
② 徐皓峰，李仲轩. 逝去的武林［M］. 北京：人民文学出版社，2014：246.
③ 徐皓峰，李仲轩. 逝去的武林［M］. 北京：人民文学出版社，2014：246.

徒关系引发的门户之见。门户之见的弊端在于门户之间敝帚自珍、不合作的态度与行为。而这又与武术传统师徒关系的建立与维系有着密不可分的关系。因此,我们尝试提出武艺互动合作学习模式解决这一问题。合作学习理论认为,教学是一种人际交往活动,教学过程是一种信息互动过程。所以,师徒互动合作模式具有互动的特点,可以建立师父与师父、师父与徒弟、徒弟与徒弟之间的多向互动与交流。由此区别于武术传统师徒关系中对徒弟与徒弟之间"不能对传"的要求,师父与徒弟之间"不准拜他人为师"的要求,以及师父与师父之间"各自为政,互不干涉"的窘境。

创建师徒互动合作模式具体需要具备以下几个条件。其一,师徒双方具有合作愿景。合作愿景是师徒双方共同拥有的合作意向和愿望。实现合作愿景是每一对武术传统师徒关系进行师徒互动合作模式的必经之路。师徒双方通过交流与互动接触不同领域、不同拳种、不同年龄的武术技艺,并打破固有的、保守的观念使之成为一体,师徒互动合作模式也就得以确立。就如王芗斋先生所言:"余之学拳只有是非之分,不知有门户之派别。为使拳术昌明,愿将平生所得所知交代后任,更愿社会群众无不知之。"① 从他的话语表述中,"不知有门户之派别""愿社会群众无不知之"正是在"合作愿景"的基础上提出的观点。其二,增加武艺互动合作的途径。武艺互动合作途径不仅限于民间武术之中,还可以扩大到学校武术、竞技武术领域。现如今,不仅在民间武术领域内部存有各自为政的困境,在武术的三大领域中亦是如此。正如学者王巾轩所言:"由于种种原因,今天的武术界无形中被划分成了专业队、民间和学校 3 个相对独立的系统,各自为政。"② 将师徒互动合作模式扩展至学校武术与竞技武术,不仅可以打破当前三大领域"各自为政"的僵局,还可以为师父选择徒弟提供更加广阔的途径。"民间拳师最青睐 2 种人,即专业队的退役运动员和武术专业的大学生。他们具有练好太极拳的基本身体素质、以武术为职业,特别是大

---

① 王芗斋. 拳学宗师王芗斋文集 [M]. 北京:中国广播电视出版社,2010:197.
② 王巾轩. 师徒制下的武术文化传承:基于吴式太极拳师徒传承的个案研究 [J]. 上海体育学院学报,2014,38(4):93.

学生群体还具有一定的理论水平和充裕的学习时间，如能悉心调教将成为拳种流派发展中的骨干力量，但民间师父能接触到这两类群体的机会不多。"① 由此可见，通过增加三大领域之间的武艺互动合作，相比民间徒弟水平高低的参差不齐，师父可以从竞技武术领域、学校武术领域中选择到自己满意的徒弟，同时也可以使学生或运动员的武艺得到进一步锤炼，从而促进师徒传承。

（三）师徒论辩交往模式

论辩，即争论、辨别。论辩交往模式即通过师徒交往的形式进行论辩。师徒论辩交往模式是在现代教学理论指导下，"以质疑为起点，以论辩为手段"② 的一种探索未知的武艺教学方式。事实上，在韩愈《师说》中就已经开始倡导师徒之间进行论辩交往模式。"是故弟子不必不如师，师不必贤于弟子"这句话便是鼓励弟子要敢于对师父的学问质疑，与师父进行论辩。然而在武术传统师徒关系中，就徒弟一方而言，"徒对师说即觉有不当，常恐有犯师之尊严而不敢背。"③ 就师父一方而言，若徒弟对师父的不当之处进行论辩，"师为自保尊严计，亦痛加驳斥而不自反"④ 这类现象不仅存于王芗斋先生所言的过去，直到今天依然存续。在访谈过程中，面对师父的不当之举时，不少徒弟表示不敢对师父进行质疑，并表示："我们不懂的地方会向师父请教，但是，师父不对的地方我们自己心里明白就好了，这种事情没必要同师父进行争论。"⑤ 这一方面主要受"面子"文化以及奴性文化的影响，徒弟出于怕被"穿小鞋"的担忧不敢与师父争辩，另一方面与徒弟个人性格因素、生长环境等密切相关。这样

---

① 王巾轩. 师徒制下的武术文化传承：基于吴式太极拳师徒传承的个案研究 [J]. 上海体育学院学报，2014，38（4）：93.
② 刘建华. 师生交往论：交往视野中的现代师生关系研究 [M]. 北京：北京师范大学出版社，2011：126.
③ 王芗斋. 拳学宗师王芗斋文集 [M]. 北京：中国广播电视出版社，2010：199.
④ 王芗斋. 拳学宗师王芗斋文集 [M]. 北京：中国广播电视出版社，2010：199.
⑤ 2020 年 10 月 27 日电话，笔者对 ZFW 进行的访谈。

的后果便是"于学术根本茫然"①。正是在这样的文化背景下，本研究针对性地提出师徒双方可采用师徒论辩交往模式。

师徒论辩交往模式需要师徒双方经历三个阶段：第一阶段，交往。这是展开武艺论辩的前提条件，只有通过交往，才能知道自身在武艺习得与传授过程中存在的不足以及对方的不足，才能进行论辩。第二阶段，论辩。这是进行武艺论辩的主要环节，师徒双方就若干问题进行探讨，集思广益，通过争论与探讨，为下一步发现做准备。在此过程中可以加深师徒双方的情感交流，削弱师父的绝对权威，有助于徒弟进行独立的思考，加强徒弟的批判意识，对师徒传承、发展乃至创新具有现实指导意义。第三阶段，发现。交往阶段与论辩阶段的最终目的是真正发现问题，并提出解决问题的办法，该阶段是前两个阶段的结果。在发现阶段，师父可以发现徒弟的闪光之处与自己的不足，徒弟也可发现师父的价值与自己对武艺知识的误解之处。这也正是师徒论辩交往模式的意义所在。

师徒论辩交往模式是建立师徒双方在交往活动中的积累演进的过程，是对武术传统师徒关系中现存问题不足的革新手段，但在论辩过程中也难免出现问题，如门户之见。所谓门户之见，当"见"表示"偏见"之意时，往往掺杂个人情感色彩。当"见"表示"见解"之意时，更多的是对某一拳种、技法的认知，是武林中百花齐放、百家争鸣的局面。师徒论辩交往模式是针对后一种门户之见解所展开，而非门户之偏见。师徒双方进行武艺论辩需要遵循以下原则：其一，问题原则。一切论辩需要从问题进行着手，武艺论辩也不例外。武艺传承的问题包括武艺理论问题、武艺实践问题以及武艺理论与实践相矛盾的问题。这些问题来源于师徒双方武艺授受的过程，是进行武艺创新的动力。其二，互动原则。师徒双方论辩不是目的，而是通过论辩产生师徒互动。在互动过程中，一方面，激发师徒双方的思维，对身体、动作、拳理产生新的感悟；另一方面，拉近师徒双方的心理距离，摆脱师父高高在上、徒弟低三下四的主仆关系。

---

① 王芗斋. 拳学宗师王芗斋文集［M］. 北京：中国广播电视出版社，2010：199.

*196*

## 二、外在向度：引入第三方组织监管

　　所谓"外在干预"是要求从外部对武术传统师徒关系进行管理、制约。由前文可知，构成武术传统师徒关系特点的深层原因在于不受第三方组织约束，阻碍其发展的一大原因在于礼治的消失与法治的缺失。法治与礼治均属于外在干预，表明武术传统师徒关系缺少第三方组织对其进行监管。正是由于这一点，在传统社会向现代社会的转变过程中，出现了"拜师不学艺，收徒不授徒"，以及一些以敛财，片面追求辈分、名分的师徒关系。因为在传统社会中主要依靠"礼治"，"礼不需要这有形的权力机构来维持。维持礼这种规范的是传统"①。进入现代社会以后，传统的作用逐渐减弱，礼治的治理范围也在缩小，单纯凭借礼治难以对上述不合乎传统规范的武术传统师徒关系进行惩戒，所以就需要有形的权力机构，即第三方组织进行监管。此外，从学校武术师生关系、竞技武术教练员与运动员关系以及工厂、企业中师傅与徒弟的关系中吸取宝贵经验，这类武艺授受关系之所以稳定发展，没有出现如武术传统师徒关系中"收徒不授徒""拜师不学艺"的乱象，并非完全依赖武艺授受双方的自觉自愿，关键之处在于有第三方组织监管，并利用第三方组织对教师、学生、教练员、运动员的资格进行严格审查。因此，武术传统师徒关系的创新性发展策略，需要引入第三方组织进行外在干预。

　　这里第三方组织的监管职责建议由中国武术协会承担。原因主要有以下几点：第一，人才有保障。中国武术协会是由各省、自治区、直辖市、计划单列市武术协会，各行业体协、高等院校、其他具有合法地位的武术社团组织以及热爱武术事业的个人组成。经过多年的发展建设，中国武术协会已覆盖从宏观到微观各个层面的相关单位、团体，同时汇聚了一大批热爱武术事业、乐于为此奉献的中坚力量，这就为监管工作实施的各个环节提供了人才保障。第二，专业技术强。在履行监管职责的过程中，评判

---

　　①　费孝通. 乡土中国［M］. 北京：人民出版社，2008：61.

某个大师或其相关师徒关系的真伪，需要具备很强的专业知识才能做出明确结论。而中国武术协会集中了国内大部分武术专业人才，有能力也有义务承担监管责任，"武人管武"可以避免"外行领导内行"的情况发生，保证武术传统师徒关系的良性发展。第三，非营利性。中国武术协会是武术行业中全国性非营利性社会组织，它的主要任务是推动传统武术健康发展，而非创造利润。这样可以最大限度地保证监管工作的公平公正，防止一些营利性机构趁机进入监管领域牟取不当利益。第四，直接监管。2020年6月29日，中国武术协会发出《中国武术协会关于加强行业自律弘扬武术文化的倡议书》，其中要求：不得以"拜师收徒""贺寿庆典"等为名敛财。这说明中国武术协会对武术传统师徒关系发展以及当代困境负有直接监管的职责。因此，赋予中国武术协会监管权力是推动武术传统师徒关系进行创新性发展策略的必要手段，此举也具备相当的可行性。具体而言，中国武术协会可采取如下具体化策略。

（一）搭建武术师徒云平台

搭建武术师徒云平台是要求在中国武术协会下设立专门的机构，借助互联网搭建平台对武术师徒身份进行实名认证。只有通过中国武术协会云平台实名认证的师父和徒弟方可建立武术传统师徒关系。今天之所以存有一些虚假师父以及虚假徒弟，是由于缺少权威部门对武术师徒身份进行合理认证、管理。当前传播技术日新月异，搭建武术师徒云平台覆盖面广，信息更新快，更有助于武术传统师徒关系的建立。需要注意的是互联网时代信息泛滥，平台对信息的抓取要建立完善的审核机制，保证信息的真实性。所以，中国武术协会作为非营利性质的民间团体，更适合成为武术师徒云平台的管理者，将合格的师父与徒弟作为建立武术传统师徒关系的储备力量。

具体而言，在师徒互择阶段，对于一些涉世未深的虔诚徒弟可以在云平台上注册自己的身份，表达自己的习武诉求，从而得到某位师父的青睐。对于一些渴望收徒的师父，可以通过云平台展示自己的武林风采，介绍自己的习武经历，从而吸引更多的徒弟。在师徒互访阶段，互联网云平台可以进一步提供双方的联系方式、喜好、收徒要求等，保证师徒双方的有效考察，从而为顺利进入下一阶段做好有效的准备。在父子身份确认阶段，即拜师仪式的举行过程中，既可以通过直播的方式，也可以通过现场观摩的方式从中国武术协会中选派相关工作人员全程观摩并进行见证，从而对武术传统师徒关系进行认证。在师徒情感变换阶段，该云平台可以加强对徒弟尊师爱徒、弘扬中华优秀武术文化的积极行为进行宣传，扩大社会影响力。

同其他互联网平台一样，武术师徒云平台首先需要注册各自身份。就师父而言，其注册的基本信息至少应包括：姓名（实名）、性别、年龄、学历、所在地区、武术段位、师承、擅长拳种、习武年限、体检报告、已收徒弟数量、计划收徒数量、收徒要求、个人信息补充等。就徒弟而言，其注册的基本信息应包括：姓名（实名）、性别、年龄、学历、所在地区、武术段位、体检报告、习武目的、是否拜师（师承何人）、拜师要求、个人信息补充等。在师徒身份审核过程中，相对徒弟而言，师父的标准应更为严苛。既要获得师父的师父"同意收徒"的许可，又要接受中国武术协会相关工作人员的严格审查。尤其对一些已经收过徒弟的师父而言，通过徒弟、同门、同行对师父的评价来确定是否配为人师。此外，这些信息随着人员更替进行实时更新。通过这些信息的录入与认证，在互联网平台的帮助下为当前武术传统师徒关系建立一个完整翔实、有据可查的数据库，有助于将部分企图利用拜师收徒敛财、坑骗、自封大师等不当行为从源头上进行杜绝。

### （二）设立师徒奖惩方式

若想进一步保证武术传统师徒关系的良性运行，还可以通过中国武术协会设立师徒奖惩方式。就奖励方式来说，其一，设立专项养老基金对一些德艺双馨的老师父进行奖励。这一点可以参照日本艺伎的奖励制度。日本艺伎的培养也是按照传统师徒关系进行的，正如学者徐静波介绍："日本培养艺伎是没有学校的，都是私人的传帮带。"① 这里的师父被称作"妈妈"。在日本专门推出了"艺伎养老金"，目的是在这些"妈妈"年老之后有所保障，实现"老有所依"，以吸引更多的年轻女性加入，促进这一古老职业的发展。武术中的师父一直有着"教会徒弟，害死师父"的担忧，导致一些身怀绝技的师父往往在临终前才授艺徒弟绝技，还有一些师父未授而亡，严重制约武术技艺发展。参照日本"艺伎养老金"，针对武术领域德艺双馨的师父设立专项养老基金可以尽可能抢救一些即将失传的绝技，同时还可以吸引更多的年轻武术爱好者加入。当前国家大力推出的武术非遗传承人以及武术非遗项目的申报，正是为了对这些德艺双馨的武术家、珍贵拳种进行保护与传承。

其二，对以"父子身份确认"为实质，以终身制为准则，以武艺传承为交往目的的武术传统师徒关系进行鼓励、宣传。父子之情是武术传统师徒关系区别于其他师徒关系的一大特点；终身制是"一日为师，终身为父"的感恩文化价值的体现；武艺传承是武术传统师徒关系的交往目的。这三者既有时间的保证，又有感恩文化价值的体现，还有父子之情的滋润，构成了评价武术传统师徒关系的三大指标。这三者可以有效改善物化时代下人际关系冷漠、唯利是图的不良社会风气。中国武术协会乃至其他宣传渠道应对这些武术传统师徒关系进行大力的宣传、弘扬、奖励，这不仅有益于武术传统师徒关系的和谐发展，还有益于整个社会人际关系的和谐友善。

就惩罚方式来说，中国武术协会至少应对以下行为进行公开批评、警告，严重者取消其师父或徒弟的身份，不再被整个行业认可。一方面，不合格的徒弟至少包括：未经原来师父允许私自拜他人为师者；未经师父允许自立门户者；拜师不习武者；恶意诋毁他人（师父、师兄弟、师叔伯、其他门派的习武者等）者。另一方面，不合格的师父至少包括：借机敛财者，借机形成黑恶势力者，借机奴役徒弟者，收徒不授徒者；恶意诋毁他

① 徐静波. 日本人的活法［M］. 北京：华文出版社，2017：260.

200

人（师父、师兄弟、师叔伯、其他门派的习武者等）者。以上仅仅是根据武术传统师徒关系的缺陷与当代困境提出的当前部分师徒双方不尊师、不爱徒的行为。中国武术协会应至少对这类行为进行监管，实施惩戒，清理行业中的蛀虫，为武术传统师徒关系的长远发展起到趋利避害的作用。

# 结　语

　　武术传统师徒关系是一个从历史中走来又延续至今的文化事象。事象虽微，其用甚广。它直接反映古往今来师徒传承情况，可预测武术未来传承方向。它蕴含本土化人际关系的特征，有窥一斑而知全豹之用。它涵盖丰富的中华优秀传统文化要素，将国家传承与发展中华优秀传统文化落在实处。在本书中，我们以中华优秀传统文化的创造性转化与创新型发展为导向，以社会主义核心价值观为标准，以武术传统师徒关系事实为依据，从思想文化层面阐析了武术传统师徒关系的概念、结构要素、建构过程、产生与历史流变等问题。在改革创新的时代精神视域中，揭示武术传统师徒关系的特点、缺陷、当代价值与困境，并提出创造性转化与创新性发展策略。本书结论如下：

　　1. 武术传统师徒关系是指以父子身份确认为实质的武艺授受关系。

　　2. 武术传统师徒关系的表层结构要素包括交往主体、交往对象、交往手段、交往环境、交往目的、交往过程、交往内容。其表层结构要素的特点包括交往主体与交往对象的关系具有排他性，交往手段具有物质性，交往环境具有永久性、封闭性、职业性与家庭性，交往目的具有深度传承性，交往过程具有单一性，交往内容具有神秘性。武术传统师徒关系的深层结构要素包括权威、伦理、利益、血缘。其深层结构要素的特点包括利益要素具有利益交换瞬间不对等性，血缘要素具有强制性。

　　3. 武术传统师徒关系的建构过程分为如下四个阶段：师徒互择阶段，师徒互访阶段，父子身份明确阶段，父子身份认可阶段。其建构过程的特点包括师徒互择阶段师徒双方具有自觉自愿性，师徒互访阶段师徒双方需进行道德考察，父子身份明确阶段师徒双方需举行拜师仪式，父子身份认可阶段师徒双方需遵守父子道德规范。

4. 武术传统师徒关系产生的社会基础是师徒缘的天命观，师徒如父子的家族主义，天地君亲师的儒家伦理思想。武术传统师徒关系产生的前提条件是师徒双方需要，武术传统师徒关系产生的必要条件是师徒双方需要得以满足。武术传统师徒关系的历史流变可以划分为如下六个时期：萌芽时期、雏形时期、成熟时期、分化时期、停滞时期、恢复时期。

5. 武术传统师徒关系的价值体现为：有利于促进拳种深度传承，有利于增强师门内部凝聚力，有利于加强习武者的道德规范，有利于弥补学校武术教学之不足，有利于弘扬中国传统感恩文化。武术传统师徒关系的缺陷包括"师为徒纲"有碍于现代社会人际关系平等价值观的建立，武术传统师徒关系部分规矩阻碍师徒武艺授受，武术传统师徒关系容易引发门户之见与师承之别。

以上所谈，是我们力图为中华武术师徒传承，为坚守中华文化立场传承中华文脉，为构建中华优秀传统文化体系所尽的绵薄之力。但也存在不足，第一，访谈对象的样本偏差。本书所选取的43位访谈对象是在质性研究方法的理论指导下，结合武术传统师徒关系的实际情况进行选择的，并尽可能覆盖年龄、性别、拳种、拜师收徒经历、职务五个指标的大部分范围。以此尽最大可能保证研究结论的科学性、系统性，这有助于把握武术传统师徒关系的总体情况与一般规律。但是，我国幅员辽阔，就拳种而言，国家体育总局认定的就有129种之多，各拳种之间又有门派之间的区分。就年龄而言，小至七八岁的儿童，大至百岁老人都有着拜师或收徒的经历。就性别而言，不同性别组合下的武术传统师徒关系也具有差异性。与此同时，不同拜师习武之人又与个人因素密切相关。文章中虽对这些内容略有提及，但出于研究总体目标、把握基本规律的原因，并没有对其进行更加深入、更加细致的分类讨论，造成样本选取的局限。因此，未来武术传统师徒关系的研究，应在本书的基础上，从宏观走向微观，尽可能收集更多不同拳种、不同性别、不同年龄、不同地区等因素对武术传统师徒关系影响的一手资料，展开更大范围的深度访谈，并结合一定的量化分析，更有针对性地提出各个层级下武术传统师徒关系的具体问题、具体成因以及具体对策。第二，定量研究的不足。应当承认的是，本书对武术传统师徒关系的研究主要借助的是本土化的理论研究，相较于西方国家师徒关系的成熟理论，中国人际关系的本土化理论研究更适合作为本书的理论武器。但是，本土化理论研究的不足之处在于缺少定量的理论研究。国内仅有的为数不多的定量研究也仍以国外师徒关系理论模型为依据，造成缺少本土化特色。本书一方面在本土化的定性研究中对武术传统师徒关系进行了深入的理论分析，另一方面受本土化定量研究不足的制约，难以对武术传统师徒关系进行定量研究。鉴于本书侧重点并非是对武术传统师徒关系的分布情况、频率等问题的考察，而是针对当前拜师习武之人对武术传统师徒关系的主观体验进行细致的分析，提炼当前武术传统师徒关系的内涵、结构、价值、缺陷等，采用质性研究可以更好地对研究对象进行阐释、说明。在未来武术传统师徒关系的研究中，应采用定性与定量相结合的方式，制定一套具有本土化特色师徒关系的调查问卷或者武术传统师徒关系的调查问卷，进而扩大样本量，更加准确地把握武术传统师徒关系的实际情况。

武术传统师徒关系研究是一个富有挑战性与现实感的课题，值得长期研究。我们所做的工作，主观上是想在"阐旧邦以辅新命"方面尽己之力，但客观上成效如何，尚待读者明鉴，尚待实践验证。我们真诚期待读者的指教。

宿凤玲

2023 年 5 月 15 日改定于山西师范大学体育学院

# 参考文献

［1］《十九大报告辅导读本》编写组. 党的十九大报告辅导读本［M］. 北京：人民出版社，2017.

［2］卞人杰. 国技概论·国术理论概要［M］. 太原：山西科学技术出版社，2011.

［3］陈纪方. 社会心理学［M］. 郑州：河南人民出版社，1986.

［4］程大力. 中国武术：历史与文化［M］. 成都：四川大学出版社，1995.

［5］戴国斌. 武术：身体的文化［M］北京：人民体育出版社，2011.

［6］德维托. 人际传播教程：第十二版［M］. 余瑞祥，译. 北京：中国人民大学出版社，2010.

［7］翟学伟. 关系与中国社会［M］. 北京：中国社会科学出版社，2012.

［8］翟学伟. 人情、面子与权力的再生产［M］. 北京：北京大学出版社，2017.

［9］翟学伟. 中国人的关系原理［M］. 北京：北京大学出版社，2014.

［10］费孝通. 乡土中国［M］. 北京：人民出版社，2016.

［11］冯兰. 人际关系学［M］. 沈阳：辽宁大学出版社，2005.

［12］国家体委武术研究院. 中国武术史［M］. 北京：人民体育出版社，2014.

［13］哈维兰. 当代人类学［M］. 上海：上海人民出版社，1987.

［14］韩翼. 师徒关系结构维度、决定机制及多层次效应机制研究

［M］. 武汉：武汉大学出版社，2016.

　　［15］亨宁克，哈特，贝利. 质性研究方法［M］. 王丽娟，等译. 杭州：浙江大学出版社，2015.

　　［16］华东师范大学哲学系逻辑学教研室. 形式逻辑：第四版［M］. 上海：华东师范出版社，2016.

　　［17］季乃礼. 三纲六纪与社会整合：由《白虎通》看汉代社会人伦关系［M］. 北京：中国人民大学出版社，2004.

　　［18］居然安. 公共关系学导论［M］. 上海：上海人民出版社，1987.

　　［19］卡耐基. 人性的弱点［M］. 袁玲，译. 北京：中国发展出版社，2013.

　　［20］柯林斯. 互动仪式链［M］. 林聚任，等译. 北京：商务印书馆，2016.

　　［21］孔令智，汪新建，周晓红. 社会心理学新编［M］. 沈阳：辽宁人民出版社，1987.

　　［22］雷世泰. 孙氏内家拳通论［M］. 北京：海潮出版社，2013.

　　［23］李秉德. 教学论［M］. 北京：人民教育出版社，2000.

　　［24］李龙. 深层断裂与视域融合［M］. 北京：北京体育大学出版社，2014.

　　［25］里夫金. 熵：一种新的世界观［M］. 吕明，袁舟，译. 上海：上海译文出版社，1987.

　　［26］刘建华. 师生交往论：交往视野中的现代师生关系研究［M］. 北京：北京师范大学出版社，2011.

　　［27］刘晓树. 神形兼备的运动：武术［M］. 北京：二十一世纪出版社，2015.

　　［28］马金，库帕，考克斯. 组织和心理契约［M］. 王新超，译. 北京：北京大学出版社，2000.

　　［29］毛礼锐，沈灌群. 中国教育通史：第一卷［M］. 济南：山东教育出版社，2005.

[30] 梅因. 古代法 [M]. 郭亮, 译. 北京: 法律出版社, 2016.

[31] 孟庆荣, 徐向春. 人际交往与沟通 [M]. 广州: 暨南大学出版社, 2018.

[32] 明恩溥. 中国人的气质 [M]. 刘文飞, 等译. 南京: 译林出版社, 2018.

[33] 戚继光. 练兵杂记: 卷二 [M]. 上海: 上海古籍出版社, 1990.

[34] 邱丕相. 中国传统体育养生学 [M]. 北京: 人民体育出版社, 2019.

[35] 邱丕相. 中国武术文化散论 [M]. 上海: 上海人民出版社, 2007.

[36] 全国十二所重点师范大学联合编写. 教育学基础 [M]. 北京: 教育科学出版社, 2011.

[37] 任海. 中国古代武术 [M]. 北京: 中国国际广播出版社, 2012.

[38] 申笑梅, 王举忠. 中国人际关系 [M]. 太原: 山西人民出版社, 1989.

[39] 石云涛. 中国传统文化概论 [M]. 北京: 学苑出版社, 2016.

[40] 斯特弗, 盖尔. 教育中的建构主义 [M]. 高文, 等译. 上海: 华东师范大学出版社, 2002.

[41] 孙隆基. 中国文化的深层结构 [M]. 北京: 中信出版集团, 2019.

[42] 王道俊, 郭文安. 教育学 [M]. 北京: 人民教育出版社, 2012.

[43] 王立芳. 国家力量与艺人再造: 吴桥杂技学童群体研究 [M]. 石家庄: 河北人民出版社, 2013.

[44] 王芗斋. 拳学宗师王芗斋文集 [M]. 北京: 中国广播电视出版社, 2010.

[45] 王莹, 柴艳萍, 王青原, 等. 人际关系和谐的社会视域 [M]. 北京: 人民出版社, 2014.

[46] 王玉芳. 王芗斋站桩功 [M]. 北京: 中国展望出版社, 1989.

［47］王云五．啸旨角力记学射录手臂录［M］．太原：山西科学技术出版社，2012.

［48］王泽应．伦理学［M］．北京：北京师范大学出版社，2015.

［49］吴康宁．教育社会学［M］．北京：人民教育出版社，2016.

［50］吴殳．手臂录：附录卷（上）．北京：北京师范大学出版社，1989.

［51］吴志青，金铁盦．查拳·醉八仙拳谱·武艺精华［M］．太原：山西科学技术出版社，2012.

［52］希尔斯．论传统［M］．傅铿，吕乐，译．上海：上海人民出版社，2018.

［53］习近平．习近平谈治国理政［M］．北京：外文出版社，2016.

［54］徐皓峰，李仲轩．逝去的武林［M］．北京：人民文学出版社，2014.

［55］徐静波．日本人的活法［M］．北京：华文出版社，2017.

［56］徐震．苌氏武技全书［M］．太原：山西科学技术出版社，2006.

［57］杨丹．人际关系学［M］．武汉：武汉大学出版社，2015.

［58］叶朗．现代美学体系［M］．北京：北京大学出版社，1988.

［59］易中天．闲话中国人［M］．上海：上海文艺出版社，2006.

［60］于阳．江湖中国［M］．北京：当代中国出版社，2016.

［61］于志钧．中国传统武术史［M］．北京：中国人民大学出版社，2012.

［62］岳永逸．空间、自我与社会：天桥街头艺人的生成与系谱［M］．北京：中央翻译出版社，2007.

［63］张大为．武林丛谈［M］．北京：当代中国出版社，2013.

［64］张岱年，方克立．中国文化概论［M］．北京：北京师范大学出版社，2016.

［65］中共中央马克思恩格斯列宁斯大林著作编译局．马克思恩格斯选集：第1卷［M］．北京：人民出版社，1995.

［66］中华人民共和国民法典［M］. 北京：中国法制出版社，2020.

［67］周伟良. 行健放歌：传统武术训练理论的文化诠释［M］. 兰州：甘肃文化出版社，2005.

［68］周伟良. 中国武术史［M］. 北京：高等教育出版社，2009.

［69］周伟良. 中华民族传统体育概论高级教程［M］. 北京：高等教育出版社，2003.

［70］曾桓辉. 文化自觉视域下武术传承方式的反思与整合［J］. 广州体育学院学报，2010，30（6）.

［71］韩翼，周洁，孙习习，等. 师徒关系结构、作用机制及其效应［J］. 管理评论，2013，25（7）.

［72］车璐，陈飞，王晓东. 武术文化传承的现实困境与路径选择［J］. 体育文化导刊，2020（4）.

［73］杨全华. 物化时代的道德虚无主义及其批判［J］. 伦理学研究，2014（4）.

［74］崔丽丽. 晚清义和团运动对中国近代体育发展的影响［J］. 山东体育学院学报，2012，28（4）.

［75］张海冰. 高校武术专业武德教育与西点军校德育教育的比较研究［D］. 长春：东北师范大学，2008.

［76］丁桂莲. 从民谚看中国古代职业教育中的师徒关系［J］. 教育学术月刊，2012（6）.

［77］段丽梅，戴国斌. 学校武术的传承异化与教育人类学反思［J］. 北京体育大学学报，2018，41（10）.

［78］高会军，王世景，许全. 桂东南福绵三社存胜堂"十八路桩"武术传承口述史研究［J］. 成都体育学院学报，2020，46（3）.

［79］郭瑞. 古代武术历史分期及其特征［J］. 郑州航空工业管理学院学报（社会科学版），2015，4（34）.

［80］韩红雨，周嵩山，马敏卿. 传统武术门户准入制度的教育社会学考察［J］. 广州体育学院学报，2013，33（5）.

[81] 洪浩,胡继云.文化安全：传统武术传承人保护的新视域 [J].武汉体育学院学报,2010,44 (6).

[82] 解欣.竞技体育"师徒关系"交换行为中"报"循环的主要因素及基本特征研究 [J].山东体育科技,2017,39 (2).

[83] 李凤成.从师徒关系到约定契约：武术文化传承机制演变的价值审视 [J].2017,38 (3).

[84] 李金龙,宿凤玲,张晨昕.传统武术文化传承中师之规范及其传承价值审视 [J].武汉体育学院学报,2018,52 (3).

[85] 李星蕾,刘云生.传统中国"师徒如父子"隐喻及其伦理关联：师生关系之传统塑造及现代转型 [J].十堰职业技术学院学报,2010,23 (2).

[86] 刘晓东.明代私塾中的"师徒"关系刍议 [J].东北师范大学学报,2012 (6).

[87] 鲁铱,李晔.研究生对导师负面评价的恐惧与师徒文化内隐观的关系 [J].心理科学,2014,37 (6).

[88] 乔凤杰.本然与超然：论传统武术技击的诡道与圣道（一）[J].山东体育学院学报,2005,21 (2).

[89] 施刚钢,柳靖.试析中国学徒制中师徒关系的变化 [J].职教通讯,2013 (25).

[90] 王冬霞,罗明星.师生关系从"类血缘"到"业缘"的历史转换 [J].现代中小学教育,2015,31 (8).

[91] 王岗,刘帅兵.中国武术师徒传承与学院教育的差异性比较 [J].武汉体育学院学报,2013,47 (4).

[92] 王岗,邱丕相.重构中国武术教育体系的理论研究 [J].上海体育学院学报,2008,32 (3).

[93] 晁毅臻,赵斌,陈扬.现存民间武术拳师资质认定的问题分析及对策研究 [J].武术发展研究,2018,7 (1).

[94] 王海鸥,闫民.哲学视角下武术传统与现代传承的反思 [J].

天津体育学院学报，2013，28（3）.

[95] 周建新. 武术师徒制传承思考 [J]. 体育学刊，2015（2）.

[96] 王巾轩. 师徒制下的武术文化传承：基于吴式太极拳师徒传承的个案研究 [J]. 上海体育学院学报，2014，38（4）.

[97] 王校中，谭广鑫. 武术演进过程中原始巫术的影响 [J]. 体育学刊，2014，21（5）.

[98] 邢登江，周庆杰. 武术拜师仪式变迁调查研究 [J]. 体育文化导刊，2013（8）.

[99] 颜骁. 武术传承的文化学思考 [J]. 山东体育学院学报，2009，25（12）.

[100] 杨嘉铭. 历辈章嘉呼图克图与达赖喇嘛的师徒关系 [J]. 青海民族研究，2013，24（4）.

[101] 杨建营. 对"技击是武术本质"的深化研究 [J]. 武汉体育学院学报，2010，44（11）.

[102] 杨建营. 武术文化之"瑕瑜"的深度剖析 [J]. 北京体育大学学报，2015，38（12）.

[103] 杨建营. 现代性支配下的武术现代化发展研究 [J]. 上海体育学院学报，2012，36（5）.

[104] 杨中平，张云涯. 加强高校武术专业学生武德教育的措施 [J]. 上海体育学院学报（增刊），2000（24）.

[105] 姚璃. 从涂尔干的"集体意识"审视武术的师徒关系 [J]. 搏击（武术科学），2014，11（5）.

[106] 吕韶钧，张维凯. 民间习武共同体的提出及其社会文化基础 [J]. 北京体育大学学报，2013，36（9）.

[107] 袁勤. 武术传承方式的现代教学论诠释 [J]. 体育与科学，2009，30（4）.

[108] 张昊，李翠含，吕韶钧. 民间武术传承与学院武术教育的冲突与融合 [J]. 体育文化导刊，2017（12）.

[109] 张煌，杨仕健，傅中力．兼论大科学时代师徒关系的重建 [J]．自然辩证法通讯，2015，37（4）．

[110] 张晋藩．重塑中华法系的几点思考：三论中华法系 [J]．南京大学法律评论，1999（1）．

[111] 张雷全，李红．法律契约与心理契约并存，留住企业核心员工 [J]．法制与社会，2009（24）．

[112] 杨捷．走向"对话"的师生观 [J]．当代教育科学，2006（11）．

[113] 张修哲．现代职业教育校企合作中师徒关系类型研究 [J]．辽宁高职学报，2016，18（4）．

[114] 张永和．血缘身份与契约身份：梅因"从身份到契约"的现代思考 [J]．思想战线，2005，31（1）．

[115] 张云崖，牛爱军，虞定海．传统武术的非物质性传承研究：从非物质文化遗产的视角 [J]．成都体育学院学报，2008，34（7）．

[116] 赵刚．武术文化安全的困境与破壁：基于十九大精神国家安全观的分析 [J]．体育与科学，2018，39（1）．

[117] 赵歆．从师徒到师生：教学关系转变后学校武术教育的时代之思 [J]．武汉体育学院学报，2020，54（1）．

[118] 周伟良．师徒论：传统武术的一个文化现象诠释 [J]．北京体育大学学报，2004，27（5）．

[119] 周伟良．析中华武术中的传统武德 [J]．上海体育学院学报，1998，22（3）．

[120] 周之华，李春日，李旭．传统武术拜师仪式的文化研究 [J]．首都体育学院学报，2014，26（4）．

[121] 马燕．一代宗师孟宪超 [N]．汴梁晚报，2014-03-01（2）．

[122] 陈丽媛．跪拜礼不是尊师重教的方式 [N]．新华每日电讯评论·声音，2014-11-20（3）．

[123] 姜霞．新型师徒关系：武术传承之根 [N]．中国体育报，

2016-04-01（6）.

［124］中办国办印发《意见》　实施中华优秀传统文化传承发展工程
［N］.人民日报，2017-01-26（1）.

［125］牛春梅.需要讲究的不是"拜师宴"［N］.北京日报，2018-
01-19（16）.

［126］武术教头搭建的黑色王国覆灭记［N］.安徽商报，2019-04-
26（4）.

［127］单雪莲.我国学徒制师徒关系研究［D］.沈阳：沈阳师范大
学，2019.

［128］丁啟洋.以情理法为切入点的中国传统综合法思维［D］.北
京：中国人民公安大学，2020.

［129］冯瑶.民族传统体育专业大学生武德修养现状与对策研究：以
体育院校为例［D］.北京：北京体育大学，2016.

［130］郝超辉.传统武术发展中的师徒传承研究［D］.成都：成都体
育学院，2015.

［131］李旭.中国传统武术拜师仪式的文化研究［D］.北京：首都体
育学院，2013.

［132］李岩.近代以来中国武术价值观的变迁研究［D］.苏州：苏州
大学，2016.

［133］李洋.王芗斋武术人生与拳术思想之研究［D］.上海：上海体
育学院学报，2018.

［134］刘锐剑.高校教师师徒关系及其对青年教师职业成功的影响研
究［D］.北京：北京交通大学，2018.

［135］刘帅兵.民国时期武术教育的历史诠释［D］.上海：上海体育
学院，2019.

［136］马晓璐.当代中国传统武术教育价值的研究［D］.苏州：苏州
大学，2011.

［137］许光麃.近代中国武术文化变迁［D］.台北：台湾师范大

学，2002.

[138] 张国栋.中华武术现代传承困境研究：基于梅花拳的考察.
[D].重庆：西南大学，2011.

[139] 张禹桐.从身份到契约：我国学徒制中师徒关系的变迁研究
[D].济南：山东大学，2018.

[140] 武术运动管理中心.中国武术协会关于加强行业自律弘扬武术
文化的倡议书 [EB/OL].国家体育总局网站，2020-07-09.

[141] ALLEN T D, DAY R, LENT E. The Role of Interpersonal Comfort
in Mentoring Relationships [J]. Journal of Career Development, 2005, 31
(3).

[142] ALLEN T D, POTEET M L, RUSSELL J E. selection by mentors：
What makes the difference? [J]. Journal of Organizational Behavior, 2000, 21
(3).

[143] ARYEE S, LO S, KAN I L. Antecedents of early career stage men-
toring among Chinese employees [J]. Journal of Organizational Behavior, 1999,
20 (5).

[144] BAEHR P. Social extremity, communities of fate, and the sociology
of SARS [J]. European Journal of Sociology, 2005, 46.

[145] BURKE R J, MCKEEN C A, MCKENNA C S. Correlates of mento-
ring in organizations：The mentors perspective [J]. Psychological Reports,
1993, 72 (3).

[146] CHAO G T, WALD P, GARDNER P D, et al. Formal and
informal mentorships：A comparison on mentoring functions and contrast with
non-mentored counterparts [J]. Personnel psychology, 1992, 45 (3).

[147] JOHNSON K K P, YUST B L, FRITCHIE L L. Views on
Mentoring by Clothing and Textiles Faculty [J]. Clothing and Textiles Research
Journal, 2001, 19 (1).

[148] KRAM K E. Phases of the Mentor Relationship [J]. Academy of

Management Journal, 1983, 26 (4).

[149] MULLEN E J, NOE R A. The Mentoring Information Exchange: When Do Mentors Seek Information from Their Proteges [J]. Journal of Organizational Behavior, 1999, 20 (2).

[150] SAKS A M, ASHFORTH B E. Organizational Socialization: Making Sense of the Past and Present as a Prologue for the Future [J]. Journal of Vocational Behavior, 1997, 51 (2).

[151] WATERS L. Protege–mentor agreement about the provision of psychosocial support: The mentoring relationship, personality, and workload [J]. Journal of Vocational Behavior, 2004, 65 (3).

[152] ZEY M G. Mentor programs: Making the right moves [J]. Personal Journal, 1995, 64 (2).

# 附　录

## 《访谈提纲——徒弟》

访谈对象：

访谈时间：

访谈地点：

访谈内容：

**一、徒弟的基本情况**

您的基本信息。（姓名、年龄、性别、拳种）

**二、徒弟的拜师经历**

1. 您是何时拜师的？为什么想要拜师学？您了解其他人的拜师原因吗？

2. 您当时是通过什么方式选择师父的？您择师的要求是什么？

3. 选择好师父以后您又是如何考察师父的？其中，师父的个人品德包括哪些？具体是如何考察的？

4. 您拜师时是否举行过拜师仪式，具体流程是什么？参加人员有哪些？有没有给拜师礼？拜师礼具体包括什么？是否行跪拜礼？

5. 您一共拜了几位师父，拜这几位师父分别是出于什么原因？拜几位师父的事，您的师父们之间知道吗？

6. 拜师前后，师父对您有何区别？

7. 什么样的情况下，您会撤帖？您见过撤帖的徒弟吗？

### 三、徒弟的习武经历

1. 拜师后，您和师父在拳术上的教授一般是如何进行的？（教学时间、教学内容、教学环境等）

2. 师父在教拳的时候会打您吗？

3. 当师父对拳理的见解与您的理解产生出入时，您敢于质疑师父并据理力争吗？

4. 您担心师父在教你时留一手吗？您对这个问题怎么看？

### 四、徒弟与师父的日常交往经历

1. 逢年过节会去看望师父吗？不去的话师父会不高兴吗？是否携带礼物？

2. 除了学拳以外，你还和师父在哪些方面进行交往？

### 五、徒弟对武术传统师徒关系的认知情况

1. 您是否同意师徒如父子的说法，那您是按照这个要求来要求自己的吗？为什么？

2. 您认为今天的武术传统师徒关系有哪些类型？

3. 您认为今天的武术师徒关系与过去相比，有哪些不一样的地方？

4. 您认为武术传统师徒关系与相声师徒关系、戏剧师徒关系等有哪些不一样的地方？

5. 您认为武术传统师徒关系与学校师生关系、教练员运动员关系有哪些不一样的地方？

6. 您认为今天的武术传统师徒关系存在什么问题？为什么会形成这些问题？

7. 您认为今天建立武术传统师徒关系的意义在哪里？

### 六、徒弟对武术传统师徒关系未来发展的建议与看法

1. 您认为武术传统师徒关系是否还有必要存在？您认为武术传统师徒关系是否可以用其他关系替代？如师生关系、朋友关系。

2. 请您为未来武术传统师徒关系的传承与发展提出宝贵意见与建议。

# 《访谈提纲——师父》

访谈对象：

访谈时间：

访谈地点：

访谈内容：

### 一、师父的基本情况

您的基本信息。（姓名、年龄、性别、拳种）

### 二、师父的收徒经历

1. 您何时收徒的？目前收了多少名徒弟？为什么想要收徒？您了解其他师父收徒的原因吗？

2. 您是如何选择徒弟的？您择徒的要求是什么？

3. 择徒之后您是如何考察的？（什么样的徒弟您不收？）徒弟的个人品德您如何把控？

4. 您收徒时有收徒仪式吗？具体流程是如何进行的？拜师仪式上徒弟的压帖钱是如何要求的？是否需要行跪拜礼？与您的拜师仪式相比较有何区别？

5. 收徒前后，您对徒弟有哪些方面的差别？

6. 收徒以后您对徒弟有什么要求？如何考察？

7. 您的徒弟要另拜他人为师时，您作为师父持什么态度？有什么具体要求？

8. 什么样的情况下您会把徒弟逐出师门？有没有出现这样的情况？

### 三、师父的授徒经历

1. 您对徒弟在拳术上的教授一般是如何进行的？（教学时间、教学内容、教学环境等）

2. 您在教拳的时候会打徒弟吗？过去的师父是否会打徒弟？

3. 当徒弟对您的观点产生疑问时，您是否会与徒弟进行争辩？

4. 您在授徒时会留一手吗？您对这个问题怎么看？

### 四、师父与徒弟的日常交往经历

1. 您的徒弟们现在经常来看您吗？看您的时候是否携带一些礼物？

2. 除了学拳以外，您还和徒弟在哪些方面进行交往？

### 五、师父对师徒关系的认知

1. 您是否同意"师徒如父子"的说法，那您是按照这个要求来要求自己的吗？为什么？

2. 您认为今天的武术传统师徒关系有哪些类型？

3. 您认为今天的武术师徒关系与过去相比，有哪些不一样的地方？

4. 您认为武术传统师徒关系与相声师徒关系、戏剧师徒关系等有哪些不一样的地方？

5. 您认为武术传统师徒关系与学校师生关系、教练员运动员关系有哪些不一样的地方？

6. 您认为今天的武术传统师徒关系存在什么问题？为什么会形成这些问题？你如何看待这些问题？

7. 您认为今天建立武术传统师徒关系的意义在哪里？

### 六、师父对武术传统师徒关系未来发展的建议与看法

1. 您认为武术传统师徒关系是否还有必要存在？是否可以用其他关系替代？如师生关系、朋友关系。

2. 请您为未来武术传统师徒关系的传承与发展提出宝贵意见与建议。

# 《访谈提纲——非拜师非收徒的武术相关人员》

访谈对象：

访谈时间：

访谈地点：

访谈内容：

### 一、基本情况

1. 您的基本信息。（姓名、年龄、性别、职业）

### 二、对拜师收徒经历的认知情况

1. 您为何不拜师/不收徒？

2. 您认为一名合格的师父（徒弟）应该具备什么要求？

3. 您如何看待今天的拜师仪式？

### 三、对武术传统师徒关系的认知情况

1. 您是否同意武术传统师徒关系中"师徒如父子"的说法？为什么？

2. 您认为今天的武术传统师徒关系有哪些类型？

3. 您认为今天的武术师徒关系与过去的相比，有哪些不一样的地方？

4. 您认为武术传统师徒关系与相声师徒关系、戏剧师徒关系等有哪些不一样的地方？

5. 您认为武术传统师徒关系与学校师生关系、教练员运动员关系有哪些不一样的地方？

6. 您认为今天的武术传统师徒关系存在什么问题？为什么会形成这些问题？你如何看待这些问题？

7. 您认为今天建立武术传统师徒关系的意义在哪里？

## 四、对武术传统师徒关系未来发展的建议与看法

1. 您认为武术传统师徒关系是否还有必要存在？是否可以用其他关系替代？如师生关系、朋友关系。

2. 请您为未来武术传统师徒关系的传承与发展提出宝贵意见与建议。

# 后　记

　　"经师易遇，人师难求。"从硕士到博士，学生之大幸得以拜入李金龙教授门下。八年的求学时光，恩师于我，亦师亦父，有再造之恩。初识恩师，恩师渊博的学识、扎实的理论功底便深深地吸引着我。不论是上课还是每周的组会中，恩师对每一个问题的分析常常引经据典，由浅入深，透过现象看本质，最后回到问题上来，见解独到，视野开阔，给学生拨云见日之感。令人感动的是，恩师对学生的教育从不千篇一律，而是根据每个人的性格特点、兴趣爱好等进行单独指导，成就了师门中百花齐放的局面。相较于恩师渊博的知识，对我影响更大的是他严谨的治学态度。记得初写文章之时，恩师用了7个星期的时间，反复地向我提问："你研究的是什么？"这个问题使我一度迷茫，直到研究对象逐渐清晰，才明白导师的良苦用心。正是在他一丝不苟的治学态度下，使我从发现问题到解决问题一气呵成。最终，文章初稿在第8个星期时呈现。恩师之恩不仅于此，他高尚的品格更是对我影响深远，令人终身难以忘怀。做事，他讲究实事求是；做人，他要求清清白白。他常常引经据典教导我们，要做一个对家庭、社会乃至国家有用的人。都说"经师易遇，人师难求"，我的恩师便是这位"人师"。惭愧的是，我的文章距离恩师的要求还有较大差距，在今后的学术生涯中，我仍会以恩师为榜样，以严谨治学、勤奋踏实的态度回报恩师的关怀与帮助。还要感谢我的师母陈洁老师，师母其人，温文尔雅，贤惠淑德，对我更是关怀备至。每遇科研压力倍增与生活琐事烦扰之时，思及师母的谆谆教诲，总能令我茅塞顿开，从而不再耿耿于怀。

　　"学贵得师，亦贵得友。"论文写作得到了体育领域各位老师、同学的指导与帮助。感谢卢元镇教授、邱丕相教授、田文波编审对本书给予的高

222

度肯定与中肯建议。在论文盲审、答辩环节中，论文盲评专家与答辩专家给论文提出许多宝贵意见，使我从中受益良多，对此深表感谢！感谢杨振铎先生、樊汉武先生、高保东先生、权黎明先生、吴会进先生以及所有接受访谈的武术习练者在论文访谈及撰写过程中给予的有益讨论。还要感谢同门兄弟姐妹对本书提供的帮助，他们是王晓刚师兄、王树宏师姐、吴丽君师姐、吕慧师姐、宿继光师兄、赵岷师兄、葛辉师兄、李晓栋师兄、张晨昕师姐、李梦桐师姐等。情谊铭记，在此深致谢意！

"十月胎恩重，三生报答轻。"感谢我的父母及家人。而立之年，未得分文以敬父母，反向年迈父母不断索取；未理解父母之不易，反累父母担忧于我。每思及此，叹息反复，彻夜难眠，深感愧疚。毕业之期，终实现父母的殷殷期盼，愿今后以学业之长，为父母增添更多的笑容。

"身无彩凤双飞翼，心有灵犀一点通。"感谢我的爱人王乾超，读博的过程并不全是乐观与坚强，更多的是眼泪与焦虑。这些负面情绪毫无保留地带给了他，同时也是他疏导了我，感谢他的付出与陪伴。还要感谢我的女儿王锦潼，书稿完成日亦是她的出生日，正是她的悄然陪伴，促使我在平和的情绪下完成了本书的二次修改。

"书山有路勤为径，学海无涯苦作舟。"本书虽告完结，但学习之路永无止境。感谢山西师范大学体育学院对本书的资助，使其得以顺利出版。我深知自己学术研究能力有限，论文仍客观存在着许多不尽如人意之处，恳请大家批评指正，我会在今后的学术研究中进一步修改和完善。